福利市场

全球基本收入史

（Anton Jager） （Daniel Zamora Vargas）

［比利时］安东·耶格尔　［比利时］丹尼尔·扎莫拉·瓦尔加斯 著

张旭然 译

WELFARE FOR

MARKETS

A GLOBAL HISTORY OF BASIC INCOME

中国科学技术出版社

·北 京·

Welfare for Markets: A Global History of Basic Income by Anton Jager and Daniel Zamora Vargas

Licensed by The University of Chicago Press, Chicago, Illinois, U.S.A.

北京市版权局著作权合同登记 图字：01-2024-3750

图书在版编目（CIP）数据

福利市场：全球基本收入史 / （比）安东·耶格尔
(Anton Jager), （比）丹尼尔·扎莫拉·瓦尔加斯
(Daniel Zamora Vargas) 著；张旭然译 . -- 北京：中
国科学技术出版社 , 2025. 1. -- ISBN 978-7-5236
-1088-6

Ⅰ . F014.41

中国国家版本馆 CIP 数据核字第 20240FU256 号

策划编辑	杜凡如	**责任编辑**	贾 佳
封面设计	创研设	**版式设计**	蚂蚁设计
责任校对	吕传新	**责任印制**	李晓霖

出 版	中国科学技术出版社
发 行	中国科学技术出版社有限公司
地 址	北京市海淀区中关村南大街 16 号
邮 编	100081
发行电话	010-62173865
传 真	010-62173081
网 址	http://www.cspbooks.com.cn

开 本	880mm×1230mm 1/32
字 数	163 千字
印 张	9.625
版 次	2025 年 1 月第 1 版
印 次	2025 年 1 月第 1 次印刷
印 刷	北京盛通印刷股份有限公司
书 号	ISBN 978-7-5236-1088-6/F·1318
定 价	79.00 元

CONTENTS

目 录

引言

没有"福利国家"制度的福利

"对于自由主义者来说，任务要困难得多：如何在不减少福利的情况下摆脱'福利国家'制度……没有'福利国家'制度，我们如何能享有福利呢？"

——亚瑟·肯普（Arthur Kemp），
《没有"福利国家"制度的福利》

"金钱是需求与客体之间、生活与生活手段之间的媒介。"

——马克思
《1844 年经济学哲学手稿》

1200 美元。这是 2020 年 3 月下旬美国公民在个人银行账户收到的支票金额。这些支票从华盛顿寄出，上有总统本人签名。这笔转账无任何附加条件，收款者可自行决定如何使用。就在四周前，各州开始停止经济运行以遏制新冠病毒传播，数百万人已因此失业并欠下债务，医院和疗养院人满为患。与此同时，金融恐慌席卷股市，企业开始遣散员工或进行大规模裁员。如同一场慢动作的火车相撞，全球经济陷入停滞，数以百万计的人从车厢中掉了下来。2020 年 3 月 28 日，白宫决定采取一项引人注目的回应政策：向每位美国人发放 1200 美元的支票，直接汇入私人银行账户。

随着美元的涌出，一名记者采访了比利时哲学家菲利普·范·帕里斯（Philippe Van Parijs）。在过去40年中，范·帕里斯稳步确立了在分配、社会公正和福利问题方面的权威地位。他是"基本收入地球网络"（Basic Income Earth Network, BIEN）创始人兼现任主席，还是一位享有盛誉的演说家。记者的问题看似简单："这是范·帕里斯试图描绘的通往永久无条件基本收入的道路吗？这笔金额是否够高且足够持久？"

图 0.1　特朗普于 2020 年 3 月发行的"经济纾困金"支票票样

范·帕里斯曾担任法语鲁汶大学胡佛教席（Hoover Chair at the University of Louvain-la-Neuve），现已退休。他谨慎地回应道：作为一项短期救济措施，时任美国总统特朗普的"经济纾困金"与自己自 20 世纪 80 年代初以来一直推动的"基本收入"相去甚远。[1] 他声称，"在过去 40 年里，我已学会不要过于兴奋"。毕竟"'基本收入'的想法在右派、左派和中间派中均已出现"，经济学家呼吁"为人民实行量化宽松政策"，政客们则暗自将其纳入政党纲领。《维生经济法案》(*The CARES Act*)①是一次性救助，然而这些政策（确实）有一个最受欢迎的优点：它们"帮助……我们认识到，如果有永久性'无条件基本收入'，我们的社会经济将能更好应对此等挑战"。[2]

范·帕里斯确实有理由保持乐观。在经历了 20 世纪 90 年代的短暂沉寂之后，在过去 15 年中，他的"基本收入"提案从印度到美国阿拉斯加，再到他的家乡比利时，均实现了强势的复兴。在特朗普向美国公民发放 1200 美元支票后，多数欧洲国家扩大了对失业人员的救助；博索纳罗总统扩大巴西现金转移支付机制力度，以帮助本国最贫困的公民。

早在出现新冠疫情恐慌之前，民众便对"全民基本收入"(UBI) 热情高涨。范·帕里斯的提议被认为是向全体公民提供无条件的、持续的、普通的补助金。自 20 世纪 60 年代中期以来，这一提议在存在政治分歧的两党中持续掀起浪潮。20 世纪 60 年代初，迈克尔·哈灵顿（Michael Harrington）、詹姆斯·博格斯（James Boggs）、米尔顿·弗里德曼（Milton Friedman）甚至马丁·路德·金（Martin Luther King）等人共同在美国展开一场全国性辩论；20 世纪 60 年代末，这一提议跨越大西洋传入欧洲；

---

① 《维生经济法案》(The CARES Act)，即《新冠疫情援助、救济和经济安全法案》，是第 116 届美国国会通过的一项 2.2 万亿美元经济刺激法案，并于 2020 年 3 月由特朗普签署成为法律。该计划是美国历史上规模最大的经济刺激计划，相当于美国国内生产总值的 10%。——译者注

到 20 世纪 70 年代初，它已通过发生于荷兰、比利时和法国等国的全国性辩论传播开来，并于 20 世纪二三十年代两次世界大战之间的初次辩论后在英国迎来复兴；到了 20 世纪 90 年代，随着 1986 年"基本收入地球网络"的成立，这一提议传遍全球。在近 30 年后，它开始活跃于政党、智库、社会运动、政治家、哲学家、社区活动家和商界领袖的议程上。查尔斯·默里（Charles Murray）、吉姆·奥尼尔（Jim O'Neill）、埃尔南多·德·索托（Hernando de Soto）、格里高利·曼昆（Gregory Mankiw）和克里斯托弗·皮萨里德斯（Christopher Pissarides）等右派人士都对其取缔过时国家官僚机构和严格工资法规的能力表示赞赏。鲁特格尔·布雷格曼（Rutger Bregman）、保罗·梅森（Paul Mason）[①]、盖伊·斯坦丁（Guy Standing）[②]、托尼·内格里和扬尼斯·瓦鲁法基斯（Yannis Varoufakis）则称赞其为超越职业道德的雄心壮志为这些职业道德如今已被自动化和数字化的进步所淘汰。它在各方面获得众多赞誉："人类旅程下一步的实用商业计划"（杰里米·里夫金）；一种"使饥饿和依赖成为过去的技术"（德斯蒙

[①] 保罗·梅森（Paul Mason, 1960— ），英国评论员和电台名人，伍尔弗汉普顿大学客座教授。——译者注

[②] 盖伊·斯坦丁（Guy Standing, 1948— ），英国劳动经济学家。斯坦丁在劳动力经济学、劳动力市场政策、失业、劳动力市场灵活性、结构调整政策和社会保护等领域大量发表著作。他创造"不稳定阶层"一词来描述因低工资和工作保障不佳而受到伤害的新兴工人阶级。——译者注

德·图图);马克·扎克伯格(Mark Zuckerberg)则称为"新式社会契约"。所有人都认为"全民基本收入"现在是"一个时机成熟的想法。"

显然,在这些讨论中,关于该理论发展史的研究基本未能占据一席之地。纵观过去40年积累的有关"基本收入"的大量文献,这一理念的起源本身很少成为系列研究或独立研究的对象。除范·帕里斯、杨尼克·范德波特(Yannick Vanderborght)、彼得·斯洛曼(Peter Sloman)①、布莱恩·斯特因兰德(Brian Steensland)和沃尔特·范·特里尔(Walter Van Trier)等杰出人士外,我们对"全民基本收入"时代的确切驱动因素、原因和来源的研究仍相对不足。这一理念的多数支持者将提议追溯至早期的现代思想家,如胡安·路易斯·维韦斯(Juan Luis Vives)、德西德里乌斯·伊拉斯谟(Desiderius Erasmus)和托马斯·莫尔(Thomas More)。他们开创的这一传统,由孔多塞(Condorcet)、托马斯·斯宾塞(Thomas Spence)、夏尔·傅立叶(Charles Fourier)、托马斯·潘恩(Thomas Paine)和亨利·乔治(Henry George)延续下来。在这一悠久而可敬的传承中,"基本收入"理念从一个时代无缝跨越至另一个时代,体现了人类有关社会公正

---

① 彼得·斯洛曼(Peter Sloman),剑桥大学英国政治学教授。研究重点是现代英国政治思想、公共政策和选举政治。他的著作《转移国家》探讨工作和社会福利态度的变化,以及如何影响"全民信贷"的发展和"全民基本收入"运动。——译者注

的永恒理想。

　　然而此种柏拉图主义理念也带来受害者。由于该理念倾向于"具体化原则"并"'追求'普遍性"，因此，先前的救助提案与我们目前对"基本收入"的理解之间的巨大差异变得模糊不清。在人们看来，莫尔和维韦斯的提案是实物救济措施，很难与20世纪后期盛行的现金救济相提并论。尽管潘恩确实希望用金钱支付农民报酬，但他的目标是巩固土地所有权，以促进法国大革命后财产的进一步民主化。这些提案中的多数还将补助的领取条件与严苛的工作要求联系起来，而这与"免费资金"模式相去甚远。过去的20年里，关于基本收入的"发明历史"的大量文献，忽略了当前和过去版本间补助方面的巨大差异，并且基本没有告诉我们最初构思这一想法时所伴随的"政治无意识"①或"合理性结构"。[3]

　　这种姗姗来迟的现象很好解释。直至20世纪中叶，农业经济严格限制了我们对补助金制度的思考。直至20世纪30年代，那些古老的话语体系才开始在思想和物质层面受到侵蚀。此种变化的产物便是"负所得税"——这是弗里德曼于20世纪40年代初首次提出的设想。该提案旨在通过财政系统为所有人提供最低收入保障。只要收入低于一定标准人们可自动从国家领取金钱补助，而不必纳税，基本上无须国家对经济进行强力干预，仅改变

---

① "政治无意识"是弗雷德里克·詹姆森（Fredric Jameson）创建的概念，旨在阐明创意作品隐含的政治维度。——译者注

收入分配(而非通过公共工程或社会保障体系)即可解决贫困问题。

作为一名在曾施行"罗斯福新政"的国家工作的年轻经济学家,弗里德曼打破了当时占主导地位的福利经济学原则,其中包括许多早期福利制度中隐含的行为控制机制。从政策实施角度来看,弗里德曼的提案显然过于异常。建立于两次世界大战废墟上的"福利国家"一改战前对"自由放任"的执着,并将人类生活的一部分完全从市场中移除(包括就业条款)。然而正如弗里德曼的提案所证明的那样,有一些方法可提供"最低限度保障",同时不妨碍市场运作,正如弗里德里希·哈耶克(Friedrich Hayek)于其1944年发表的《通往奴役之路》(*Road to Serfdom*)中所指出的:

> 如果我们为金钱而奋斗,那是因为它为我们提供了最广泛的选择,使我们得以享受努力所带来的成果……
>
> 如果所有奖励不是以金钱形式提供,而是以公共荣誉或特权,凌驾于他人之上的权力地位,更好的住房、食物、旅行或受教育机会的形式提供,这仅仅意味着受救济者不再被允许选择。而决定奖励的人不仅决定奖励的大小,还决定享受奖励的具体形式。

哈耶克的观点很明确:实物形式的集体供应将永远保持潜在的主导地位。正如他所说,金钱是"有史以来人类所发明的最伟大的自由工具"。而在政治光谱（political spectrum）^①的另一边，奥斯卡·兰格（Oskar Lange）等市场社会主义者也提出过该提案的一个版本，尽管它吸引了一些经济学家的关注，但整体政策采纳程度很低。

简而言之，这一提案似乎与 20 世纪三四十年代蔓延的集体主义情绪格格不入。当时，大规模失业迫使数百万人在工业经济中陷入赤贫，继而在世界各地催生出工人组织。专家们不再为现金、工会、工人委员会、群众型政党和政策而斗争，而是努力将整个社会生活领域从市场的"暴政"中解放出来，将其上交国家，或交由工人进行自我管理。在大西洋彼岸的公共医疗卫生、公共住房项目、国家工程项目和免费义务教育等领域，这些成果显而易见。它们后来被第三世界国家联盟重新撷取并发扬光大。在此种环境下，"无条件现金转移支付"几乎不可行，更遑论作为一种可供选择的制度了。兰格和弗里德曼不得不等待他们的提案吸引到支持者。

然而这份等待终于收到回报。在 20 世纪 50 年代波谲云诡的"冷战"氛围中，在新公共管理^②、早期自动化和结构性失

---

① 政治光谱（political spectrum），从"极左"到"极右"的各种政治观点在连续性上的表现，是一种对不同政治立场进行表征和分类的系统。这些立场位于一个或多个代表独立政治维度的几何轴上。——译者注

② "新公共管理"是一种运行公共服务组织的方法，用于国家以下和国家层面的政府和公共服务机构。——译者注

业①的影响下，福利问题变得更加令人担忧。弗里德曼的《资本主义与自由》（*Capital and Freedom*）一书出人意料地在全美国畅销，他的"负所得税"理论成为热烈争论的话题。税收福利一体化和公共部门供应的减少，为现金解决方案创造持久动力。民权活动人士也开始推动"现金转移支付"，而商业凯恩斯主义者则敦促时任美国总统肯尼迪和约翰逊采用基于税收的方法来实现减贫。20 世纪 60 年代，民权运动劳工派开始呼吁将工作保障作为全面"工业民主"②制度的一部分，但在 20 世纪 60 年代末，马丁·路德·金等人开始倾向"以现金为中心"的解决方案。到 1973 年，哈耶克本人再次承认，"保证所有人的'最低收入'"可构成"'伟大社会计划'（Great Society）③的必要组成部分。在这项计划中，个人不再对其生来所属的特定小群体有特定要求"。自"大萧条"（Great Depression）时代以来，社会的"敏感参数"

---

① "结构性失业"是指经济产业的每次变动均要求劳动力供应能迅速适应变动，但劳动力市场的结构特征却与社会对劳动力需求不吻合，由此而导致的失业被称为结构性失业。——译者注

② "工业民主"，一种理想民主形式。在一种极端情况下，工业民主意味着工人对工业的控制，这或许与工人对生产资料的所有权有关，具体实现形式有生产合作社、工人代表制、工人参与协商、自治工作组等。——译者注

③ "伟大社会计划"（Great Society）是时任美国总统约翰逊于 1964—1965 年在美国发起的一系列国内项目。主要目标是彻底消除贫困和种族不平等。——译者注

（sensitive parameter）①已发生变化。时至今日，该提案在政府智库、委员会和总统备忘录中均有提及。

1966年，"朝圣山学社"美国理事亚瑟·肯普是最先指出这一变化的人之一。肯普声称"福利"可能是"一个'好'词……它创造出一种幸福的状态，一种愉悦的感觉"。然而"任何……熟知公共福利制度……严重不公平现象的人"，不能"忽视……问题的紧迫性"。当代经济学家已抛弃作为"新政"秩序理论基础的"规范经济学"，因为其中"充斥着道德或价值判断"。在此之后，"对先前公认的社会主义原则和目标的普遍放弃"，导致了"各种项目和活动的'大杂烩'，其中大部分本身是有价值的，但另一部分与个人自由并不相容"。即使原则上并非社会主义性质，战后"福利主义"也不可避免以"一种……极权主义制度"告终。

"新右派"并非唯一批评"新政""家长式"作风的群体，"新左派"也逐渐开始对旧有福利制度持怀疑态度。此种制度的前提是一种排他性的"男性工作养家糊口"模式。在社会主义学者迈克尔·哈灵顿和劳工活动家詹姆斯·博格斯等批评家看来，"基本收入"提案提供的"以现金为中心"的福利措施会消除"新政"政策影响，并消除其"家长式"作风的痕迹。

正如肯普所指出的，无论"左派"还是"右派"，"选择"都

---

① 敏感参数指在计算机程序或系统中，可能影响结果或性能的关键变量。——译者注

代表着未来,这与"新政"时期的集体主义者所搭建的福利机制形成鲜明对比。他们"不允许个人根据自身选择更少地将收入花在'好'的东西上,而是通过政府更多地将收入花在'好'的东西上,从而防止个人犯错。或者说,还可防止个人犯罪"。大多数人认为,"通过近乎无休止的政府项目来消除贫困的尝试无法达到减贫的目的"。

"现金转移支付"正是一种巧妙的折中方式,规避"乌托邦主义"和公共部门僵化的问题,但也没有顾及"自由放任"的最低限度主义,协调市场与适度保障之间的关系。肯普指出,"'自由主义'的任务是设想一种'没有福利国家'制度的福利"。尽管"'保证收入'不太可能带来人类的新纪元",但它可以"在某种程度上提升个人能力,使他们能够以自身希望的方式运用时间、精力和资源"。部分接受救济者"可能会用其购买迷幻药、杜松子酒或赛马场门票,而非面包和住房。但问题不在于贫穷,而在于其他东西……这便是最基本意义上的自由"。[4]在约翰逊政府"向贫困宣战"(War on Poverty)①运动的鼎盛时期,肯普的挑衅招致福利主义者的批评。海曼·明斯基(Hyman Minsky)等

① "向贫困宣战"(War on Poverty)是时任美国总统于1964年1月8日的国情咨文演讲中首次提出的一项立法的非官方名称。该法案制定的四十个计划,旨在共同通过改善低收入社区居民的生活条件和帮助穷人获得长期被剥夺的经济机会来消除贫困。"向贫困开战"受到保守派的严厉批评,数十年来一直被"自由派"视为"理想主义的试金石",尽管一些自由派认为"向贫困开战"的改革力度还不够。——译者注

经济学家认为"负所得税"表明"生产过程无法满足社会目标"。对他们来说，"通过税收转移代替要素支付收入"暗示着向"计划国家"制度的危险倒退，以及激进凯恩斯主义的本土化。在20世纪70年代的时代背景下，实行"基本收入"制度更加危险，它可能使选民加入支持"通缩"的阵营，代表工人反对可能导致"通胀"的加薪要求。尽管如此，事实证明肯普的批评是各方力量来临的先兆。随着"罗斯福新政"时代的交易性政治（transactional politics）让位于20世纪六七十年代更具投机性、由公共关系驱动的媒体宣传活动，"现金转移支付"成为一种无须通过"社团主义"（corporatist）渠道即可进行社会谈判的优雅方式。美国凭借自己的公共和私营"福利国家"制度，在此方面首先开展政策试验。[5]与已建立起广泛工资社会化的欧洲"福利国家"制度不同，美国的工会面对的是一个"得胜的统治阶级"，他们已赢得一场资本密集型战争，从而"迫使'工会'建立自己的官僚管理的私营'福利国家'制度"。加之因"自动化"导致的对"无人工厂"的恐慌，"现金转移支付"现在不仅可作考虑，而且很有必要。

正如当时一位观察家所指出的，弗里德曼"帮助穷人的方法现在几乎得到所有经济学家的支持，无论他们是'左派''中间派'还是'右派'，以及我们过去四任总统中的三位（尽管他们经常以含蓄的形式提供支持）"。在一批努力使福利"符合市场"的经济学专业人士，以及厌倦"新政""家长式"作风的"新右派"和"新左派"支持下，弗里德曼的"负所得税"和哈灵顿的

"保证收入"似乎已拥有美好的未来。[6]

然而此种氛围转变不仅发生在美国。10年后，随着欧洲开始逐渐陷入"福特主义"危机，肯普的批判从华盛顿、纽约和底特律开始传播至巴黎、都灵、伦敦和阿姆斯特丹等欧洲地区。在整个20世纪70年代，旧"福利主义"理想的危机使新兴社会运动纷纷接纳"保证收入"的观点，这超越了"旧左派"重视工人利益的倾向。"充分就业"目标日益表现为"资本主义发展史上的奇异经历"，就业和通货膨胀回到"20年前多数人无法想象的"水平。而对公共工程或集中投资的主张在政治领域被边缘化，这为"保证收入"项目开辟了空间。

到20世纪80年代中期，70年代"后福特主义"开启的窗口期似乎已宣告关闭。市场改革派凭借颁布"反通货膨胀"纲领、清算公共住房存量、实施"结构调整计划"①和国有资产私有化等措施赢得选举。一场对"不劳而获"和"永久救济金"持怀疑态度的保守反革命正如火如荼地开展着。然而在这些保守案例中，"基本收入"也实现了"败中取胜"。在后工业化时代，政府扩张财政机构，提升最低收入水平，以弥补劳动力市场解除管制和公共服务削减造成的损失。

---

① 实施"结构调整计划"的既定目标是减少借款国中短期的财政失衡，或调整经济以实现长期增长。通过实施自由市场计划和政策，据称旨在平衡政府预算、降低通货膨胀，并刺激经济增长。贸易自由化、私有化并减少外国资本壁垒将增加投资、生产和贸易，从而促进本国的经济发展。——译者注

在不同的国家背景下，一种新型"市场自由主义"再分配范式在政策界孕育出一种理念，声称"旨在维持最低舒适标准的自由社会政策……除那些涉及收入转移支付的社会服务外，其他社会服务均是不合理的"，并将在"无须工会活动、公有制或中央计划的情况下便能实现减贫"。尽管该提案在20世纪八九十年代并未在制度上成为现实，但它已悄然立于一个遥远、渐进的新福利世界基础之上。

这并非西方独有的发展路径。在因"结构调整计划"和发展停滞而步履蹒跚的第三世界，实行"现金转移支付"方案似乎更为有利。在20世纪八九十年代的市场改革计划之后，许多前发展中国家发现自身国家能力不足以供养本国人口。无论在巴西、南非或是印度，在国家能力崩溃、公共债务不断增加、竞争性反通货膨胀的时代，现金转移支付成为一种颇具吸引力的简易福利方式。然而这些措施不仅是"新自由主义"①"休克疗法"的武器，还与20世纪90年代的"新凯恩斯主义"经济学相得益彰，包括重新将"扶贫"重要性置于"发展"之上。一个拥有独特的"贫困信息"类型的崭新的"公民社会"现在开始将"现金转移支付"作为一项计划予以支持。"转移范式"成为国际货币基金组织、联合国、世界银行和"国际劳工组织"等机构中不可或缺的政策框架。在这些机构中，盖伊·斯坦丁和威廉·伊斯特利

---

① "新自由主义"是一个术语，用来表示19世纪与自由市场资本主义相关的思想在20世纪后期的政治再现。——译者注

等"政策企业家"从有利于市场的角度重新思考社会公正。对于一个已完全放弃扭转市场依赖和"去工业化"目标的世界,"全民基本收入"为其提供"没有天花板的地板"。反过来,在美国,现金福利的兴起与公共管理的新愿景一脉相承,"(让我们设想)一个由个人组成的碎片化社会,在一个风险与回报并存的大市场中,所有人都是自我的监管者"。

在 21 世纪 10 年代,当欧洲正在经历自身的"结构调整"进程时,"基本收入"制度稳步回归这片"旧大陆"。该方案提出了一种"技术民粹主义大爆发",其中技术官僚和民粹主义者均在旧式"党派民主"的废墟上崛起。在这里,"基本收入"与一种全新的再分配思维方式融合在一起:货币形式的抽象普遍性战胜了提供"充分就业"的非商品化公共部门的具体普遍性。对于一个已对"乌托邦"梦想失去信心的世界来说,"基本收入"已成为这个新时代的"乌托邦"。在这里,"基本收入"并非独立的政策处方,而是如同一面滤镜,折射出 20 世纪政治文化中一系列划时代的变化。其中最重要的是"去工业化"和组织党派民主的危机——其本身便导致全球需求的去政治化和"市场转向"。这种转向横跨"左""右"两派,与"作为人类活动形式的政治危机"并驾齐驱。这一更为宏大的背景也为"如何将所有支持'全民基本收入'的力量团结于同一阵营"这一问题提供了答案。多年来,学者们一直努力研究该提案在各领域的吸引力。从两次世界大战之间的初现萌芽到现在,这一理念一直受到社会主义者、凯恩斯主义者和新自由主义者的推崇,其支持者中不乏总统候选人、诺贝尔经济学奖获得者以及硅谷企业家的身影。但大卫·格雷伯（David Graeber）、米尔顿·弗里德曼、查尔斯·默里、扬尼斯·瓦鲁法基斯和马克·扎克伯格等支持者究竟有何共通之处呢？尽管学者们试图将此种不寻常现象归结为"新自由主义""后福特主义""加州意识形态"，或更笼统地称其为"现实主义者的乌托邦"，但对其起源和可能性条件的仔细研究表明，两大政党对"基本收入"的呼吁可追溯至更深层次的思想和物质转变。[7] 无论"自由意志主义"或是"后工人主义"，这些支持者并非在意识形态上一致，他们实际上是共享一种思考"需求""贫困"和"国家"三者间关系的特定方式。该种方式在两次世界大战期间逐渐形成，又恰好在"二战"后数十年内成为主流。

当然"左""右"两派之间对此一直存在显著差异。对"左派"来说，适度丰厚的"基本收入"有助于策略性地退出劳动力市场，并提高工人的议价能力。对"右派"来说，更节省的转移支付可促进市场参与并削弱工资刚性。如同往常一样，一部分"基本收入"思想家从国家批判转向劳动批判，而另一部分则从劳动批判转向国家批判。在战后开展的有关辩论中，"左派"支持者也小心翼翼地强调自身与右派"基本收入"提案的区别。然而关于"量"的公开争论也蕴含"质"的问题："左""右"两派均将论点建立在"对公共提供实物福利的批判"之上，此种福利形式确保了需求的集体决定。作为同一现金转移支付制度的不同分支，两大阵营间的趋同并不令人惊讶：无论"左派"还是"右派"，现在两派均希望为"市场"（而非"市场之外"）谋求福利。

回顾"基本收入"在过去 30 年所取得的成功，我们也可以清楚地看到，"全民基本收入"的跨党派吸引力超越了思想史的纯粹范畴，深入挖掘出更深层次的制度动力。事实上"基本收入"的实现条件需经仔细研究，而不仅是将在战后"福利主义"理念中十分常见的"再分配"因素与"需求"等级或"责任"和"公民"观念分离开来，还包括"贫困货币化"，更多的结构性定义边缘化，加之战后"计划国家"模式逐渐被更有利于市场的"转移国家"模式所取代，各国纷纷将财政工具用于社会政策，而非由国家主导的"充分就业"计划。

此种"新分配政治"（由 20 世纪 60 年代的美国和 21 世纪初的全球南方国家开创）不仅出于经济需要，还源于影响全球民主国家的深刻结构性变化。[8] 对后者来说，"全民基本收入"倡导者间的共同之处与其说是一种连贯意识形态，不如说是一种与政治和国家的特定关系：一种自冷战结束以来最重要文化经济转型变化的体现。

从这层意义上说，有关"基本收入"乌托邦的历史不仅仅是关于"基本收入"的历史。通过此提案，我们能够发现经济公平、社会权利、国家供应、市场和政治组织的观点不断变化，折射出一种淡化意识形态边界的独特政策。从本质上讲，这也是一段有关全球性的史话，把从德里到布鲁塞尔再到底特律的活动家们聚集到一起。他们扎根于研究社区、读书会和政党中，而全球的政党在"市场依赖"上越来越团结。"基本收入"的全球化与第二次资本主义全球化所产生的形式和概念共享同一词汇。

然而最重要的是，"基本收入"可告诉我们一些有关"新自由主义"崛起的重要信息。尽管"基本收入"理念在一定程度上正是由"新自由主义"传统思想家们加以概念化，但其吸引力一直是普遍性的。"基本收入"理念的发展历程表明政策范式并非只是……提案，而是发生更深层次的转变：财政凯恩斯主义者、"新左派"和新古典主义者现在出于各自原因均支持"现金转移支付"方案。然而在看似技术性的提案背后，总存在一系列具体假设。它们与劳动力、需求、国家和社会公民权有关。尽管这一提案从未明确表现出"新自由主义"性质，但其主旨始终是"市场友好"的。它主张金钱仍是定量供给商品的基本手段，并将继续在"生活和生活方式"间发挥调节作用。从 20 世纪 40 年代到 21 世纪 10 年代，范·帕里斯和其他活动家设想的"保证收入"提案也从未在政策层面落实。竞争对手的提案，包括从扩大公共服务到财产所有民主制，也在许多政党纲领中找到一席之地。然而在实践中，"基本收入"很明显正赢得一场理念之争，推动福利方面的讨论和政策愈发接近国家监管理想。

在这段历史中，"基本收入"所起的作用远不止是一种"理念"。恰恰相反，这里所讲的故事迫使我们去审视物质力量。正是这些力量赋予这一理念合理性和吸引力，然后使理念反过来引导物质力量，将经济、文化和政策联系在一起。这里讲述的历史只能是一部"思想的社会史"，一部"社会语境"的历史，其所基于的主张是"政治思想家面临的问题，不仅在哲学、政治经济学或高层政治层面提出，也受到政治舞台和研究文献之外社会互动的影响"。[8] 这一切并不意味着将有关"基本收入"的著述分解成笼统的"物质基础",但它确实模糊了专家与外行、宣传册作者与哲学家之间的边界,从根本上扩大了"基本收入"思想家写作的背景范围。

这也会影响我们如何去思考那些为当前的"基本收入"时代提供源泉的传统。新自由主义者、凯恩斯主义者和反工作(antiwork)主义"左派"并未发明"市场""国家"和"福利机构"等制度,但这些都是他们有关"基本收入"愿景的一部分。他们的思想从来不是推动过去 50 年"基本收入"思想发展的经济、社会和政治变革的唯一"动力"。但它们确实为掌舵者提供了方向,成为政策制定者、活动家和政治家的"指南针"。如同其他"指南针"一样,这些"基本收入"理想既反映出既有的全球化力量,又为其指明了具体的发展方向,使思想史学家们有了自己的研究课题[正如克里斯托弗·希尔(Christopher Hill)所说,尽管"蒸汽对驱动火车引擎至关重要",但"无论火车头还是铁路,都不能用蒸汽造出来"]。或正如安格斯·伯金(Angus Burgin)所说:

> 过去五十年的每一个案例均与社会实践、文化规范、政治实践或国家转型有关。但至关重要的是,它也是一个关于思想的故事:不断变化的环境如何使人们以新的方式理解他们的经济生活,这些新的理解又如何反过来影响他们的行为……探索思想和环境之间的相互作用,有助于我们认识到当前政治经济学假设的偶然性,并理解某些信念是如何

以及为何在催生它们的环境"几乎完全消失"之后，仍能长期存在。[9]

对于生活于20世纪70年代的公众来说，他们担心收入下降、职业道德水平降低、"去工业化"和持续贫困，事实证明"基本收入"当时已具备足够的吸引力。然而同其他指南针一样，"基本收入"的发展历程也使我们看到此前50年中影响我们对市场、国家、福利和政策思考的其他力量。它们跨越了"新自由主义"的兴起、发展的终结、新监管国家①的诞生、从财政政策到货币政策的转变，以及全球范围内大众政治的长期危机。尽管这些问题均是旧有问题的翻版，但它们在很大程度上是也我们这一代所面临的问题。若想更好地理解这些问题，穿越回15世纪或16世纪显然不太可能。在特朗普于2020年通过发放支票推行救济措施之后，范·帕里斯"机会主义"式梦想的"基本收入"也许确实还有很长的路要走。然而它对我们政治文化的影响已毋庸置疑，它们理应拥有一段正确的历史。

---

① 监管国家一词是指国家运用规则制定并执行监管职能，并同时改变其在社会中发挥积极或消极职能的方式。——译者注

第一章

反神话

"……这是一种强加于'历史无秩序'之上的目的论。"

——C. L. R. 詹姆斯（C. L. R. James）

《论加勒比地区的黑人》（1943）

1975 年 3 月，法国国家档案馆管理员偶然在馆藏中发现一批可疑的文件。在此数年之前，一位匿名捐赠者在档案馆中存放了一份名为"亨利·洛比诺的秘密档案（Les dossiers secrets d'Henri Lobineau）"的文件，其中包括一份记录公元 914 —1280 年前后法国贵族的文件，其源头甚至可回溯至墨洛温王朝（Merovingian）的首位国王。而在发现这份文件约五年后，巴黎警方证实是一个叫皮埃尔·普兰塔德（Pierre Plantard）的人于 20 世纪 60 年代后期偷偷将这些文件混入馆藏中。普兰塔德承认以"郇山隐修会"成员的身份向国家档案馆提供所捏造的家族史档案。"郇山隐修会"其实是他于 1956 年创立的一个新公益社团。他宣称其由"布永的戈弗雷"（Godfrey of Bouillon）发起。据传，达·芬奇、牛顿和"抹大拉的玛利亚"（Mary Magdalene）等名人均为其成员。普兰塔德的真实动机也大白于天下：他妄图以此证明自己与墨洛温王室的血缘关系（进而可追溯至与耶稣基督本人的血缘关系），以最终证明他具有继承法国王位的正当资格。

我们很难再找到比普兰塔德的伪造行为更厚颜无耻的"历

史发明"案例了。然而即使如普兰塔德的"寻根溯源行动"一般梦幻般的骗局，在现有有关"基本收入"思想的研究历史中也能找到与其对应的有趣现象。如同普兰塔德所伪造的"家谱"一样，"全民基本收入"作为一个"已有长达五百年悠久历史的思想"日益受到世人的青睐，而这与其被纳入一个树大根深的"家族谱系"之中密切相关。这一思想谱系包括托马斯·莫尔、托马斯·潘恩和米尔顿·弗里德曼等一系列思想家。[10]一些学者甚至公开将"基本收入"思想追溯至古罗马共和国晚期对公有土地再分配的尝试，将古罗马的格拉古兄弟（Roman Gracchus brothers）与埃隆·马斯克（Elon Musk）和杰夫·贝索斯（Jeff Bezos）相提并论。[11]鲁特格尔·布雷格曼在《现实主义者的乌托邦》（*Utopia for Realists*）一书中同样声称"托马斯·莫尔在1516年写成的《乌托邦》（*Utopia*）一书中蕴含对'基本收入'制度的想象"，这一愿景后来通过潘恩、亨利·乔治和尼克松总统等人得以付诸实践。盖伊·斯坦丁则将"基本收入"思想的曙光继续前溯，认为雅典改革家厄菲阿尔特（Ephilates）是"'基本收入'思想的真正鼻祖"，只因厄菲阿尔特曾引入向公民支付陪审服务费的制度。

有轻率武断的目的论，自然便有相对"严谨稳妥"的目的论。不少研究"基本收入"的学者便很注重寻章摘句。沃尔特·范·提尔在《人人为王》（*Every One a King*）（1995）一书中对两次世界大战期间英国"基本收入"思想及其与若干非正统经济思潮（从"社会信用"到早期凯恩斯主义）的关系进行过充分细致的分析。[12] 彼得·斯洛曼在《转移国家》（*Transfer State*）一书中将英国"基本收入运动"的萌芽追溯至20世纪二三十年代（当时"贝弗里奇计划"思想的革新者正在寻求一种更为市场化的"福利国家"建设思想），随后又延伸至战后的"再分配市场自由主义"（redistributive market liberalism）①和方兴未艾的"新左派"（New Left）思潮运动。[13] 然而此种"审慎"的研究态度毕竟罕见。多数关于"基本收入"思想的"历史"均表现出海登·怀特（Hayden White）所说的"目的论的诱惑"，这是一种"对来龙去脉的执念"，毕竟"历史事件"只能从"叙事者"的角度进行理解，受此桎梏，其中不合要求的林林总总（无论良莠）自会被"下意识滤除"[14]。尽管"历史本身可能并无目的论性质"，但有关"基本收入"的研究著述"不可避免会给人留下如同虚构作品的'目的论'印象，毕竟我们（基本都会）很容易认为这种'访论稽古'的大段论述'别具深意'"。[15] 简而言之，多数现有"基本收入"思想历史的研究均基于这样一个假设："其他时代的学者提出和面临的问题，与现代其实并无二致。"

如果没有这一终极目标，"基本收入"的历史会如何发展？首先，这意味着摒弃波考克（J. G. A. Pocock）和约翰·邓

---

① "再分配市场自由主义"（redistributive market liberalism），约翰·凯伊提出的概念，基于分配与生产和交换之间的二分法。——译者注

恩（John Dunn）^①所说的通过将我们的预设"作为整体"来解读，从而将给定作品"神话化"的倾向，使所有历史成为"当下的事业"。其次，我们需要指定一个对象。对于"基本收入"来说，这意味着选出其独特方面：无条件、面向个人的普遍救济方案。然而最重要的是，"基本收入"是货币收入（而非实物）。它并不提供具体公共物品，而是让受救济者自行决定如何使用补助金。[15]

自 20 世纪 60 年代初以来，继承昆汀·斯金纳（Quentin Skinner）和波考克衣钵的剑桥历史学家们已掌握丰富的文献，将我们常用的"自由主义""社会主义"和"无政府主义"概念相对化，并将这些文献嵌入它们的背景中，以揭示其连贯性。最重要的是，此举避免了基于目的论的大规模论证。[16]除重新发现散佚的学者和主题外，"共和主义""民主"和"自由主义"等术语在这些文献中也逐渐失去固定语义。奇怪的是，对于思想史的类似"构造运动"却使得有关"基本收入"的研究传承格外完整。许多学者似乎并不介意为这一构想贴上超越历史的标签，赋予它在描述其他概念时很少提及的不变性。这样的解释不仅剥夺了"全民基本收入"本身的发展历史，还帮助我们更好地理解当前"基本收入"理论的衍生过程，或更好理解实现"基本收入"

---

① 约翰·邓恩（John Dunn）（1940— ），剑桥大学国王学院人类、社会和政治科学系政治理论名誉教授、千叶大学社会科学和人文研究生院客座教授。邓恩的研究重点是将历史视角应用于现代政治理论。他是《非理性的狡猾》一书作者，该书讨论人类知识和理性局限性如何阻碍民主共和主义实现其承诺。——译者注

需要哪些条件。

在探究文献中显现出的"断层"时，有两种方法被证明非常有用。第一种方法是区分接受补助金的"先验"和"后验"条件（表1.1）。受救济者需满足何种条件才能获得补助？对他们有哪些隐含和明确的预期？第二种方法跨越了在18世纪、19世纪推动"救济"意识形态的两种传统，即"平均地权论"和"生产主义"。[17]前者集中于共和政体如何实现稳定。在18世纪的现代版本中，这一传统理念取决于何种土地分配形式更适合稳定的共和政治秩序。回溯到古典共和主义①及其对财产持有的限制，古罗马关于"土地法"的争论为此种思想奠定了基础。后者则是"生产主义"传统，该种传统坚持以"工作道德"作为共和秩序的核心。在这两种传统中，财产所有权与共和统治密切相关，其中包括了公民参与"生产性工作"的义务。[18]这两种传统均构成更广泛的"财产政治"的组成部分。这种政治贯穿18世纪和19世纪，旨在将生产要素重新分配给公民，而非增加工人收入（他们依赖工资过活）。

---

① "古典共和主义"，也称为"公民共和主义"或"公民人文主义"，是文艺复兴时期发展起来的一种共和主义形式，"古典共和主义"是围绕诸如非统治的自由、自治、法治、基于财产的人格、反腐败等概念建立的，其核心是"社会契约"理念。——译者注

表 1.1 各种基本补助金

时间线	先验要求	后验期望
（a）连续	（a）已经过经济调查	（a）工作要求
（b）一次性	（b）普遍性 （c）条件性	（b）财产所有权 （c）酌情决定
特征	概念	作者
a, a, c	"负所得税"	米尔顿·弗里德曼、乔治·斯蒂格勒（George Stigler）、詹姆斯·托宾（James Tobin）、罗伯特·兰普曼（Robert Lampman）
a, b, a	朱丽叶·里斯·威廉姆斯的"新社会契约"，法国个人主义者的"最低生活水平"（minimum vital）	伊曼纽尔·穆尼耶（Emmannel Mounier）、亚历山大·马克（Alexandre Marc）、丹尼尔·罗普斯（Daniel Rops）
a, b, c	"基本收入"、社会红利、国民红利、国家津贴、最低程度供给（Minimum Abondant）、"流浪者工资"、"保证收入"	伯特兰·罗素（Bertrand Russell）、奥斯卡·兰格、约瑟夫·夏立尔（Joseph Charlier）[①]、丹尼斯·米尔纳和梅布尔·米尔纳夫妇（Dennis & Mabel Milner）、简·丁伯根（Jan Tinbergen）、罗伯特·西奥博尔德、菲利普·范·帕里斯
a, c, c	收入所得税抵免	—

[①] 约瑟夫·夏立尔（Joseph Charlier, 1816—1896），比利时人，自称法学家、作家、会计师和商人。他是"公民收入"或保障最低收入的最早支持者之一。夏立尔受到夏尔·傅立叶的影响，同意"傅立叶主义"的观点，即核心问题是改善被剥夺继承权的阶级的生存状况。夏立尔提出一项计划，无论社会成员工作需要或能力如何，无条件支付"基本收入"。——译者注

续表

时间线	先验要求	后验期望
b, b, b	土地补助（Land Grant）	托马斯·潘恩、托马斯·斯宾塞
b, b, c	基本/资金资助，公民利益（Citizen's Stake）	弗朗索瓦·休伊特（François Huet）、安妮·阿尔斯特（Anne Alstott）、布鲁斯·A. 阿克曼（Bruce A. Ackerman）

最后，正是这些旧有政治"语言"（斯金纳称其为"语言"）的消亡，为 20 世纪三四十年代出现的"现金转移支付"新理念开辟了空间。在两次世界大战之间和战后初期，大规模无产阶级化、农村人口减少、国家计划和产业扩展取代了旧有的"财产政治"表述。在这一过渡时期，米尔顿·弗里德曼、朱丽叶·里斯·威廉姆斯、阿巴·勒纳（Abba Lerner）、奥斯卡·兰格和简·丁伯根等思想家从有利于市场的新视角重新构思福利制度。他们提出的新版本提案从旧有的"救济"传统中脱离，最显著之处在于围绕"消费者主权"而非"生产者主权"。他们也不再强调财产再分配或"信贷创造"的作用，而这些均是旧式"救济"思想的特征。此种"激进历史主义"的发展史并未将"全民基本收入"纳入"可疑的目的论"，而是使我们关注震撼 20 世纪资本主义的冲击，以及这些冲击如何将"基本收入"转变为解构和反思社会政策的巧妙工具。

英美共和政治中的"土地法"

托马斯·潘恩于其 1797 年发表的小册子《土地正义论》①（*Agrarian Justice*）中反对土地法和土地垄断，并在开篇提出一个引人注目的主张：公民均有获得收入的权利。潘恩告诉读者："我必须提出一项计划，建立一种国家基金，当公民年满 21 周岁时，从该基金中拨出 15 英镑，通过引入土地所有权制度，作为其失去自然继承权的部分补偿。此外，目前年满 50 周岁的人每年均会获得 10 英镑补助，其他人在年满 50 周岁时每年也会得到 10 英镑补助。"

尽管潘恩在 1809 年去世之前笔耕不辍，但《土地正义论》被证明是他对学界的最后贡献。《土地正义论》是潘恩在时任美国驻法大使詹姆斯·门罗（James Monroe）的家中逗留期间起草的，在巴黎梅尼蒙当街印刷，后由巴黎、威斯敏斯特等地的书商出售。潘恩回忆这本小册子"写于 1795 年和 1796 年的冬天"。它后来被奉为有关"基本收入"的最早书面文献之一。

然而事情很快变得复杂起来。《土地正义论》继续澄清道：此笔款项是一次性的；在计算英国资本的成本和数量之后，潘

---

① 《土地正义论》（*Agrarian Justice*）是托马斯·潘恩于 1797 年出版的一本小册子，提出拥有耕地的人应向社区缴纳地租，这证明征收遗产税是合理的，以资助老年和残疾人养老金，以及成年后支付固定金额给所有公民。部分学者认为这是现代公民红利或"基本收入"理念的先驱。——译者注

恩希望他的计划能够"立即减少，并逐步消除三类不幸者——盲人、跛子和年迈的穷人的痛苦"，并在不"扰乱或干扰国家举措"的情况下，提供防止年青一代变穷的措施。最重要的是，该计划"会成倍增加……国家资源；因为财产和植被一样，会因补偿而增加""当一对年轻夫妇开始自行谋生，他们是白手起家还是各自拥有 15 英镑，其中差别非常大"。"有了这笔钱"，这对夫妇"便可买一头牛，还有用于耕种几亩土地的工具；可以避免成为社会的负担（这种情况在'生孩子的速度远大于抚养他们成人的速度'的地方很常见），而会成为对社会有用的公民。"如果提供金钱援助来耕种小块土地，"在不干扰现有财产安排的情况下，秘密地重新分配土地，国土带来的收入也会更多"。[19]

潘恩的小册子回顾了过去，也展望了未来，提出了臭名昭著的《土地法》的替代方案。早在 1793 年，法国国民公会（the French Convention）通过一项法律，对任何提议通过相关法律的人判处死刑。[20]与此相对，政府开始将被征用的教会土地重新分配给从自耕地上解放出来的农民。然而一些激进分子试图更进一步。法国激进分子格拉古·巴贝夫（Gracchus Babeuf）在主张土地再分配后于 1797 年被送上断头台，这一事件可能正是潘恩计划出版此书的原因之一。潘恩也是《法国 1793 年宪法》①的制定者之一。这一版宪法宣布巴贝夫的活动是非法的，但他仍抱有

———————

① 《法国 1793 年宪法》，又称"雅各宾宪法"。——译者注

分割大地产的希望。然而到 1795 年，《共和三年宪法》[①] 却在扩大选举权方面后退一步，引入"限权选民"[②] 制度，将选民限定为有财产的男性。此种再分配措施也激起英吉利海峡对岸效仿的呼声。在英国，所谓的"斯宾汉姆兰体系"[③] 将农业劳动者与各自所属教区联系起来，以使他们获得少量现金救济。潘恩还发起一场彻底背离了旧制度有关"贫困救济"设想的运动。正如格雷戈里·克雷斯（Gregory Claeys）所指出的，潘恩通过将福利与基督教慈善戒律分离开来，开创了社会公正思想的新纪元。埃德蒙·伯克（Edmund Burke）在他 1798 年出版的《关于稀缺的思考与详述》（*Thoughts and Details on Scarcity*）以及后来马尔萨斯的《人口原理》（*Essay on the Principle of Population*）一书中均体现出对仁慈的呼吁，这便是例证。[20] 继孔多塞之后，潘恩将救济的性质从"恩惠"转变为"国家责任"，实际上是将大西洋两岸正在进行的政治革命引入社会领域。

潘恩的小册子还在一场历史更悠久的辩论中表明了立场。对

---

① 《共和三年宪法》，又称《法国 1795 年宪法》。——译者注

② 限权选民：在选举中只有拥有一定财产、收入或社会地位的人才有资格投票的制度。——译者注

③ "斯宾汉姆兰体系"是一种救济形式，旨在减轻 18 世纪末和 19 世纪初英格兰和威尔士的农村贫困。该制度以 1795 年在伯克郡斯宾汉姆兰举行的一次会议命名，当时当地地方法官设计该制度作为缓解高粮价的一种手段，要求教区和地方议会向本地的劳工提供普遍性的补贴。——译者注

于美国读者来说，小册子的副标题宣称"土地正义与土地法对立"，这"将他们带回古罗马时代。在那里，他们的共和热情被点燃"。在此种共和主义传统中，"土地法"规定，一种稳定的共和国体制必须使人民平等拥有土地，并试图通过周期性再分配来实现此种划分。[21] 这些先例中最著名的是公元前 367 年的《李锡尼法》(Licinian Law) 的部分条款。该法案规定土地所有权的上限，并对放牧牲畜数量加以限制。这些措施还包括利用"公有地"① 的概念略微调整公共土地的划定。随后格拉古兄弟于公元前 133 年提出的《塞姆普罗尼亚法》(Sempronian Laws) 脱颖而出，成为将土地从富有地主转移至贫穷罗马公民手中的最具公开性的尝试。尽管这些法律在参议院获得通过，但贵族对国家财政的控制阻碍了这些法律的实施，导致格拉古兄弟被暗杀，并将共和国推向内乱的深渊。因此这些法律的地位在子孙后代看来仍是不光彩的：在罗马共和制的衰落历史中，这些法律似乎仅是独裁统治时代的前奏。

毋庸置疑，罗马土地法在整个共和主义思想体系中的历史地位也颇为令人担忧。在公元 1600 年之前，政治思想家通常避

---

① "公有地"是古罗马国家土地的拉丁语名称。它通常是通过从罗马的敌人那里征用的方式获得的。早在公元前 5 世纪，贵族阶级和平民阶级就富人剥削土地的权利存在争议，公元前 367 年，两位平民保民官盖乌斯·李锡尼乌斯·斯托洛和卢修斯·塞克斯提乌斯·塞克提努斯·拉特拉努斯颁布一项法律，限制任何个人持有的公有地数量为大约 325 英亩（约 1.32 平方千米）。——译者注

免采用此制度，更倾向于反干涉或完全废除私有制。[22]古典罗马史学在这里开创了一个不祥的先例。在此情况下，格拉古家族发动的内战被归咎于公众的嫉妒，他们试图破坏罗马平民和贵族之间小心维持的和谐关系。正如西塞罗（Marcus Tullius Cicero）[①]在《论法律》（De legibus）和《论义务》（De officiis）中所论证的，格拉古兄弟颁布的法律是"破坏性的"，它带来"彻底的国家革命""将本属于一个人的东西强行转移给另一个人"。在这一方面，文艺复兴时期的思想家大多认同西塞罗的观点。托马斯·莫尔将"土地法"斥为"死马当活马医"；马基雅维利（Machiavelli）则将其视作"瘟疫"，甚至是"古罗马共和国灭亡的原因"。在马基雅维利看来，格拉古兄弟试图缩小大贵族和平民之间日益扩大的差距。他们的想法是正确的，但采用了颇具危险性的简单粗暴手段，导致土地法改革"使罗马天翻地覆"。

对于那些声称莫尔是"基本收入之父"的人来说，莫尔本人对"土地法"的敌意也颇具意义。莫尔的著作灵感来源于15世纪愈演愈烈的圈地运动[②]，以及14世纪后期"黑死病"肆虐后民

---

① 西塞罗（Marcus Tullius Cicero，公元前106—前43），古罗马著名政治家、哲学家、演说家和法学家。——译者注

② "圈地运动"，15世纪末至19世纪中时西欧新兴资产阶级和新封建贵族使用暴力剥夺农民土地的过程。这种情况在英、德、法、荷兰、丹麦等国都曾先后出现过，而英国的圈地运动最为典型。——译者注

众日益高涨的好战情绪。随着英格兰"习惯权利"①的进一步消失，有越来越多的农民发现自己无法获得土地，土地均被地主购买的羊所"吞噬"。[23] 这些均涉及土地所有权平等的问题，但莫尔始终追随西塞罗的观点，谴责"土地法"是危险的。"更重要的是为所有人提供一些谋生手段，这样便没有人会甘心沦为窃贼，甚至饥饿而死。"范·帕里斯和杨尼克·范德波特声称莫尔在这句话中提出了"保证收入"的想法。[24]

"Proventus vitae"一词在现代通常译作"足够的收入"。然而在《土地正义论》的后续段落中，莫尔暗示他的救济方案会以实物而非金钱支付（中世纪拉丁语中的"proventus"指生产或增长，而非金钱救济）。[25] 他补充道，"振兴农业和羊毛业，这样便能为大批失业者提供大量正当而实际的工作。"后来莫尔的记者声称有"充足条件"来完成这项任务，"包括手工业（和）田间劳动""如果人们不选择铤而走险成为罪犯"，这项方案会是有益的。莫尔的提案与当今的"基本收入"提案有两个明显区别：一是实物分配，二是与共同土地所有权的联系。

---

① "习惯权利"，对土地和资源的"习惯权利"是指根据原住民和当地社区的习惯法、价值观、习俗和传统，长期存在的一种社区土地和资源使用模式，包括季节性或周期性使用，并非正式的法律规定或国家授予的土地和资源所有权。——译者注

19世纪理论家托马斯·斯基德莫尔（Thomas Skidmore）[1]也发现了同样的差异，他是"无条件基本资助理论"（unconditional basic endowment）的最早支持者之一。在《人民财产权》（*The Rights of Man to Property*）中，斯基德莫尔声称一部公正的宪法应规定必须将"所有公民、社团、公司和其他人"的所有财产与"国家财产"相加，并从中"获得红利"。继承法不会对该计划构成障碍，因为拍卖"取代了所有遗嘱形式，通过此种方式，财产可随时传承给下一代"。斯基德莫尔的方案并非现金补助，而是需要财产的持续传递，来保护公民获得生产资料的权利（类似于潘恩和杰斐逊的"资产平均主义"[2]方案）。斯基德莫尔指出："每当一个国家不复存在，那是因为在这些国家中没有一种制度或政府理论能使人民的财产几近平等。"

最著名的"斯宾汉姆兰体系"的批评者是英国公关人员托马斯·斯宾塞，他是伦敦激进派的重要成员。斯宾塞与潘恩多有书信往来，在18世纪90年代后期读过潘恩的《土地正义论》，但他不同意潘恩对土地税重要性的强调。在1796年对潘恩所著该

---

① 托马斯·斯基德莫尔（Thomas Skidmore）（1790—1832），美国政治家、激进政治哲学家。他是纽约工人党联合创始人和领导人，该党为争取十小时工作制、废除债务人监狱、普及公共教育和扩大政治选举权等而奋斗。——译者注

② "资产平均主义"是平均主义的一种形式，其理论认为，通过资源的重新分配（通常以成年年龄提供资本补助的形式）可以实现平等。这一想法在托马斯·潘恩的著作《土地正义论》便就已存在。——译者注

本小册子的回复中，斯宾塞声称潘恩接受了英国的土地集中政策，并冒险取缔医院现有的公共设施。在斯宾塞的《婴儿的权利》（The Rights of Infants）中，他提倡在"斯宾汉姆兰体系"的教区组织中将盈余租金重新分配给有需要的人。然而与潘恩不同的是，斯宾塞声称此种盈余不能通过对地产征税来积累，而是应对所有应税财产征税来实现盈余。"盈余"应平等分配给教区里的所有人，"无论男女，已婚或未婚，合法或非法，从初生婴儿到残年老者，对富农、富商的家庭和贫工、技工的家庭均要一视同仁"。

因此斯宾塞通过寻求更慷慨的补助制度来驳斥"斯宾汉姆兰体系"的保守举措。然而这一制度本身从未成为长期的救济来源。相反，斯宾塞的共和主义思想正是基于与潘恩相同的"生产主义"原则。斯宾塞在小册子的最后问道："我们可否想想，是谁改良了这片土地？难道只有所有者们在努力劳作吗？"斯宾塞希望分割大片地产，由农民所有。他的方案并非旨在使农民从工作中解放出来，而是将"劳动"置于首位，同时允许农民购买土地。

在美国，此种"以财产为中心"的传统一直延续至19世纪的共和主义理论中，在资本主义经济蓬勃发展的背景下经历了自身的变革，期望通过"无偿没收"以"防止大量财产积累于少数人手中"，并被写入宪法。这是一种较为激进的提案，未被多数农民所接受。如杰克逊派民主党人奥里斯特斯·布朗森（Orestes Brownson）①在1830年的提案中效仿杰斐逊坚持认为废除继承制度将"提升劳动阶级地位"，并使"所有人……获得自由和独立"。他写道，"年轻人开始谋生，会得到自己那份置办家当的钱，作为启动经营的资本。有了这份本钱，他可以走向世界，并可通过诚实劳动获得报酬"。尽管获得财产的手段是货币（通过"现金资助"的形式），但布朗森的最终目标还是要重建独立的土地所有者阶层。[26]对"工作"的重视仍是布朗森思想的核心。如果个人能够"摆脱现有认为劳动丢人的错误观点"，并"将劳动视为一种与英国人猎狐（fox-hunting）一样符合绅士品格的光荣活动"，那么"没人会回避它"。反过来，有序的财产制度可使"劳动……由开明有教养的人和拥有劳动资本的人来完成"，这样劳动"在所有人的评价中均是有意义的，并很快被视为一种可接受的消遣"。宪法强制令要求财产"在合理范围内积累"，同时确保对"劳动"行为的倡导。[27]

19世纪后期的思想家避开布朗森所面对的阻碍，找到了属于自己的道路。亨利·乔治、爱德华·贝拉米（Edward Bellamy）和伊格内修斯·唐纳利（Ignatius Donnelly）等民粹主义者通过选择"土地税"方案来规避再分配，通过将财产税用于公共资金来纠正所有权中存在的不公平现象。亨利·乔治也期待"保证公平

---

① 奥里斯特斯·布朗森（Orestes Brownson）（1803—1876），美国知识分子、活动家、传教士、劳工组织者、天主教皈依者和作家，支持纽约工人党。——译者注

的'土地法'能产生有益效果"。借用杰斐逊和潘恩的观点，亨利·乔治在1879年出版的《进步与贫困》（*Progress and Poverty*）一书开篇便宣称，当"一个人可支配其他人劳作的土地"，从而"以劳动许可为代价占有生产者的劳动"时，"社会便为满足社会需求而获取价值"。[28]土地税允许受救济者重新获得财产所有权，重新分配资金以促进其进一步拥有土地。土地价值税①补偿无产者所失去的神圣权利。（然而亨利·乔治并未效仿潘恩的"无条件救济"式方案，而是更倾向于将土地价值税分配到各州金库中，州政府则利用这些资金进行公共基础设施建设。）

即使同时代人确实回避了他们的补助金方案可能被用于土地独立分配之外用途的可能性［如同爱德华·贝拉米在《回顾》（1889年）中所提出的"信用卡"机制一样］，劳动义务仍是核心。在贝拉米看来，"所有人"均"可随心所欲支配个人收入；但对所有人来说应当一视同仁的是，给予收入的唯一依据便是其同为人类同胞这一事实"。当《回顾》中的"对话者"询问该制

---

① 土地价值税是对土地价值征收的税款，不考虑建筑物、动产和其他改良物。土地价值税普遍受到经济学家的青睐，因为它不会导致经济效率低下，并能减少不平等。亨利·乔治认为对土地价值征税是最合乎逻辑的公共收入来源，因为土地供应是固定的，而且公共基础设施的改善将反映在土地价值的增加中（并由此支付费用）。土地价值税具有累进税收效应，因为它是由有价值的土地所有者（往往是富人）缴纳的，并且由于土地数量固定，税收负担不能以更高租金或更低工资的形式转嫁到其他租户、消费者或工人身上。——译者注

度可能产生的不利影响时，贝拉米却不予理会。他指出"努力的程度本身，便与'应得多少'这一问题有关"。正如杰米·布朗斯坦（Jamie Bronstein）[①] 所指出的，贝拉米的设想仍属于"强制参与式经济"，任何决定退出或"不为美国这一庞大组织贡献劳动"的人均"无法养活自己"。他会"自绝于世，与同类隔绝联系，形同自杀"。在贝拉米看来，"拒绝工作"与"脱离社会"无异。

从 18 世纪 70 年代革命浪潮开始，潘恩、斯宾塞和斯基德莫尔等思想家均脱离旧有福利制度，并围绕旧有"土地法"的影响开展研究。他们的政治主张不仅是"收入政治"，更是"财产政治"。在他们之前，伊拉斯谟、莫尔和维韦斯等思想家认为实物福利计划（welfare program）可作为当时福利制度的一种替代方案。尽管这些计划的部分内容类似于当前的"基本收入"理论，但它们被纳入一个更为宏大的愿景——"不是土地法的土地法"，这使它们与范·帕里斯、斯坦丁和布雷格曼所倡导的计划背道而驰。

欧洲社会主义中的补助与劳动批判

在农业制度方面，欧洲也不例外。与美国一样，18 世纪、19

---

① 杰米·布朗斯坦是新墨西哥州立大学的英国和美国历史教授，负责教授大西洋两岸从 1485 年至今的这段历史。她是《英国和美国的土地改革和工人阶级经验：1800—1862》，以及与安德鲁·哈里斯合著的《帝国、国家和社会：现代英国：1830 年至今》的作者。——译者注

世纪欧洲对救济制度的思考始于与财产所有权的密切关系，这沿袭了潘恩与雅各宾派的斗争和法国大革命时期所推出"土地法"计划的传统。傅立叶和维克多·孔西得朗（Victor Considérant）等早期社会主义者从"工业社会化"（而非通过潘恩的"小土地所有者共和国"）的角度出发，来为"最低供给"辩护。西斯蒙第（Sismondi）、马布利（Mably）等部分救济制度领域思想家希望重建被土地集中政策摧毁的自耕农制度。马克思、蒲鲁东（Pierre-Joseph Proudhon）和路易·奥古斯特·布朗基（Louis-Auguste Blanqui）等 19 世纪后期思想家则完全突破了土地政策的框架。[29] 他们转而回到莫尔所倡导的公有制，提出"信贷创造"的替代形式，或寻求扩大公共就业的方式。然而尽管这些学者突破了旧有"土地法"传统，但这一举措并未体现为对"无条件补助"的完全认可。例如，蒲鲁东设想一个由小生产者（主要是农民和手工业者）组成的社会，他们可参与"一系列平等的市场交换"。放开货币和信贷，使在征地权下出租土地成为可能，从而阻止工业体制中正在进行的"劳动力商品化"过程。蒲鲁东还将这种"人民银行"（Banque du peuple）①模式看作旧意义上"土地法"的明确替代："在这里，我们没有征用，没有破产，没有土地法，没有社区，没有国家干预，也没有侵犯继承权或

---

① 蒲鲁东主张建立以无息贷款为基础的"人民银行"（Banque du peuple）作为改造资本主义制度、实现"互助制"社会的根本途径。——译者注

家庭……只有通过来自国家银行的竞争消灭净收入，也就是说，自由，只有自由。"

19 世纪首位完全拥护"基本收入"的社会主义者是法国的傅立叶。傅立叶被马克思和恩格斯誉为"第一位空想社会主义者"①。他于 1792 年步入政界，提出突破性的"四种运动论"（*Theory of the Four Movements*）②，并在此后十年中声名鹊起。傅立叶首次关于救济制度的论述见于 1803 年的《傅立叶致大法官信》（*Lettre de Fourier au Grand Juge*）中，其中明确提出"最低适当供应"的必要性。[30] 后来他于 1836 年发表的《支离破碎的虚假产业》（*La Fausse Industrie Morcellée*）中扩展了这一论点。这部著作以反对"文明秩序"而闻名，并主张如果狩猎和农业等"自然谋生手段"为少数人所垄断，便应确保"最低限度的富足"。"最低限度的富足"可迫使雇主为员工提供更好的工作条件。然而傅立叶并未强调他所提出的"最低限度富足"具有货币性质。相反地，他致力于将"穷人对衣服、食物储备、公共住房和农田的最低限度的满足"作为主要救济措施。他所提出的合作社〔或称"法伦斯

---

① "第一位空想社会主义者"中的第一位空想社会主义者是圣西门。——译者注

② "四种运动论"（Theory of the Four Movements），傅立叶认为，宇宙中的运动共有四种，即社会运动、动物运动、有机运动和物质运动。其中社会运动是最主要的运动，其他三种运动均是社会运动的"象形文字"。——译者注

泰尔社区"（phalansteries）[1]] 会提供"食物保障"，确保人们得以"体面维生"，并提供可在公社中用于交易的实物凭证。傅立叶的"最低收入"会以"实物形式支付"，因为他所设想的制度并不需要货币。只要这些合作社提供"美味晚餐"和"自选葡萄酒"，所有参与者均可成为"小业主"。与此相对，维克多·孔西得朗等傅立叶主义者也主张将"最低限度"作为"自由的基础和无产阶级解放的保障"，但同样不涉及"现金转移支付"理念。孔西得朗在 1845 年发表的《傅立叶法伦斯泰尔制度简介》(*Exposition Abrégée Du Système Phalanstérien De Fourier*) 中宣称，"进行革命、颁布法令、制定宪法，宣布成立各式共和政体，如果社会不能保证男人、女人和孩子拥有最低限度的自由比如提供衣服、住房、食物以及维持他们生活和人格社会独立性所必需的一切东西，那你绝对没有为真正的自由、真正的群众自由做任何事"。孔西得朗设想的"法伦斯泰尔社区"不会提供货币救济，而是选择拟订一份实物商品清单，并将商品分发至所有成员。如果人们能够找回"工作的满足感"，并"打破当代就业的不完善现状"，工业主义将找到其真正的终极实现形式。

　　然而这条规则也有例外。最接近无条件接受"基本收入"理论的学者是比利时法学专家约瑟夫·夏立尔。夏立尔是傅立叶主义者，同样关注"工业最低限度"的说法。在他的《社会问题或

---

① "法伦斯泰尔社区"（phalansteries）是指傅立叶为自己的理想社会设计的一种"和谐制度"，也是一种工农结合的社会基层组织。——译者注

人道主义宪法的解决方案、自然法的基础，以及解释性陈述》
（*Solution du Problème Social, ou Constitution Humanitaire, Basée
sur la la loi Naturelle, et Précédée de L'exposé Des Motifs*）（1848
年于布鲁塞尔出版，与马克思和恩格斯的《共产党宣言》几
乎同时出版）中，夏立尔为一种由财产税资助的"领土红利"
（territorial dividend）[1]进行辩护——此种红利方案可对无产者的土
地分配不均进行补偿。

夏立尔的方案总体上雄心勃勃。他的红利发放方案不存在家
庭、性别或年龄限制，公民自出生便可领取红利救济。作为傅立
叶主义者，夏立尔在《解决方案》一书中指出："使需求刺激
成为工业活动的驱动力，这是一个巨大的错误。"当然"劳动"
仍是社会主义思潮的核心。然而由于"劳动的吸引力仅在于它
所带来的好处之中"，以及"很明显，这些好处越真实，劳动
者对劳动的热爱便越强烈；反之，这些好处越贫乏，劳动者对
劳动的热爱便会消耗殆尽"。因此夏立尔通过将红利发放方案
与财产所有权和工作要求分离，在以往救济制度基础上实现了
突破。

但夏立尔的红利发放方案确实体现出"生产主义"的优势。
在他提出的"最低限度"方案中，"产品总消费不再允许劳动力

---

[1] "领土红利"（territorial dividend），指无条件每季度向所有公民支付
固定金额，"根据所有房地产的租金价值来决定"，被认为是早期有关
"基本收入"的书面描述。——译者注

减少""劳动力流动速度与消费者数量成正比，且必将促进制造业活动发展"。如果劳动力个体决定继续无所事事，社会舆论的压力便会无情地涌向他们。夏立尔继续说道，"受救济者将不得不自食其果，社会将不再天真地通过慈善对其施与救济，所有人都知道这种情况是他自作自受"。

这便是第一个非强制、面向个人且具有货币性质的官方"基本收入"提案。然而夏立尔学说如今的边缘化地位证明他的这一提案不合时宜。尽管他曾开展数次"持续的探索与尝试"，但对后来的学者来说，夏立尔"仍是一个谜"，而他的名字"只是在有关比利时社会主义历史的参考文献中偶有提及"。直到他死后一个世纪，学界"才出现对他生平或作品的实质性研究"。他的"领土红利"学说至今在政治学界仍属冷门。

夏立尔处于此种默默无闻的境地不足为奇。当他1848年在布鲁塞尔撰写《解决方案》草稿时，马克思和恩格斯这两位最重要的社会主义理论家正在起草《共产党宣言》。作为"傅立叶学派"的批判继承者，马克思、恩格斯二人均反对巴贝夫所强调的土地再分配法，转而回归莫尔所强调的公有制。在这里，马克思的社会主义仍以"生产者"这一解放主体为中心，并期待实体经济制度的进一步完善。此种怀疑态度在马克思对18世纪90年代"斯宾汉姆兰体系"的评论中已有体现，该体系旨在补偿工资下降带来的不利影响。这一点在马克思后来对蒲鲁东主义者（Proudhonist）所提出的现金计划的批评中也得到了明确体现。

　　此种"以工作为中心"观点的顽固性，在保罗·拉法格（Paul Lafargue）《懒惰权利》（*The Right to Be Lazy*）^①一书于19世纪不被接纳的那段历史中可见一斑。当恩格斯委托爱德华·伯恩斯坦（Eduard Bernstein）负责翻译拉法格的此本著作时，伯恩斯坦开始有意淡化书中的严肃内容。在该书引言中，伯恩斯坦决定删去有争议的副标题（"劳动权的驳斥"），并删除为懒惰辩护的相关争议段落。伯恩斯坦在该版译著的德文引言中写道，"基本可将这部著作当作讽刺作品来读"，因为该书的"尖锐讽刺"和"无情坦率"可以帮助劳工与我们队伍中的虚伪和道德怯懦进行斗争。在伯恩斯坦看来，对拉法格的这本著作最好的解读是"一系列令人振奋的思想"，而非对"懒惰权利"学说的研究。伯恩斯坦对拉法格文本的矛盾态度成为后来各国社会民主党和苏联理论文献的一大固有特征：乔治·索雷尔（Georges Sorel）严厉批评了拉法格的著作充满"无可救药的轻浮"和"狂妄自大"，拒绝接受其中的"悖论、谎言和天真的伪装"。该书俄文版直至20世纪80年代末才得以出版发行。

　　直至20世纪20年代，此种"生产主义"传统仍对欧洲社会主义的规划构想产生强烈影响。正如荷兰社会主义者费迪南·多

---

① 《懒惰权利》（*The Right to Be Lazy*）是保罗·拉法格于1883年出版的著作。在书中，拉法格反对劳工运动扩大雇佣劳动的斗争。拉法格认为雇佣劳动等同于奴隶制，而以劳工运动的形式为扩大奴隶制而斗争是荒谬的。拉法格在书中提出懒惰权利，与他认为资产阶级的工作权利形成鲜明对比。——译者注

梅拉·尼乌文赫伊斯（Ferdinand Domela Nieuwenhuis）[①] 所言，既然"劳动是所有财富和文明的源泉"，那么"劳动的一般产品"意味着"对劳动的普遍义务"。罗莎·卢森堡（Rosa Luxemburg）等共产主义者对这一要求更是直言不讳。她在 1918 年的一本小册子中宣称，"为使社会中所有人均能享受繁荣带来的好处，他们必须工作。只有通过体力或脑力劳动为广大公众完成有益工作的人，才有资格从社会获得可满足其自身需求的财富""凡是有能力的人均要工作……这在社会主义经济中是理所当然的事"。两年后，列宁在"全俄矿工代表大会"上的一次演讲中重申了同样的观点，声称"苏俄政权的强大影响力"清楚地表明"政权应属于劳动者，不劳动者不得食，谁劳动，谁就在国家事务中有发言权，谁便可影响国家大事的决策。这是再浅显不过的真理，我们工人阶级的千百万同胞都明白这个道理"。即使当小农所有制退居二线，"土地法"也不再对共和主义者的构想产生重要影响之后，对现金救济方案持强烈怀疑的声音依然存在。

---

① 费迪南·多梅拉·尼乌文赫伊斯（Ferdinand Domela Nieuwenhuis）（1846—1919），荷兰社会主义政治家，后来成为社会无政府主义者和反军国主义者。他是荷兰社会主义运动创始人，也是荷兰议会第一位社会主义者。——译者注

两次世界大战之间英国的"国家奖金"（State Bonus）思想，1918—1942

在两次世界大战之间，英国是首批真正的新型救济思维模式发源地之一。这些思想弱化了与前一时期"生产主义"和农业传统之间的联系，并尝试提出新的无条件补助模式提案。这些提案还围绕一种新型"消费者"模式展开，此种模式取代了社会主义思想家提出的旧有"主权生产者"理念。这些提案共同决定了"劳动合同制"的核心地位，其中便包括贵格会工程师丹尼斯·米尔纳和梅布尔·米尔纳夫妇于 1918 年提出的"国家奖金"提案。"一战"后，这对来自约克郡的夫妇主张"所有人均可随时从中央资金中获得一小笔津贴。如果无以维生，津贴刚好足以维持其生命和自由"。该计划设想每周向每人支付 5 先令，基本上将现有针对军属家庭的定向福利扩展至全体公民。

米尔纳夫妇由此针对早期救济思想发生重大转变，早期思想通常将"救济"与旧有财产模式联系起来。在米尔纳夫妇看来，奖金"不能太多，毕竟有些人十分懒惰。如果不用工作也能享受奢侈，他们会很高兴得到机会休息"。然而他们又立即对此种可能性予以否定，坚持认为"如果很多人都无所事事，对中央资金的贡献便会减少""国家奖金"也会"相应减少"。此外，尽管"土地"在争论中并未发挥重要作用，但米尔纳夫妇假定劳动者会通过"国民总额"来重新获得少量财产价值。如同先前的潘恩一样，米尔纳夫妇仍相信"多数人认同所有人均应享有土地所有权"。正如米尔纳夫妇在《国家奖金》(*The State Bonus*)中所论述的,"在我们现有的文明中,此种权利已被剥夺,因此文明似乎理应给予一个人不费吹灰之力就能生产出的等价物作为交换"。"显然,"他们说,"给予等值现金要比重新制定整个土地制度简单得多"。这是早期"土地法"的遗留问题。然而土地独立分配的理念并未完全丧失,米尔纳夫妇仍认为人们会将补助首先用于购置财产。在争夺"生产"而非"消费"的斗争中,"国家奖金"也被证明是一种可广泛运用的工具,而劳动者利用此种工具"不仅可增加对更丰硕工业成果的需求,还可加强对生产机器本身的控制"。尽管该计划被工党拒绝,但它还是得到乔治·道格拉斯·霍华德·科尔和后来的市场社会主义者〔如阿巴·勒纳、奥斯卡·兰格和弗雷德·泰勒(Fred Taylor)等社会红利[1]支持者〕的支持。然而在工党内部,它的接受度要低得多:正如工党委员会在 20 世纪 20 年代初得出的结论,"我们已将国有化、工人控制[2]、提高工资水平和失业保险提上议程,更不要说还有几十项次要措施了,提高工资和失业救济金水平(而不仅是提供生活手段)更符合我们的原则"。

就在米尔纳夫妇提出国家奖金计划的当月,英国哲学家伯特

---

[1] 社会红利是指社会主义经济中社会拥有的自然资源和资本资产的回报。——译者注

[2] 工人控制是指工人对生产过程和工作环境的管理和控制,通常涉及工人对生产决策、工作条件和工资待遇等方面的参与。——译者注

兰·罗素提出流浪者工资①理论。与这对贵格会同侪夫妇相比，罗素在突破"土地法"传统束缚方面更进一步：他认为本无理由对财产进行重新安排。他的"流浪者工资"理论以中世纪艺术理想为蓝本——此种理想允许自我表达，而雇佣制是不可能做到这一点的。罗素提出一种无义务、面向个人和普遍的"基本收入"方案。他声称，"根据这一计划，所有人都可不用工作就能生活"，且受救济者将"使社区生活丰富多彩"。然而如同先前夏立尔的提案一样，罗素的提案因过于激进而被忽视，基本没有引起政策制定者的兴趣。

发生于20世纪二三十年代的"社会信用运动"为"基本收入"思想开辟出一条更有希望的道路。在社会改革家 C. H. 道格拉斯少校和加拿大"社会信用"游说团体的推动下，这些提案侧重于将对货币供应的公共控制作为解决行业动荡和消费不足的主要方式。1922 年，毕业于剑桥大学、工程师出身的经济学家道格拉斯少校提议每月发放一笔国家红利，以简化现有社会保障计划，并鼓励全社会的个体发挥积极性。道格拉斯提议将"A"方案和"B"方案分开（一种用于支付财务成本，另一种用于支付有形资本货物），从而提出一种理论，声称资本稀缺会阻碍生产，

---

① 流浪者工资由罗素在《自由之路》中提出，所有公民无论是否工作，均将获得维持生计的工资。国家支付的收入由依赖工作的部分和无条件的部分（即"流浪者工资"）组成，这被视为一种早期"基本收入"理念。但这一想法在英国工党内部未造成过多影响。——译者注

私人金融家将有动机囤积资金并抬高资产价格，但如果国家向金融体系注入流动性，囤积动机便会减少，生产便会恢复自然进程。此种具有通货膨胀倾向的方式会使闲置资本贬值，同时使公民更易参与经济活动，从而将可用资本扩散至全社会。如果"金融信用从社会整体利益出发，直接由消费者控制"，那"流通中的金融信贷量便能更准确地反映国家真实信用""经济发展便会再向前迈进一步"。道格拉斯期望他所提出的红利方案能够刺激消费，并有效激励人们参加工作。

道格拉斯的方案在一些工党人士中受到欢迎。然而从总体上说，这场运动对两次世界大战之间的社会主义政治影响甚微。该计划的反金融野心在其中发挥至关重要的作用，当然它可能也与"反犹"主题重叠。道格拉斯的"A+B"理论成为20世纪30年代一系列信贷运动的指导原则。在这些运动中，私人对"货币扩张"的控制是工业萧条的主要根源和"工资奴役"[①]的驱动因素。回溯到19世纪五六十年代由蒲鲁东、爱德华·凯洛格（Edward Kellogg）和亨利·查尔斯·凯里（Henry Charles Carey）提出的信用意识形态，"社会信用"是在19世纪改革者"以财产为基础"

---

① "工资奴役"是指一种工人为生存而被迫出卖劳动力，从而陷入长期、低工资的现象。在资本主义生产方式中，工资奴役（或饥饿工资）是指通过保持低工资或停滞工资来剥削劳动力，以使企业最大化榨取其剩余价值。"工资奴役"可宽泛定义为一个人依赖工资（或薪水）维持生计（特别是当工资低、待遇和条件差、向上流动的机会较少时）。——译者注

的愿景，向凯恩斯主义的消费者发展中的过渡时期发挥作用的。因此，它最终成为一种介于"生产主义"和"消费主义"之间的选项。然而在过去十年中，罗素和道格拉斯理论的边缘化越发明显。公会社会主义[①]者乔治·道格拉斯·霍华德·科尔在 1929 年出版的《英国社会和经济政策的未来十年》（*The Next Ten Years in British Social and Economic Policy*）一书中指出，他的"全民红利"提案是根据"需求而非劳动贡献"来分配，并引入后来学者所推崇的可转换条款（科尔熟悉米尔纳夫妇的方案，并且可能在参与工党阅读小组时了解过道格拉斯的提案）。在《经济计划原理》（*Principles of Economic Planning*）一书中，科尔指出"所有人至少拥有最低收入"的必要性，这可使人们能够购买生活基本需求之外的所需物品。与此同时，他担心纯粹基于"需求"的"国家奖金"方案会排除"将激励工作与防止贫困相结合"的可能性。科尔提出的"社会红利"，取决于个人"是否做好准备"参与"整个社区的共同任务和职责"。在科尔看来，国家仍是"由生产者通过民主方式建立起的庞大机构"，它牢牢掌控着"生产方式"。这个庞大机构可通过大规模土木重建计划来运用"全民红利"方案，但也对工作要求做了严格规定。正如本·杰克逊

---

① 公会社会主义是一场政治运动，主张工人通过与贸易相关的行会"以与公众的隐含契约关系"为媒介来控制工业。公会社会主义者"主张工业的国家所有权，并通过将权力委托给内部民主组织的国家行会"。乔治·道格拉斯·霍华德·科尔是"公会社会主义"的主要代表。——译者注

（Ben Jackson）和彼得·斯洛曼所指出的，科尔多次表达对"搭便车"福利政策的担忧，并将他所提出的救济方案与"在整个社区的共同任务和职责中发挥自身作用的意愿"联系起来。

1939 年 12 月费边社会主义银行家乔治·万斯布鲁（George Wansbrough）致凯恩斯的一封信中也提到类似"基本收入"的想法。信中提出"工人收入"这一概念，即"每个家庭"在"工资……远比现在要低"的情况下，"都能获得相当于现在失业保险金的收入"。在 1939 年 12 月的回信中，凯恩斯表示他认为这一想法是"妙言要道""在一系列乌托邦主义政治纲领中"应占有一席之地，但也认为"如在战争时期引入则不可思议"。当然，我们可"朝着正确方向采取一些行动"。20 世纪 30 年代，凯恩斯曾试图在工党纲领中引入类似的永久性补助，然而该提案仍属于"此种情况下的浪费"，且远远超出正统观念的开销。三年后，《贝弗里奇报告》（*Beveridge Report*）①的成功（它强调以服务为

①　《贝弗里奇报告》（*Beveridge Report*）是由英国成立社会保险和相关服务部际协调委员会，着手制定的战后社会保障计划。经济学家贝弗里奇爵士受委托出任社会保险和相关服务部际协调委员会主席，负责对现行的国家社会保险方案及相关服务进行调查，并就战后重建社会保障计划进行构思设计，提出具体方案和建议。第二年，贝弗里奇爵士根据部际协调委员会的工作成果提交题为《社会保险和相关服务》的报告，这就是著名的《贝弗里奇报告》。报告分析了英国社会保障制度现状、问题，对以往提供的各种福利进行了反思，并系统勾画了战后社会保障计划的宏伟蓝图。——译者注

基础），与凯恩斯以家庭补助[1]取代失业保险的希望背道而驰。

在美国发生的辩论也是类似的情况。路易斯安那州州长休伊·朗（Huey Long）1931年提出的"宅基地补助金"（每年约5000美元），其前提便是杰斐逊时代的"财产政治"。正如休伊·朗所设想的那样，农民可利用这笔钱购置一些财产，并向更高阶层发展。休伊·朗的分享财富计划[2]不仅规定金融持股上限，以实物形式提出救济，还包含广泛的公共部门计划，包括为路易斯安那州儿童提供免费托儿服务，以及为家庭提供收音机、汽车和洗衣机。除此之外，还有一笔6000美元的宅基地补助金，家庭可用这笔钱购置农村房产。休伊·朗将这些提案一直回溯至古老的"希伯来法"中有关土地的条款。他表示："谁会在乎上帝、清教徒、杰斐逊、韦伯斯特（Webster）[3]和林肯的命令可能会带来什么后果？"

---

[1] 家庭补助是代表儿童定期向家庭支付的款项，与家庭收入无关，所有特定年龄以下儿童的家庭均有资格享受这些福利。政府以此帮助家庭抚养年幼的家族成员。此外，这些报酬并不取决于户主的工作。在这方面，家庭津贴不同于向有子女的家庭提供的其他形式的援助，如美国的"所得税抵免"政策。凯恩斯是"家庭补助"的早期倡导者。他通过多种途径了解到这一政策，并多次表示支持。——译者注

[2] 分享财富计划，提出利用长期计划的财富来保证各家庭获得5000美元的基本家庭补助，以及家庭平均宅基地价值和收入三分之一的最低年收入等其他措施。——译者注

[3] 此处指丹尼尔·韦伯斯特（Daniel Webster, 1782—1852）。——译者注

　　然而20世纪40年代也出现了更加背离这些有关救济设想的情况。其中之一便是朱丽叶·里斯·威廉姆斯夫人设计的收入计划。她是一位英国贵族，于20世纪40年代成为"自由党"（Liberal Party）领军人物。1943年，她提倡一种"新型社会契约"，其形式是每周向全体18周岁以上公民发放普遍福利，以取代"其他形式补助"，且无须对公民经济状况进行调查。作为《贝弗里奇计划》的一种替代方案，她的理论含蓄地将临时工（主要是为农村雇主提供的临时工）正常化，但也否定了"贝弗里奇模式"的核心（强调由男性养家糊口）。朱丽叶·里斯·威廉姆斯认为"已婚妇女和家庭主妇无须登记就业即可享受到契约的好处"。尽管她的计划并未付诸实施，但正如斯洛曼所指出的，该计划的重点是通过一般税收支撑的"现金转移支付"，作为解决贫困问题的另一种方式。"'税收-利益一体化'作为一项市场自由主义事业，其根源在于对'费边主义''家长式'作风和英国国民保险制度 ① 中'劳工主义'（labourist）设想的批判"。

　　朱丽叶·里斯·威廉姆斯的批评主要集中于贝弗里奇提出的为实现就业所做出的尝试上。她于1943年发表的《值得期待的事情：新社会契约的建议》中指出，贝弗里奇计划"很容易受到批评"，理由是"它未能为独立工作者提供任何保障，他们

---

① 国民保险制度是英国"福利国家"的基本组成部分。它是社会保障的一种形式，因为缴纳国家保险缴款使工人及其家庭有权享受某些国家福利。——译者注

几乎完全被排除于该计划之外"。她继续写道，"反对贝弗里奇计划的确切理由，并不在于其在消除贫困方面的缺陷（这些可以弥补），而在于它对人们工作意愿的严重打击"。她最后补充道，"毫无疑问，如果'贝弗里奇计划'全面实施，将会严重破坏低收入工人的工作意愿，甚至可能达到更危险的程度"。然而该书最显著之处在于朱丽叶·里斯·威廉姆斯的"生产主义"原则规定，工人的"消费"仅在其意味着"对生产活动的实际投入"时才有意义。朱丽叶·里斯·威廉姆斯还在计划中保留了劳动合同形式的承诺。事实上正如彼得·斯洛曼所指出的，若想满足参与朱丽叶·里斯·威廉姆斯所提出计划的资格，"所有成年公民均需与政府签订合同，承诺尽其所能工作（男性全职工作，单身女性和没有子女的年轻寡妇兼职工作）以换取津贴"。那些拒绝签订合同的人便失去获得此笔款项的资格。此外，与米尔纳夫妇不同，朱丽叶认为没有必要将该补助方案视为土地再分配的敲门砖，这是临时农业劳动所排除的选择。可以说，她突破了19世纪盛行的"实物"救济范式的最后障碍。

***

在两次世界大战之间出现的单一繁荣之前，救济思想始终围绕三大轴心（土地所有权、社会化和工作要求）发展。正是这三者使得纯粹的货币形式"无条件基本收入"难以理论化，更遑论作为政策提出了。

先前的救济制度附带的要求十分严苛。对于潘恩、布朗森、科尔、傅立叶和米尔纳等一众学者来说,"国家奖金"或"土地补助"将有生产力的公民置于政体的核心。正如伯特兰·德·茹弗内尔(Bertrand de Jouvenel)所指出的那样,这两个群体确实有"一个共同关注点":他们均想消除财产分配不均带来的影响。[31] 20世纪二三十年代正是"土地法"传统的"生产主义"与有关消费者形象的新思想、新愿景之间的过渡时期。此种转变不仅导致政策重点逐渐退出曾作为"需求之争"舞台的生产领域,"基本收入"还将首次赋予公民超越土地所有权或强制工作的"消费权"。

取消非经常性补助的同时,也出现了一种新型政策体制,即从"财产政治"向"收入政治"的转变。首先,生产要素的再分配至关重要。但直至20世纪初,手工业工人阶层的消失和财政制度革命的开展才使得"收入权"得以与旧有的"土地权"展开竞争。正如德·茹弗内尔对此总结道:

> 数千年来人们以"社会公正"的名义要求土地再分配。这可以说属于过去的历史阶段,当时农业是主要经济活动……可以说"土地平均主义"(agrarian egalitarianism)体现出两种观念:一种是自然资源不可被独占,另一种是只有在资本供应平均分配的情况下才能实现公平回报。社会主义的解决方式曾是摧毁私有制本身。[32]

直至20世纪40年代,思想家们才果断摒弃这些传统。奥斯卡·兰格、阿巴·勒纳、简·丁伯根、威廉·赫特(William

Hutt）、弗雷德·泰勒、朱丽叶·里斯·威廉姆斯和米尔顿·弗里德曼等人均提出过类似此种"基本收入"的方案。然而当他们的理论开始被接受后，这种理论所取得的成功不容否认：首先在美国，随后在欧洲和全球南方国家（Global South）[①]，"现金转移支付"对之后的数代活动家、政策制定者和哲学家产生深远而持久的吸引力。在此种新情况下，"基本收入"理念不再是空想，而且日趋合理。在具备这些因素之后，"普兰塔德式"的历史开始具有意义。

---

① 南方国家，根据联合国会议，"南方国家"一词广泛包括非洲、拉丁美洲和加勒比地区、亚洲（不包括以色列、日本和韩国）和大洋洲（不包括澳大利亚和新西兰）地区的国家贸易与发展（贸发会议）。多数"南方国家"的特点是低收入、人口稠密、基础设施薄弱，而且常常在政治或文化呈现边缘化。——译者注

第二章

弗里德曼的"负所得税"
和"贫困货币化"

"无论您如何定义自由市场，它都意味着底层的不平等，您和我一样，会觉得这在社会上是不可容忍的。"

——弗里德曼，《致罗伯特·德·弗雷默里的信》
（*Letter to Robert de Fremery*），1947 年

在跻身 20 世纪最著名经济学家和"芝加哥学派"经济学领军人物之前，弗里德曼曾在美国联邦政府担任过一系列职务。弗里德曼并未直接获得终身教职，在 1946 年成为芝加哥大学副教授之前，他的职业前景并不明朗。当他和妻子罗斯·迪雷克托（Rose Director）于 1933 年从芝加哥大学毕业时，作为经济学者，他们很难在大学谋得合适的工作，且正如两人回忆录中所述，美国学术界当时反犹主义盛行。弗里德曼一直未能获得教职，直至 1940 年，他才被威斯康星大学聘为客座教授。这并非一次激动人心的经历，主要是因为在 1941 年，尽管弗里德曼的学生，包括后来成为肯尼迪"经济顾问委员会"主席的沃尔特·海勒（Walter Heller）提出抗议，威斯康星大学还是拒绝授予他终身教职。[33] 在随后四年中，弗里德曼在联邦机构工作。时机恰到好处。由于"新政"和战争的影响，联邦机构的扩张使经济学家得以应聘更多的职位。后来他曾开玩笑说，"具有讽刺意味的是，'新政'成了我们夫妇的'救命稻草'"，弗里德曼也变成妻子口中所说的"博学

的政府官僚"。弗里德曼此时尚未过多涉足政界，但确实是一位杰出的统计学家。他在 1936 年总统大选中投票支持罗斯福。据他的连襟亚伦·迪雷克托（Aaron Director）说，他具有"非常强烈的'新政'倾向"，后来还自诩为"诺曼·托马斯（Norman Thomas）式的社会主义者"。

在联邦机构工作期间，人们对弗里德曼的印象多是"一流的技术人员"，而非后来的"自由市场斗士"。他严谨的知识和高超的技术能力使他于 1935—1937 年在"国家资源委员会"（National Resources Committee）担任多项职务，在这期间设计并开展了规模最大的消费者收入研究。弗里德曼随后于 1937—1941 年在"国家经济研究局"（NBER）作为西蒙·库兹涅茨（Simon Kuznets）国民收入财富研究项目的助理，之后于 1941—1943 年受聘于财政部税务研究部（the Division of Tax Research of the Treasury Department）。具有讽刺意味的是，他从源头上实施预扣税计划，并最终于 1943—1945 年在"统计研究小组"①利用自身统计学方面的学识改善战争物资供给并改进技术。在他的职业生涯中，这绝非一段"迷失"的时期——正是在此数年中，弗里德曼厘清了个人世界观，并积累起有关社会政策的部分重要见解。

他的其中一个理论在随后数十年中颇受欢迎，这便是"负所得

① "统计研究小组"是哥伦比亚大学一个研究小组，主要研究"二战"期间的军事问题。得到国家统计局国防研究委员会应用数学小组的支持，隶属于科学研究与发展办公室。乔治·斯蒂格勒、弗里德曼等曾是该小组成员。——译者注

税"。"二战"初期，弗里德曼在美国财政部从事所得税全面改革工作时便草拟这一提案。他回忆道，"我是在思考合适的所得税制时想到的。这一架构将随时间推移而产生的平均收入波动因素考虑在内"。[34]"负所得税"还彻底改变了20世纪20年代前普遍存在的救济理念。沃尔特·海勒之前是他的学生，现在二人成为同事，共同讨论此提案，但他也同小亨利·摩根索（Henry Morgenthau）领导下的路易斯·希尔（Louis Shere）①和威廉·维克里（William Vickrey）讨论。[35]尽管起初他将这一方案的受众局限于那些有工作的人身上，但到20世纪40年代后期，弗里德曼将"其优点视为福利计划的替代方案"并扩大其应用范围，通过税收制度保证所有人均可接受"无条件最低收入"。该提案起初不被重视，后来得到千余名政治派别各异的经济学家的支持，其中包括凯恩斯主义者詹姆斯·托宾和公开信奉新自由主义的乔治·斯蒂格勒。到20世纪60年代后期，美国和加拿大政府在两国数个城市开展大规模实验。

而在1969年，最初以该想法的"坚决反对者"自居的时任美国总统尼克松，试图通过"家庭援助计划"实施该计划的一个版本，尽管该计划从未在参议院通过并予以立法。

"保证收入"提案在之后数十年中蓬勃发展，但弗里德曼的"负所得税"理论也成为首个（也是最连贯的）非缴费保证现金转移支付计划。当然，当弗里德曼在20世纪40年代初草拟该提

---

① 路易斯·希尔（Louis Shere），曾任美国财政部税务研究主管。——译者注

案时，实际是基于各种旨在保证"最低收入"的提案开始构思的。后来他公开承认这一想法"很久之前便已存在"，且"并非原创"。正是在两次世界大战之间，弗里德曼注意到旨在重塑收入分配的提案激增。这些替代想法[36]通常被贝弗里奇计划的成功所掩盖，包括伯特兰·罗素 1918 年的"流浪者工资"、C. H. 道格拉斯的"社会信用"理论提倡的"国家红利"、阿瑟·C. 庇古在《福利经济学》（*The Economics of Welfare*）或爱德华·贝拉米在《回顾》中提出的建议。弗里德曼于 1940 年和 1941 年在威斯康星大学的课堂上使用了该建议。他承认自己在构建"负所得税"理论作为社会保障替代方案方面所基于的最具影响力的构想，是"与朱丽叶·里斯·威廉姆斯夫人相关的文献及其所提出的'社会红利'想法。"这项"社会红利"提议首先由市场社会主义者奥斯卡·兰格提出。由于"考尔斯经济学研究委员会"的存在，他的研究在芝加哥大学引起广泛讨论，继而由阿巴·勒纳于 20 世纪 30 年代中期提出。尤其是勒纳（他于 20 世纪 30 年代末结识弗里德曼和乔治·斯蒂格勒）曾在《控制经济学》（*The Economics of Control*）[①]中主张通过税收制度分配"社会红利"。

---

① 《控制经济学》（*The Economics of Control*）于 1944 年出版，该书基于勒纳 1943 年为伦敦经济学院撰写的博士论文，是一种针对资本主义经济的中间政策方法，介于自由与自由之间。一方面是公平经济，另一方面是社会主义经济计划。控制经济学接受资本主义市场的基本制度框架作为组织原则，但也承认市场不完善、宏观经济缺陷，以及其他需要政府干预以改善市场结果的问题。——译者注

但与其前辈不同，弗里德曼的"负所得税"理论公开拒绝对受救济者进行行为控制及对工作的过分强调。他还拒绝规定"保障收入"所附带的任何"义务"。这一想法的"反家长制"设计，尤其是其中对工作要求的漠视，与战后福利国家"以劳工为中心"的版本，以及许多早期"保证收入"提案形成鲜明对比，朱丽叶·里斯·威廉姆斯于 1943 年提出的税收福利改革方案亦是如此。她的计划被弗里德曼描述为与自身计划"相同"，但实际上却在一个关键方面与他的方案有所不同。正如彼得·斯洛曼所说，朱丽叶·里斯·威廉姆斯提案的首个版本附有一个严格条件，即工人可根据该条款签署"社会契约"承诺充分参与劳动力市场。只有在她提案的后续版本中，工作要求及其契约性语境才逐渐消失。事实上弗里德曼将收入与任何形式的义务脱钩。这不仅与 19 世纪的贫困救济和社会保障计划形成鲜明对比，且与现代"权利"理念形成对照。权利很少被认为是独立于对公民身份及其伴随的职责范围，特别是工作职责。在这一方面，弗里德曼强调受救济者可自行做出"选择"。这使得"负所得税"成为最早，也是最成功的"保证收入"提议之一。

尽管有重要文献将弗里德曼的"负所得税"作为一项政策建议加以关注，但其确切来源和在"保证收入"提案的后续发展中的思想意义仍未得到充分研究。该提案明确打破了先前补助传统的契约限制，同时还期望将新式"财政国家"的若干特征付诸实践，这似乎为扩展福利和缓和官僚作风开辟出一条市场友好的路径。两次世界大战之间有关福利经济学、需求和国家作为社会计划者①地位的经济辩论形成了解决贫困及不平等问题的创新方法。这些讨论并未将经济学家划分为明确的政治阵营或"学派"，而是沿着新的边界进行阐述，逐渐提升价格体系的地位，而非将集体供给和公共服务作为依据不同个人偏好分配社会商品的最有效方式。经济学家和政策制定者的辩论主要是关于转移支付的程度，及其对激励机制的影响，而非对再分配方式的影响。这是这场辩论给经济学界带来的主要财富。从这一角度来看，弗里德曼"负所得税"的历史将"现金"转移支付（而非"实物"转移支付）的日益普及定位于两次世界大战之间和20世纪中叶经济学界的更广泛转变中。这一转变中不仅涉及自诩新自由主义者，也包括自诩凯恩斯主义者。为正确理解弗里德曼"负所得税"的起源，有三大发展趋势尤为重要：一是再分配思想与政治构成需求的分离，导致弗里德曼提倡"选择最大化"而非实物福利；二是原有"平等"概念瓦解，国家在其中发挥关键作用，取而代之的是货币形式和市场友好的贫困观念；三是随着战时大规模征税的兴起，社会政策出现财政化趋势。

---

① 社会计划者，经济学理论中虚构出的一种角色，是使得所有经济活动参与者均能取得最优结果的计划者。最优结果在新古典经济学中指社会福利函数最大值，在现代福利经济学中指实现帕累托最优者。——译者注

从集体需求到个人偏好

当弗里德曼最初草拟该提案时，美国经济学界在理论研究方面仍受到英国福利经济学的强力影响。经济学家阿尔弗雷德·马歇尔（Alfred Marshall）和阿瑟·塞西尔·庇古（Arthur Cecil Pigou）的著作中典型体现出这一趋势，[37] 其依据是现代经济学中最著名的假设之一："财富的边际效用"会随财富增加而递减。该观点在很大程度上归功于边沁主义①的观点，即"最大多数人的最大幸福"应视为"衡量是非的标准"。因此，福利经济学所依据的功利主义规定，社会的组织应使总效用最大化。此种功利主义观点意味着，与给予穷人资金相比，给予富人和有才能者额外资金所带来的幸福感增量往往更少。因此将一单位收入从富人转移给穷人会减少富人的幸福感，但减少的程度小于穷人增加的幸福感。正如大卫·格雷瓦尔（David Grewal）所指出的，其结果是"以牺牲富人为代价来造福穷人的社会福利政策，具有增加社会总效用的特性"。

这一观点自然引申出两个支持论点：首先，这意味着不同个体之间效用函数具有某种同质性（假设满意度同质）。其次，这意味着存在"人际比较"的可能性，将效用进行加减是有意义

---

① 边沁主义又称"边沁功利主义"，认为"趋利避害"是人类所有行为的基本判定准则和主观动机，强调基于"最大幸福假设"的"利己主义"原则，同时与康德的"唯动机论"相对，提倡"唯效果论"。——译者注

的，这时效用如同重量一样可进行量化。尽管遵循这一传统的学者在经济学视野中经常秉持政治上的"新古典主义"（这明显意味着多数情况下对提升最低工资和工会谈判的不信任），但他们所信奉的功利主义准则仍使他们致力于实现边沁学派的效用最大化愿景。庇古曾有一句名言，"很明显，若将任意收入从一个富人转移至一个性情相似的穷人身上，以牺牲非刚性需求为代价来满足刚性需求，必然会使总满意度增加"。

　　然而与边沁的观点不同，此种效用和人际比较的观点与规范性需求 ① 的概念紧密相关。"规范性需求"是客观和普遍的，与主观偏好相反。这些思想家通常所指的"效用"本质上仅限于对消除饥饿和提供必要住所或衣物的经济研究。正如罗伯特·考特（Robert Cooter）和彼得·拉波波特（Peter Rappoport）② 所指出的，"效用源于与身体生存发展相关的条件"，这使他们自然而然"相信除微不足道的个人因素外，人们在本质上是相似的，个体之间的差异不会大于共同点"。这一观点再次暗示了一种强烈的人类需求等级观念。庇古本人毫不犹豫地预设相当规范的人性观，将具有社会价值的欲望与他所认为的"空虚的满足感"区分开来。

———————————

① 规范性需求是根据规范（或设定标准）确定的需求；此类标准一般由专家制定。——译者注

② 彼得·拉波波特（Peter Rappoport），曾任摩根大通董事总经理。在加入摩根大通之前，拉波波特曾担任罗格斯大学和纽约大学经济学助理教授，以及纽约联邦储备银行经济学家。——译者注

他在 1920 年指出："非经济福利易于受收入支出方式影响，不同消费行为可产生相同的满足感，一种可能产生降低的影响，另一种可能产生提升的影响。"正如他所说："公共博物馆甚至城市浴场对人们产生的反射效应，与在公共酒吧获得同等程度满足所产生的反射效应截然不同。"

从此角度来看，不仅富人收入增加的效用会降低普遍福利，他们还可选择需要满足的需求，"如赌博的刺激或奢侈的感官享受"，这样就会根据自身消费选择对普遍福利产生影响。社会政策的重点不仅在于再分配，还在于在富人"控制"的需求下，何种需求能够得到满足。

与此相对，庇古补充道，"以支配购买力形式分配给穷人的资源，从国民红利的角度来看"，可能会因为存在不知情的消费选择而"被浪费掉"。现金转移支付可能会带来风险，因为穷人会将这笔钱用于满足不同需求，但并非那些被认为具有集体重要性的需求。从这层意义上来说，莱昂内尔·罗宾斯（Lionel Robbins）所称的"物质福利经济学"，毫无疑问也受到"美好社会"规范愿景的推动。

这种一贯的功利主义观点促使庇古等思想家提倡再分配措施。但与"保证收入"计划不同的是，由于庇古预设"需求"的规范性观点和效用函数的某种同质性，因此实物转移支付的想法通常被认为更可取。根据庇古的观点，国家仍可在经济生活中发挥更大作用，为人民提供公共医疗、教育、社会福利住房、休闲甚至食物等基本品。[38] 正如彼得·斯洛曼所指出的，对福利主义者（welfarist）来说，"实物福利对激励的影响较小"，并且还能"提高工人效率"，这是现金转移支付无法实现的。通过贝弗里奇和其他从事福利事务的官僚，庇古的"物质需求至上"观点成为战后"福利国家"的重要组成部分。

然而到 20 世纪 30 年代后期，一系列猛烈攻击严重动摇了此种"旧式"福利经济学的基础。随之而来的是对"国家是否有能力进行有效社会规划"的质疑。庇古的观点被认为过于规范，且是一种基于关于人际比较和效用最大化可能性的错误假设。莱昂内尔·罗宾斯对该问题做出最重要的干预，是 1932 年，他在伦敦政治经济学院的一系列讲座中指出，"满足能力均等"的假设实际上不属于经济学范畴，而是主要基于伦理（而非科学）层面考量。根据帕累托最优原则，即只有在既不使某人变得更穷，且又能使某人变得更富有时，此种情况下商品分配才是最优的。罗宾斯认为"再分配可增加一般福利"的观点并无科学依据。[39]罗宾斯最喜欢引用的一个例子是一个印度官员的故事：这位官员试图向一位高等种姓婆罗门解释"边沁主义"模式的逻辑。正如罗宾斯回忆的那样，对于婆罗门来说，"边沁主义"思想不可能"正确"。他说，"我获得幸福的能力是那边那个贱民的十倍"。对罗宾斯来说，这是一个令人不安的想法。尽管他并不支持精英主义的观点，但在他看来从中能明显得出一个结论："如果其他文明的代表坚称我们错了，认为其所属种姓（种族）成员能够从给定收入中获得十倍于低等种姓（或'劣等'种族）的满足感，我们便无法反驳"。罗宾斯还主张对我们与"他人思想"互动的能力，以及由此"了解"个人先天需求的能力应持彻底的怀疑态度。尽管罗宾斯的观点可能更多是为回避政治和伦理分析框架（这在 J. A. 霍布森和 R. G. 霍特里等激进经济学家的著作中有所暗示），而非思考人类的认知局限性，但这一观点在那些致力于确立一门"价值中立"科学的经济学家中颇受欢迎。

罗宾斯的观点还表明，事实上一个人的主观满足感可能会相较于他人更高，这一点无从反驳。此种主张所依据的需求分类纯粹是一种伦理假设。反过来，对于罗宾斯和其他新古典主义者来说，"效用的人际比较"和"客观需求"等理念已超出了经济学的核心范畴。经济学的唯一功能是"使我们能够在充分意识到后果的情况下做出选择"，是告诉我们有哪些选择，而非替我们做出选择。他认为"允许选择"是"将科学的中立领域与更有争议的道德和政治哲学领域划清界限"的一大条件。他补充道，"经济学中并不存在限制我们进行选择的义务"。到 1934 年，随着"希克斯序数主义革命"①的全面展开，以"商品间替代率"为特征的现代消费理论取代了"人际比较"理论。直至 20 世纪 50 年代中期，尽管当时主要经济学家对福利问题的解决方案仍有不同

---

① "希克斯序数主义革命"，在 20 世纪 30 年代，经济理论发生重大变化，引起这个变化的原因便是"序数主义革命"的兴起。约翰·希克斯、莱昂内尔·罗宾斯等学者声称效用不可能测量，也不需要测量。此种思想主张成为现今微观经济学一个主要命题，并被视作消费者行为理论中一个主要组成部分。这场革命为微观经济学的运用开辟了道路。——译者注

看法，但很明显，他们不再将"伦理判断"或对人类需求的规范性观点继续作为"实证经济学"（与"规范经济学"相对）的一部分。这一重要转变意味着，由于偏好（经济学家开始倾向于用其代替"需要"一词）和满意度之间存在巨大差异，实物转移支付〔理查德·马斯格雷夫（Richard Musgrave）后来称为"有益品"[40]〕的这一类别现在被认为非常值得怀疑。从某种意义来说，这类物品甚至不被察觉，除非如萨缪尔森（Samuelson）所说，它们是作为市场中的选择而"显现"出来的。

作为一位青年经济学家，有关福利问题的辩论当时对弗里德曼产生了巨大影响。他在职业生涯的早期便意识到"对公共政策的态度会受到对需求看法的影响"。弗里德曼对"效用"这一概念的相关性提出了质疑，但他在很大程度上同意对皮戈夫经济学的批评，并将"选择自由"而非"总效用最大化"作为研究工作的核心。弗里德曼在评论阿巴·P. 勒纳《控制经济学》的初稿中便公开批评勒纳似乎"不加批判地接受边沁明显不合逻辑的'最大多数人的最大利益'观点"。在勒纳最著名的著作中，他用罗宾斯的观点反驳弗里德曼，以优雅的方式为"最大可能的总体满足"进行公平辩护。勒纳认为，即使假设人们实现满足的能力不同，"也无法确定一个人的收入边际效用大于、等于或小于其他人"。如同罗宾斯提到婆罗门的例子那样，所有人"均可宣称自己具有极高的实现满足的能力"；但正如罗宾斯所指出的，如果无法反驳，便也无法"检验这种说法的正确性"。因此这种方式不可能"使总满意度最大化"，但通过收入分配，仍有可能实现总满意度（很可能存在）的最大化。如就总体满意度而言，给予个人太多比给予太少更糟（根据勒纳的"收入效用递减"假设），不平等的收入分配所能获得的总满意度总会比"平均分配收入"所能带来的总满意度要少。[41]

但弗里德曼对此论点不以为然。他写道，"排除"对个人满足能力的"无知"，那么"类似的分析就会立即成为不平等的理由"。他认为大部分争论都是"纸上谈兵"，充满"只言片语和模棱两可"，并且"几乎完全忽略过往百年来讨论过程中就该构想所提出的众多问题"。与福利经济学的多数经典人物一样，勒纳未能证明"个人满意度体验如何衡量"，甚至无法证明"不同个人的满意度简单相加，即可得到社会总体满意度"。人际比较似乎具有误导性，它对"美好社会"的样貌进行假设，却并未真正为隐含的规范性观点提供有力证据。

事实上正如弗里德曼在此数年后所言，效用"作为中性概念"这一观点本身便应受到质疑。他认为"科学是科学，道德是道德，两者兼而有之，才构成一个完整的人；但如果不将它们加以区分，而在科学中强加绝对道德，只会带来困惑、误解和分歧"。正如他自己在为休谟式"实证"经济学① 辩护时所主张的

---

① 大卫·休谟认为不能从"实然"中推出"应然"，反之亦然。他在事实领域和价值领域之间做了"一刀切"的逻辑区分。引申到经济分析中，休谟式因果关系认为在实证经济学分析中不能进行规范分析。——译者注

那样，经济学家无须告知人们应该追求的目标（"应该是什么"），只需告知实现目标的方法。经济学必须"独立于任何特定道德立场或规范性判断"，并为我们提供"一种可用来对任何情况变化的后果做出正确预测的概括体系"。这也衍生出明显的政策影响。弗里德曼为这场危机设想的解决方案解释了他为何对现金和市场交易（而非实物转移支付）如此重视的原因。正如他致经济学家厄尔·E. 罗尔夫（Earl E. Rolph）[1]（后成为"负所得税"的坚定支持者）的信中所回应的那样，经济学家不应假设"某种总效用最大化"这一"隐蔽"且"缺乏吸引力"的目标，而应用"个人真正自由最大化的终结"代替。这一目标（"自由最大化"而非福利最大化）自然会影响他对"贫困"的看法。如果没有福利经济学的规范性分析框架，平等很快便会被以下两点所取代：首先是更有针对性的减贫，其次是对"需求"的非规范性定义。然而关注"最低收入水平"而非"减少不平等"的原因与其说是经济原因，不如说是政治原因。弗里德曼在 1947 年"朝圣山学社"会议上指出，"即使是在完全竞争秩序下"，贫困问题也会"一直存在，如果有足够的食物可以养活人民，任何民主社会都不会放任他们饿死"。同年，他在致经济学家罗伯特·德·弗雷默里（Robert de Fremery）的一封信中指出，"无论您如何定义自由

---

① 厄尔·E. 罗尔夫（Earl E. Rolph）（1910—1988），（译者查证此人姓名似应为 Earl R. Rolph，原文似有误），曾任加州大学伯克利分校经济系主任，"二战"期间，他在价格管理办公室任经济学者。——译者注

市场，它都意味着最低限度的不平等。您和我一样，会发现社会无法容忍这种不平等。"事实上，这种对"自由放任"的怀疑是"新自由主义"提案与生俱来的特征。正如尼克拉斯·奥尔森所说，在20世纪三四十年代，许多新自由主义者"对19世纪的资本主义深表怀疑"，并将"不受监管的市场"与"普遍的贫困和垄断"联系起来。从此意义上说，他们中的多数人认为市场必须有条不紊且可持续运行，并认为一定程度的国家监管和再分配"对自由社会至关重要"。因此此番辩护并非以抽象的"福利"概念名义提出，而是作为市场经济发挥作用的条件。弗里德曼本人深受亨利·赛门斯（Henry Simons）于1934年提出的"自由放任的积极计划"①影响，主张国家在组织和维护市场机制方面发挥更广泛的作用。正如哈耶克本人于1944年发表的《通往奴役之路》一书中所主张的，当涉及贫穷或匮乏的问题时，这意味着需要设法保证提供"足以维持健康的最低限度的食物、住所和衣物"。

但在弗里德曼看来，此种"最低限度"不能以实物形式给予穷人，而必须由穷人自主决定接受何种形式。为保证他所说的"最低生活水平"[42]，现金转移支付似乎比实物公共项目更适合提升受救济者的"选择自由"程度。这篇文章的部分论点源于弗里德曼于20世纪30年代后期在哥伦比亚大学与瑞典诺贝尔经济

---

① "自由放任的积极计划"中提出一项改革计划，旨在使私营企业在"大萧条"期间重获新生，消除一切形式的垄断市场力量，包括解散大型寡头垄断公司，以及对工会适用反垄断法。——译者注

学奖获得者纲纳·缪达尔就贫困问题所进行的交流内容。

但弗里德曼更有意识地为现金转移支付辩护的行为可追溯至 1939 年他所写的一篇未发表的文章，当时他刚加入新成立的"国家资源委员会"不久。该文章旨在为农业部和劳工部计算生活成本指数。在此期间，罗斯福政府迫切需要更多关于消费者购买、支出和收入的数据，并于 1935 年夏天发起一项覆盖百万家庭的全国性调查。但考虑到弗里德曼在研究消费指数时所经历的近乎"卡夫卡"式的讨论（如决定葡萄酒是否应算作必需食物），他很快便抛弃定义客观需求以及何者应作为理性消费选择的观点。他认为一旦确定"最低生活标准"（主要通过食品消费的科学衡量）的定义，便必须通过同等收入而非集体供给对其给予保障。弗里德曼写道，"至少在民主国家，个人选择通常要被接受：他最能判断自己想要什么，以及什么对他'好'，这是一个基本前提"。他所遵循的营养科学提供的"标准"必须与"由个人自己的选择设定，而非代替他们做决定"的标准相结合。为摆脱代表国家的强制行为和限制自由的先验性需求定义，现金似乎是使个人选择维持个人生活方式的理想解决方案。在这份建立于旧福利经济学废墟之上的首个"以现金为基础"的提案中，弗里德曼的"最低生活水平"似乎是"新政"基于服务的发展计划和政府效率低下的一个颇具吸引力的替代方案。在取缔由多数人定义的"规范"或政治化的"需求"观念之后，只有围绕现金转移支付组织的政策才能保证选择的自由。弗里德曼后来写道，给予穷人的现金补助应根据公民个人价值观来自主使用。

此种对"选择自由"的坚守也使弗里德曼反对权利的契约性观点。显然，后者也会像庇古一样对"消费者如何使用资金"提出异议。事实上如果公民有权自主选择"保证收入"，而非被迫做出反映政治定义"需求"的具体选择，那如何保证资源的"最佳"分配？又如何保证这一选择不会产生灾难性的经济后果呢？在论文中，弗里德曼认为如果不加任何限制条款，人们可能确实会不明智或低效地使用部分资金。在那种情况下，提供只是达到生存最低能量水平所需的最少金额（由卡路里① 计数界定）是不够的。不能简单将所需最低能量转化为所需的最低收入。由于消费者的选择各不相同，因此无法统一定义饮食本身的成分。弗里德曼评论道，"尽管土豆和豆类可能是最便宜的且营养充足的饮食"，因此接受这种饮食的人抱怨强加给他们也是合理的，此时要探究的相关问题并非"如果营养均衡是唯一的目的，要花多少钱才能买到足够的饮食"，但"考虑到每个人均可自行做出选择，那一个人花多少钱才能获得营养充足的饮食呢？"人们可能认为适当的饮食应包括每周吃一次肉或喝一顿酒，而非只食用土豆和豆类。

弗里德曼对这个分析难题提出了一种新的概念——失败系数，指那些可自由做出消费选择但无法获得充足饮食的人所占的比例。如果"失败系数"为 5%，那所需收入水平将根据 95% 的

---

① 热量单位，1 卡路里 =4.18 焦耳。——编者注

目标人口的消费选择进行计算。这一系数水平可能足以支持人们每周买一次肉。同样，如果个人根据最有效、最合理的饮食（每天食用土豆和豆类）来计算收入，那便不得不假设一个高得多的失败系数。无论如何，正如弗里德曼所写，"失败系数"会随收入增加而降低。但他继续补充道，"失败系数可能永远不会达到100%"。由于选择是"因人而异的"，并且"在给定收入下，一部分人可获得充足饮食，而另一部分人则不会"，所以我们必须"认识到个体差异和由此导致的任何数据结果的不可靠性，并接受一定比例的失败"。[43]他认为使用"失败系数"进行分析的理由是"以个人的选择作为最终标准这一基本前提"。"失败系数"还可被同等视为一种"自由系数"，定义人们希望能够给个人的自由度是多少。通过思考个人选择（而非契约）的首要性，为摆脱了契约责任，只根据激励措施行事的社会政策形式创造了空间。

此种反家长式特征也将成为随后数十年推出的"保证收入"提案的一个重要方面。政策制定者不应试图限制个人选择，而应改变做出选择的环境，改变激励架构，并不对此类问题提出任何家长式观点。经济学家唯一要做的决定是定义"最优的"失败／自由系数。为反驳"政府可定义社会需求"的想法，弗里德曼开始将市场视作一种反独裁工具，公民借此可决定如何维持生计并满足自身需求。此种福利救济方式也可解释为何弗里德曼的提议在未来会受到自由主义者的支持。各州可简单调整"游戏规则"，或可设想提高基本收入水平，使之更加平等。因此该提案的后续版本与其说是在本质上与先前不同，不如说是在围绕其所构建的激励机制架构上有所不同。

平等与价格体系

在随后数十年中，随着"基于收入"的狭义贫困理念的逐步普及，以及"价格体系"在经济理论中的核心地位的日益上升，市场消费者选择的重要性日益凸显。如果无法通过国家的集中行为去"了解"需求，价格体系便会成为揭示个人偏好的最佳工具。对于庇古、马歇尔、凯恩斯或理查德·托尼等思想家来说，尽管他们的学说之间存在重大差异，但平等问题通常与对"市场在整个社会组织中所起主导作用"的批评联系在一起。他们对19世纪自由主义的质疑是深刻的，并在"后自由放任"时期的社会宏大理想中逐步形成对"平等"的理解。正如英国社会学家T. H. 马歇尔（T. H. Marshall）在其著名的《公民身份与社会阶层》（*Citizenship and Social Class*）一书中所写到的，"如果不侵犯竞争市场的自由，便不可能实现并维持基本平等"。由于市场未能保证人口的物质再生产，现在到了政府必须通过公共住房、租金和价格控制、公共投资和服务等激进计划来施加影响的时候了。正如马歇尔所说，这意味这些制度不仅旨在"减轻社会底层贫困所带来的显而易见的麻烦"，还假设"采取行动可改变社会不平等的整体格局"。马歇尔继续说道，"人们不再满足于提高社会大厦的地基高度，而让上层建筑仍保持原样，但已开始改造整座建筑"。

对于这一观点，最坚定的倡导者莫过于社会主义经济学家和历史学家理查德·H. 托尼了。正如他在《平等》（*Equality*）中所论证的，消除贫困问题的最佳策略不在于"像学校为师生提供的蛋糕一样将国家收入分成 1100 万份，毫不费力地将其分发给 1100 万个家庭"。而是"通过税收的方式集中剩余资源，并运用由此获得的资金使所有人（无论其收入、职业或社会地位如何）均能享受到文明发展所带来的生活条件进步。而在没有这些措施的情况下，原本只有富人才能享受这些条件。"他略带讽刺地补充道，我们不能简单通过"将阅览室每年的维护费用除以入场人数"来计算"大英博物馆阅览室对文化的贡献"。托尼认为"增加个人收入并不能使大众免于霍乱、斑疹伤寒和无知，更不能确保其获得教育机会和经济保障等优势"。

与此类似，威廉·贝弗里奇在《自由社会的充分就业》（*Full Employment in a Free Society*）中指出，"人民消费能力"的增加并非搬走"五座大山"（匮乏、疾病、无知、肮脏和懒惰）的最佳方式。他指出，"花在酒上的钱并未给矿工带来就业机会，而是给酿酒商带去就业机会；花在牛奶上的钱无助于解决工程师的失业问题。可以说，消费者需求是至高无上的，即使消费者下令矿工应转行去做酿酒师，工程师该转行去做挤奶工。"贝弗里奇主张，"这样的目的不能纳入竞争和计算的范畴之内"，而且它们"预设了一种社会选择：认为许多重要需求只能通过集体行动来满足"。为了代替价格体系和主权消费者，他主张赋予"民主控制的国家"以权力，以确保"依据人民意愿"对商品进行分配。

此种观点以最激进的形式暗示，作为集体决策者的国家可通过对需求和经济计划进行的事先政策评估，来取代因市场交换而对生产进行的事后调整。因此，这种对"平等"的坚守高度融入更广泛的社会权利和公民权框架（而非"收入分配"的狭隘领域）之中。

在美国，玛格丽特·威尔（Margaret Weir）和西达·斯考切波（Theda Skocpol）所称的社会凯恩斯主义明显体现出此种归纳思路。美国的凯恩斯主义者［如阿尔文·汉森（Alvin Hansen）或后来的约翰·肯尼思·加尔布雷思等人］不仅主张财政政策和"自动稳定器"以实现充分就业，还提倡实施"大规模公共福利项目"，并加强"联邦政府在经济中的作用"。汉森尤其相信，即使"私营企业"可实现充分就业，仍"无法解决我们在教育和公共卫生方面或在城市贫民窟和破败地区所存在的严重缺陷"。加尔布雷思 1958 年出版的畅销书《富裕社会》也提出类似论点："划分富裕地区和贫困地区的界线……大致就是划分私人生产销售的商品和服务与公共提供的服务的界线。"换言之，当"私人生产的商品和服务与公共提供的商品和服务的供应之间"未形成充分均衡时，便会出现贫困。对于加尔布雷思等著名凯恩斯主义者来说，"贫困之所以会自我延续，部分原因在于底层贫穷社区在提供消除贫困的服务方面也最不完善。"爱丽丝·奥康纳（Alice O'Connor）指出，加尔布雷思的"攻克贫困"提议需要"对经济优先事项进行彻底重新排序，从'为增长而增长'转向为'社会平衡'进行再分配"。

尽管这一理念至少在 20 世纪 60 年代初之前一直占据相对

主导地位，但主流经济学家逐渐将"不惜一切代价维护价格体系"作为核心思想。此种担忧随着两次世界大战期间著名的"社会主义计算"辩论的进行而日益开始显现。尽管这场辩论中路德维希·冯·米塞斯和弗里德里希·哈耶克等奥地利经济学家的观点与奥斯卡·兰格和阿巴·P.勒纳等市场社会主义者的观点相对立，但所有参与者均对价格机制的必要性表示出共同的担忧。哈耶克重新将其定义为一种巧妙的分散式系统，来利用各经济主体间分散的信息。哈耶克在其开创性著作中指出，分配稀缺资源所需的信息"从不以集中或完整的形式存在，而是每个个体所拥有的分散的、不完整的、经常相互矛盾的知识"。这一论点明显提到评估社会需求的可能性，但更重要之处在于它强烈否定国家作为"社会计划者"的正当性，支持个人消费者进行选择。到20世纪40年代后期，现金转移支付作为一种比集体供应、价格控制及国家对市场严厉干预更为合适的替代方案，受到经济学界的关注。20世纪50年代，正如彼得·斯洛曼所表明的那样，绝大多数"新古典学派"经济学家已相信"市场定价通常比集体供应更有效"。这为萨缪尔森后来的新古典综合①理论奠定了基础。

---

① "新古典综合"是一种新古典经济学学术运动和经济学范式，致力于调和凯恩斯在其著作《就业、利息和货币通论》中的宏观经济思想，将新古典经济学与凯恩斯主义经济学思想相结合。"新古典综合"试图调和两大思想流派之间的明显差异，并构建更全面的宏观经济学理论，成为20世纪50至70年代宏观经济学领域思想的主流，其主要代表人物有约翰·希克斯、保罗·萨缪尔森等。——译者注

詹姆斯·米德（James Meade）于 1948 年出版的《计划与价格机制》（*Planning and the Price Mechanism*）一书及其"自由社会主义解决方案"，可能是这一观点最为明确的表述。他指出价格体系可能是"人类最伟大的社会发明之一"。尽管"平等"是一项值得追求的目标，但实现这一目标的方式必须对市场有利。与正常运作的价格体系相比，国家计划"注定是笨拙、低效和不经济的"。解决贫困问题的最佳方式是"扩大价格机制的使用范围，以促进与社会理想'收入再分配'相关资源的更有效利用"。

在弗里德曼的整个职业生涯中，他在宣扬个人观点时无不以米德的学说作为基础。事实上他在 20 世纪三四十年代的主要批评内容并不涉及再分配本身，而主要针对为实现再分配而采用的"家长式"政策工具。尽管他承认自己有"强烈的平等主义倾向"，且直至 20 世纪 40 年代中期均在思考"平等主义的基础"，但他始终坚持捍卫"价格体系"的中心地位。弗里德曼与斯蒂格勒于 1946 年合著的一本有关住房问题的小册子便是此种思路的一个显著例证。在这本小册子中，二人认为如果想要"在住房方面和其他物品方面更加平等，那直接去解决收入和财富方面存在的不平等问题，肯定比对构成生活水平的数百种商品和服务逐个进行定量配给要好。"[44] 当然，无论弗里德曼还是斯蒂格勒，他们均未真正提倡过严格意义上平均收入分配：他们通常关注的是确立"最低限度"，而非"最高限度"。但他们当时的主要关注点并不完全是"再分配"本身。弗里德曼在他为数不多几篇提及"新自由主义"的文章中指出，"集体主义哲学的主要谬误不在于其目标"，而在于其"手段"。他继续写道，"它未能认识到经济效率问题的困难之处，导致人们在没有适当替代品的情况下就放弃价格体系，并认为通过中央计划很容易做得更好。"战后的发展似乎越发证实弗里德曼的假设是正确的。正如 1947 年"朝圣山学社"会议与会者所指出的那样，我们所需要的是"通过不损害主动性和市场功能的方式确立最低标准的可能性"。"负所得税"在这里被理解为解决早期新自由主义者所提出的一个关键问题的方案。"累进负税制"可作为"现行社会政策的替代品（而非补充品）"。这一想法受到部分与会者的质疑，但在卡尔·波普尔看来，它也被视为"社会主义的一个颇具吸引力的替代方案"——这是一种在保留其基本原则的同时解决资本主义所产生贫困问题的方法。

数年之后，在沃巴什学院①进行的系列讲座中，弗里德曼重申了这一论点。这些讲座为他后来的全球畅销著作《资本主义与自由》奠定了基础。此次活动由沃尔克基金资助。该基金成立于 1932 年，旨在促进自由市场思想的传播，系列讲座尤为关注"不平等"和"再分配"等课题。在哈耶克、弗兰克·奈特（Frank Knight）、路德维希·冯·米塞斯和弗里德曼本人经长时间讨论后，会议议程均得以确定。会议重点关注一项问题，即对从"真正具有竞争力的自由企业经济运作"中所蕴含的不平等程

---

① 沃巴什学院成立于 1832 年，是美国一所私立文理学院。——译者注

度进行预估。主要问题在于国家能在多大程度上"减少不平等程度，而不会对其他方面造成严重的不利影响"。无论是涉及住房、最低工资还是社会保障，弗里德曼总是反对那些他认为会扭曲市场运作的措施。在他看来，所有"新政"政策均是"治标不治本"，但"真正的问题"在于贫困本身（而非市场）。这一观点十分尖锐，完全颠覆了有关贫困的常识性观念。尽管政策制定者习惯于认为贫困是低工资、糟糕住房状况和不稳定就业的征兆，但弗里德曼设法证明了事实恰恰相反。正如他在与凯恩斯主义经济学家唐·帕廷金（Don Patinkin）通信中所写到的，"通常归因于贫困住房造成的社会成本，实际上是贫困造成的社会成本。他们的理由是：这是一项确立最低收入标准的计划，旨在至少消除部分类型的贫困"。弗里德曼的设想非常简单明了：他并非通过"新政"中消除"穷人"这一群体并试图创造出与劳动力市场交互的新群体，而是提倡"一项旨在帮助所有穷人的计划"（尤其当他们不属于特定职业群体、年龄群体、工资水平群体、劳工组织或行业时）。[45] 尽管任何形式的自由市场经济均意味着"社会所无法容忍的底层不平等"，但解决方案不应是通过控制租金或公共住房来限制市场，那样只会使情况恶化。关键是要坚持依靠"商品流通的价格体系"，只有在遇到不理想的结果时才需"通过结合价格体系的一般措施来实现收入分配的改变"。对于弗里德曼等早期新自由主义者来说，价格机制在这里被升华为"有效组织经济活动的文明基准"，或许更重要之处在于它对个人自由的制约。事实上很大一部分问题来自"福利方案限制受救济者人身自由"。

弗里德曼对"负所得税"的呼吁也是 20 世纪中期对"自由主义"进行更广泛重新定义的一部分。然而正如安内连·德·迪恩（Annelien De Dijn）[①]所表明的那样，古典的自由理想"要求政府对民众施加更强力的控制，包括运用国家权力增进集体福祉"。新自由主义者将"自由"重新定义为"国家强制的明显缺失"。在社会政策领域，以更大程度"个人自由"的名义从政治上定义需求，并且"通过集体供应来满足需求"的理念会受到强烈质疑。从这一角度来看，弗里德曼很快便注意到市场和个人做出的选择，用比阿特丽斯·谢里耶（Béatrice Cherrier）[②]的话来说，是"免受多数人胁迫的最佳保护"，提供"在不进行标准化和对政治权力'制约'情况下的一种折中方案"。这是他一生中所坚持的观点。他将市场描述为真正的比例代表制[③]，维护个人偏好的多样性。在市场中，"所有人均可投票选择自己想要的领带颜

---

① 安内连·德·迪恩（Annelien De Dijn）（1977— ），比利时政治思想史学家，乌得勒支大学现代政治史教授，著有《自由：不羁的历史》等。——译者注

② 比阿特丽斯·谢里耶（Béatrice Cherrier），经济学史学家，研究领域包括"二战"后经济史，涉及歧视理论、应用经济学的兴起，以及女性在经济学专业中的代表性等方面。——译者注

③ 比例代表制是指选民群体按比例反映在选举机构中的一种选举制度。该概念主要适用于选民之间的政治分歧（政党）。此种制度的本质在于，所有投票均会对最终结果做出贡献，该制度能够产生混合、平衡的结果，反映出投票方式的代表性。——译者注

色并得到它，而不必先看多数人想要什么颜色然后跟从"。他继续写道，"投票箱强调从众，而非意见一致；市场则恰好与此相反"。市场转变为一种框架，以和平的方式协调各种不同甚至可能相反的目标（或"偏好"），这是一种规避"少数服从多数"所蕴含的"强制"的方式。在对弗里德曼《资本主义与自由》一书的评论中，即使是在同时期主张"社会红利"的市场社会主义者阿巴·P. 勒纳也承认，他"在大约 90% 的阅读时间里热情地赞同（此书）"。对于一位在"社会主义计算辩论"中处于弗里德曼对立面的经济学家来说，此种说法可能令人惊讶，但他们的反对意见从未真正触及价格体系的核心。勒纳认为"这本书有力论证出这一事实，通过更加充分地运用价格机制，提出了很多可以增加自由和福利的方式，令人印象深刻"。在 20 世纪 60 年代中期，勒纳等众多经济学者支持弗里德曼的"负所得税"理论。这并不奇怪，当时还引发了一场全国性辩论。这不仅是一个技术问题，将社会政策简化为收入问题，"推翻"了民主所蕴含有关平等的想法，并将价格机制定义为"非强制性"，这与民主制度形成对比。从表面上看，现代经济学对于"平等"及其同政治和市场关系的思想基础已发生变化。

弗里德曼的观点并未与这些有关"平等主义"的思考相抵触。根据最低收入水平理论，"负所得税"实际上或多或少是主张"平等主义"的，其中还涉及为实现"平等主义"目标而采用的手段。对于弗里德曼以及那一代的众多经济学家来说，通过促进现金转移支付并依托价格体系，这已成为所有激进政策议程的核心。在这样的分析中，"负所得税"的吸引力不足为奇：正如弗里德曼本人所说，这样的计划不仅"专门针对贫困问题"，而且"在通过市场运作的同时"并未"扭曲市场或阻碍其运作"，如同早期"新政"计划一样。当新的贫困线降低时，公民将获得"负所得税"，然后在市场下动作，而非在市场内，保持价格体系对福利国家类别的非人格化权力，最终目标是在市场中获得自由，而非脱离市场。

大规模征税的兴起

仅通过思想上的转变并不足以解释弗里德曼提案后来所取得的成功。相反，他的计划恰因美国政府开展更深刻的变革而成为可能。事实上美国联邦政府确实是在战争期间从阶级征税转向集体征税（mass taxation）的。到"二战"结束时的 1945 年，有三分之二的美国人在纳税，而在"二战"前，政府征税仅覆盖劳动人口的 4%—8%。正如加里·格斯尔（Gary Gerstle）①所说，为支持前线战事，政府不得不从很大一部分人口中榨取收入，这有助于"从根本上改变联邦政府行为的可能性"。在投身战争的

① 加里·格斯尔（Gary Gerstle）（1954— ），美国历史学家和学者，剑桥大学美国历史学教授。他是美国研究种族、公民身份和美国国家地位的顶尖历史学家之一。作为 20 世纪美国的历史学家，他对三个主要领域的研究尤为感兴趣：移民、种族和国籍；阶级在社会和政治生活中的意义；社会运动、大众政治和国家。——译者注

五年中，美国政府仅在国防一项支出上便高达 3040 亿美元，是自 1776 年《独立宣言》（*the Declaration of Independence*）发表以来其他全部预算支出的两倍多。到 1942 年，《税收法案》（*the Revenue Act*）将几乎全部的美国工薪阶层纳入税收体系。正如丹尼斯·文特里（Dennis Ventry）①所指出的，"在'二战'之前，实施'负所得税'的想法是不可想象的"。总体来说，正是战时政策使超过五千万的新纳税人加入进来，并使人们在考虑收入分配时发现实施"负所得税"比复杂的福利计划似乎更为有效。税收制度第一次被视为推行社会政策和实现经济稳定的合适工具。然而当海勒、维克里和弗里德曼于 20 世纪 40 年代初期讨论该提案时，他们很快便认为此提案"创新性和实验性过强"，于是放弃了这个从未出现于任何报告或研究的项目。

然而这一想法还是得以保留下来，虽然它一开始未能在聚集于国家行政部门和研讨室周围的财政经济学家圈子中取得成功。直到 1946 年，当弗里德曼、斯蒂格勒和海勒同时在明尼苏达大学任教时，该方案终于在发表文章中得到引用。斯蒂格勒在《最低工资立法的经济学》（*The Economics of Minimum Wage Legislation*）[46]中主张"负利率"征税政策；海勒在授课中也提倡该制度。尽管这一想法并未立即被大众所接受，但在随后数年

---

①　丹尼斯·文特里（Dennis Ventry），加州大学戴维斯分校法学院法学教授，是税务政策、税务管理、家庭税以及美国经济和法律史方面专家。——译者注

中，作为福利计划和国家法规的一种有趣的替代方案，它迅速引起了一众经济学家的兴趣。20世纪50年代，有部分经济和公共财政教科书中便提到朱丽叶·里斯·威廉姆斯和弗里德曼所提出的"负所得税"方案，主张"将直接征税与社会保险相结合"。但经济学家罗伯特·R. 舒尔茨（Robert R. Schultz）在1952年[47]发表的论文中提出的或许是该主张最为清晰的一个版本。舒尔茨认为战后"福利国家"制度及其所坚持的"绝对救济"已成为一种"压迫性的行政管理""往往十分不公平，不足以缓解贫困"，更是一种对资金的"浪费"，不利于受益者的"士气和积极性"。为取代"新政"计划，舒尔茨提倡所谓的"持续征税"。这一理念与弗里德曼的理论相似，但并非在税后获得负收入，而是在"所有人"均会预先获得"最低生活收入"的前提下缴纳"高于此补贴"的税款，这与我们当前的"基本收入"概念相似。但由于"盈亏平衡点"的设定，两种制度在收入分配方面可能导致完全相同的结果。从政治角度来看，此种差异十分显著，但从经济学角度来看则不然。正如弗里德曼本人后来所说，"'基本收入'或公民收入不能替代'负所得税'。如果它伴随着没有免税的正所得税，这其实只是引入'负所得税'的另一种方式"。

＊＊＊

尽管在20世纪四五十年代，"负所得税"的想法在经济学家和政策制定者中相当流行，但又过了十年时间这一想法才在"新政"共识之外获得认同。20世纪40年代中期，奥斯卡·兰格、阿巴·勒纳、简·丁伯根、威廉·赫特、朱丽叶·里斯·威廉姆斯和弗里德曼等思想家已提出当前"基本收入"的近似版本。这些理论家多数均参与过"社会主义计算辩论"。这场辩论使市场社会主义者与新自由主义者对立起来。尽管这一想法是在辩论中以不同的名称（"国家红利""社会红利""负利率税""保证收入""基本收入"）提出，但这些名目均强调通过救济来维持市场，也均将"基本收入"视为一项有利于市场的福利提案。作为一名经济学家，勒纳无法"'判定'此种目的的正确性、合法性或'道德性'"。即使是社会主义者也会认为"这样的最大化完全符合社会主义理想的精神"。[48]

勒纳的现金资助学说在20世纪30年代的"新福利经济学"流派中也有一些谨慎的追随者。经济学家威廉·赫特于1944年重新提出个人版本的"自由社会主义"提案。他的观点是承认"自由放任"的失败，但否定"贝弗里奇计划"的干预主义倾向，因为此种倾向对市场原则造成了强烈冲击。赫特将"自由社会主义"制度视为"最纯粹的民主"，因为"令人厌烦的就业变化"决策不会以"独裁者或官僚的专断"为基础。相反，"市场需求"将成为"最终的指导力量"。

然而与格雷戈尔·孟德尔（Gregor Mendel）的进化论一样，这些愿景在20世纪三四十年代的福利政策领域几乎未产生什么影响。兰格和勒纳的时代正是"计划国家"在世界大战期间对国内经济进行重大干预的时代，也是工业劳动力队伍不断壮大的时代。在底层，通常是群众性政党（左翼政党）推动各州满足特定需求。欧洲政治的情况也是如此。荷兰经济学家和政策顾问简·丁伯根于1934年试图在社会主义政党纲领中引入"基本收入"（basis-inkomen）理论，但并未通过审议。

然而到20世纪50年代后期，一些重要规范已开始发生变化。经济学界也预示了对福利制度共识的消亡：到20世纪30年代初，贝弗里奇和庇古的观点在"第二次新古典主义革命"中受到猛烈攻击。这场革命将价格体系重塑为比战后"计划国家"更有效的分配工具。新世界的到来也暗示一种与莫尔、蒲鲁东、潘恩、夏立尔、傅立叶和马克思所见不同的人类需求观。现在，"需求"不再是政治化的，也不再是通过民主程序形成的，而只是作为市场上的个人选择"体现"出来。在这个世界，旧有关于现金转移支付的争论突然变得迫在眉睫。

弗里德曼在这一不断变化的格局中占据关键位置。尽管他于1939年提出的"基于现金"的福利提议未能引起政策制定者的注意，但在他1962年出版的《资本主义与自由》成为畅销书之后，其观点终被各方所采纳。如同孟德尔、弗里德曼、兰格和勒纳那一代人一样，他们都不得不等待数十年才能使自身观点得到支持。直至20世纪60年代初期，随着迈克尔·哈灵顿的《另一个美国》（*The Other America*）的出版以及之后"贫困问题"的爆发，该提案终于得到认真考虑。随着人们对自动化影响的担忧不断增加，弗里德曼的提案引起了政府的焦虑。导致弗里德曼于20世纪40年代初期放弃该想法的时代背景已时过境迁：令他惊讶的是，他为该提案辩护的专著销量超百万册；在"富裕时代"，他那一代的几乎所有经济学家都会支持这一观点。

第三章

现金胜利："罗斯福新政"后的美国

"直到人们发现，高个人收入并不能使大众免于霍乱、斑疹伤寒和无知，更不能确保他们获得教育机会和经济保障的优势，在道德沦丧和经济灾难的预言中，社会开始缓慢而勉强地集体满足（普通个人即使一辈子加班加点也无法满足的）个人需求。"

——理查德·H.托尼，《平等》

"贫穷只是'缺乏购买力'的另一种说法。"

——亚瑟·肯普，《没有"福利国家"制度的福利》

1963 年夏天，"民主制度研究中心"（the Center for the Study of Democratic Institutions）[①]（当时最具影响力的自由主义思想机构之一）联合创始人威尔伯·H.费里在"原子弹之父"罗伯特·奥本海默（Robert Oppenheimer）于普林斯顿大学的办公室里会见了其密友和活动家同事。他们计划起草一份声明，挑战美国人对"富足时代"未来工作、社会政策或人权的看法。除奥本海默和费里之外，在场者还包括经济学家和未来学家罗伯特·西奥博尔德，以及托德·吉特林（Todd Gitlin）和汤姆·海

---

① "民主制度研究中心"位于加利福尼亚州圣巴巴拉，由罗伯特·哈钦斯于 1959 年成立，在 1959—1977 年是美国的一家颇具影响力的智库，此后其影响力逐渐减弱，并于 1987 年关闭。——译者注

登（Tom Hayden）。他们是"民主社会学生组织"（SDS）①领导人，在一年前刚刚发表著名的《休伦港宣言》（the Port Huron Statement）。后来发表的《三重革命宣言》部分源于该组织对可能出现的"工作消失"的共同担忧，及其对"自由主义"思想家构成的具体挑战。现在整个战后"工业生产体系"似乎"不再可行"。[49]他们认为左派需要"形成新共识"，核心是意识到"'工作'和'收入'之间的传统联系正被打破"。受弗里德曼"负所得税"启发的"无条件收入权"现在必须"取代各种拼凑的福利措施"，并确保"不再有美国公民（或居民）真正挨饿"。弗里德曼于20世纪40年代初提出的想法是确保"所有人的收入不低于最低限度"。此种"最低限度"突然引起公众注意，其影响远远超出研讨室的探讨范围，因此费里和他的同事认识到"新环境"需要"新战略"。

至少有34位联名者［包括诺贝尔奖获得者莱纳斯·鲍林和纲纳·缪达尔、社会主义者诺曼·托马斯、作家和社会评论家德怀特·麦克唐纳（Dwight Macdonald），以及迈克尔·哈灵顿和詹

---

① "民主社会学生组织"是20世纪60年代美国一个全国性学生活动组织，也是"新左派"主要代表之一。创始人蔑视常任领导人、等级关系和议会程序，将该组织视为"参与式民主"的广泛实践。该组织自1960年成立以来，在动荡的十年中迅速发展，截至1969年举行的最后一次全国代表大会，该组织在全国范围内拥有300多个校园分会和30000名支持者，并在越南战争和黑人权力等问题上主张"革命"立场。——译者注

姆斯·博格斯等"新左派"主要人物〕签署该声明。这份声明被寄给时任美国总统约翰逊，并立即登上《纽约时报》头版。在随后数月中，关于"保证收入"的提议出现于美国 500 多篇社论中，使这一想法成为全国讨论的话题。这份声明引发的辩论远超费里的预期。在随后数年中，"保证收入"计划获得民众的广泛响应，甚至得到民权领袖马丁·路德·金的支持。

费里将媒体对这一现象的关注归结于"运气使然"，因为那个周末"华盛顿什么都没有发生"。回想起来，他给出的这一解释当然不能令人信服。自从弗里德曼于 20 世纪 40 年代初提出初步提案以来，情况已发生哪些变化？是什么变革使一个原本的边缘思想如此受到欢迎，甚至在自由主义和社会主义的主要圈子中也是如此？如果不深入研究影响"新政"秩序的深刻的经济、政治和知识变革，便无法理解"保证收入"理念的发展。鉴于新的"贫困"概念，人们越发怀疑以扩大社会保障和公共支出的方法来解决贫困问题并增加就业的可行性，这为"基于收入"的方式营造出更受欢迎的环境。威尔伯·J. 科恩（美国"福利国家"制度主要设计师之一）将此种转变视为社会政策的日益"财政化"，使贫困与不平等和市场依赖问题脱钩。这一转变还将"基本收入"理念的出现视为对福利政策、种族、不平等、失业和国家角色等问题不断变化的观点的巧妙回应。正如布莱恩·斯特因兰德所主张的，如果没有这些理念的不断发展，20 世纪 60 年代的社会动荡"很可能会产生符合现有'新政'社会供给理念的改革措施（公共工作、社会服务等方面），并在现有分类架构中发挥作

用"。因此"基本收入"作为不可避免的政策解决方案的光环越
发耀眼，这成为影响战后美国政策制定和美国人对其自身经济体
系理解的广泛转变的一部分。从弗里德曼到詹姆斯·托宾，从迈
克尔·哈灵顿、罗伯特·兰普曼再到罗伯特·西奥博尔德，有越
来越多的学者认为面对持续的贫困，战后补救措施已然失效，而
自动化的加速和美国内陆城市日益加剧的动荡是将"基本收入"
变成那些福利改革者的核心目标的关键。

财政革命和福利共识的崩溃

最重要的是，"负所得税"出人意料的流行与 1962 年 3 月迈
克尔·哈林顿的《另一个美国》出版后对"贫困"理念的"重新
认识"密切相关。哈灵顿的著作（它在全国范围内引发了一场关
于"富足中的贫困"程度的讨论）本身便是美国人构想社会政策
的方式发生深刻转变的标志。有关"贫困"话题的爆发削弱了公
众对"扩大社会保障"可帮助打赢"反贫困斗争"这一承诺的信
念，取而代之的是更侧重于"确立绝对收入'底线'以消除极端
贫困"的理念。尽管这一想法在 20 世纪 50 年代经济学家和政策
制定者中相当流行，但又过了十年才战胜富兰克林·罗斯福总统
任期内所形成的有关"发展"的主流观点。事实上"基于收入"
的救助方式与战后凯恩斯主义计划所依据的一些假设形成鲜明对
比。"新政"政策是围绕这样一种理念制定的："市场失灵"这一
内在缺陷决定了需要能够减少市场依赖的"干预主义"国家政府。

它将通过持续提供公共服务和缩小收入差距来促进经济增长和实现充分就业。因此服务、劳动力市场监管和充分就业政策相较于直接现金转移支付方案更受青睐。直至20世纪60年代初期，正如爱丽丝·奥康纳所说，"贫困本身尚未被视为一个独特的社会问题，遑论被视为政府全力应对的目标了"。

从这一角度来看，以进一步扩大社会保障作为解决此类贫困问题的方法这一计划迟早会以失败而告终。此种"渐进主义"策略的一个代表性人物是威尔伯·J. 科恩。他是创建并发展美国"福利国家"制度的核心人物，曾在肯尼迪和约翰逊两位总统任期内担任福利部长。他于1957年在威斯康星大学召开的一次会议上指出，目前需要的是"增加学校、道路、病床和住房。我们还需要更多教师、医生、护士和社会工作者"。国家使用"基于服务"的宏大计划必须确保"最低生活水平"，这反过来也会促进国民生产。科恩的补救措施涉及"逐步、分类地扩大社会保障计划的基础"，直至彻底消除贫困。他于20世纪50年代末主张"可能是提供就业咨询，可能是帮助介绍工作，也可能是母亲回到高中继续完成学业或得到一份工作"，从中可看出他对就业计划（而非现金救济）的偏爱。

此种观点在政府成员中十分普遍。1955年，"经济顾问委员会"为时任美国总统艾森豪威尔（Eisenhower）编写的"总统经济报告"已强调贫困家庭的"数量不断减少"，但"基数仍然巨大"。然而该报告并未将"贫困"视为一个细分的社会问题，而是指出要提高工资和公共工程就业，或完善养老金制度以预防老年贫困问题。在 20 世纪 60 年代初期，针对贫困问题的出版物，如"美国经济进步会议"于 1962 年发布的研究报告《美国的贫困与匮乏》（*Poverty and Deprivation in the United States*），在很大程度上受到战后正统观念的影响。尽管认识到了贫困问题的日益重要（该报告引用了一个数据："五分之二"的美国人），《瓦格纳法案》（*the Wagner Act*）的主要起草人、杜鲁门"经济顾问委员会"主席莱昂·凯瑟琳①（Leon Keyserling）起草的文件也是一项主要围绕政府支出和追求充分就业的政策。

即使在 20 世纪 60 年代针对贫困展开辩论的高峰期，时任美国总统约翰逊本人也始终强烈反对此种围绕现金转移支付发生的大规模转变。约翰逊是一位深受人民党政策影响的总统。他的祖父曾于 19 世纪 90 年代参加过民粹主义竞选。他自诩"罗斯福新政"拥护者。沃尔特·海勒回忆道，约翰逊的扶贫计划"充斥着推土机、拖拉机和重型机械"，这是一项基于服务和商品而非现金的计划。约翰逊出身贫寒，在得克萨斯州一间小农舍里长大，曾是一名活跃的"新政"拥护者。他总是从政府计划的角度思考反贫困措施。直至 20 世纪 50 年代后期，落后的阿巴拉契亚山区仍有近三分之一的人口处于贫困之中，这一事实被普遍理解为缺乏基础设施、工作、教育和其他服务的结果。不出所料，支持就业

---

① 莱昂·凯瑟琳（Leon Keyserling）（1908—1987），美国经济学家和律师，于 1950—1953 年担任"总统经济顾问委员会"主席。任职期间，凯瑟琳大力推动追求持续经济增长和充分就业。——译者注

和教育计划成为约翰逊"无条件向贫困开战"运动的特征。约翰逊在 1964 年的国情咨文中宣称，"我们的主要武器是提供更好的学校、医疗、家庭、培训和工作机会，以帮助更多美国人（尤其是年轻美国人）摆脱肮脏、痛苦和失业。"他补充道，"很多时候缺乏工作和金钱并非贫困的根源，而是表象。这其中可能存在更深层次原因：我们未能提供给同胞提升个人能力的公平机遇，他们缺乏教育、培训、医疗保健和住房，缺乏体面的社区来生活并抚养子女。"很明显在此政策背景下，战后福利政策框架尚未被视作一种问题。正如莱斯利·伦科斯基（Leslie Lenkowsky）所说，此种政策框架的影响"似已超越政治层面"。

尽管至少在 20 世纪 60 年代中期之前，这一观点一直保持相对突出的地位，但到 20 世纪 50 年代后期，美国的社会政策氛围已开始转变。"经济使人们摆脱贫困的速度急剧放缓"，加之需要抚养子女的家庭获得援助的人数出人意料地增加，这使人们对战后建立的救济措施体系产生怀疑。政策制定者稳步前进着。越来越多像罗伯特·兰普曼这样的年轻社会科学家（他们通常受过经济学而非社会工作训练）通过分析逐步收集的数据，愈发对现有机构效率的前景表示悲观。尽管人们普遍认为援助计划会随着经济增长和社会保障进一步扩大而消失，但统计数据结果似乎与此完全相悖。在 20 世纪 50 年代，美国的领取福利救济的人数持续增长，导致对现有福利政策持怀疑态度阵营的规模日益扩大。其中便有兰普曼的身影。他自 20 世纪 50 年代初以来的著作反映出对战后"无阶级同质化富裕国家"即将到来的"人民资本主义"

的极端悲观态度。他很早便关注收入分配研究，认为西蒙·库兹涅茨关于不平等程度降低的结论具有误导性。1958 年，在《富裕社会》大获成功后，兰普曼的主张开始受到关注。该书作者约翰·肯尼思·加尔布雷思认为，现在的贫困是"孤立的"，主要由城市贫民窟和农村地区这样的"孤岛"组成。一些经济学家认为此种观点过于乐观，并对此感到震惊，开始收集更系统的数据来衡量"富裕美国"的贫困程度。莱昂·凯瑟琳收集的证据表明，"无论采用哪一种对我们今日生活有意义的标准进行衡量，均显示有超过四分之一的美国人仍生活于贫困之中。"第二年，伊利诺伊州民主党参议员保罗·道格拉斯（Paul Douglas）委托罗伯特·兰普曼撰写一份报告，对加尔布雷思的论述提出质疑。结果表明，自 20 世纪 50 年代后期以来，"脱贫"速度明显放缓，现有福利计划的有效性受到了质疑。同年，迈克尔·哈灵顿在《评论》（Commentary）杂志上发表个人关于该主题的第一篇文章，引发了美国公众对贫困看法的转变。兰普曼估计，近 20% 的人口生活于贫困中（贫困线定为 2000 美元），但哈灵顿甚至估计该比例应为三分之一（他将贫困线定为 3000 美元）。此种说法令人震惊，因为在二十余年前，罗斯福于 1937 年进行第二次就职演说中便已通告全美国，有"三分之一"的美国人口仍然"住不好，穿不好，而且营养不良"。

这些数字是对战后社会政策目标的巨大打击。如此严重的贫困似乎意味着自"新政"以来，情况并未产生太大变化，如果不部署"新战略"，这个隐藏的美国将"不可逆转地远离富裕"。

对于兰普曼和他那一代众多专家学者来说，"重新定义'新政'自由主义的轮廓""对于妥善解决相对贫困问题至关重要"。随着 1962 年 3 月迈克尔·哈林顿《另一个美国》的出版以及 1963 年 1 月《纽约客》(*New Yorker*)① 德怀特·麦克唐纳(《"三重革命"宣言》的另一位签署者)对这本著作的评论，这一转变得以完成。麦克唐纳的这篇评论尤为吸引广大读者的关注，据称甚至促使肯尼迪启动了一项解决贫困问题的具体计划。随后的辩论还促成两党达成共识，"贫困"现在成为一种"特殊"情况，与"不平等"和"劳动力市场问题"无关。哈林顿用一种与兰普曼枯燥的统计报告截然不同的语气，成功调动公众的想象力。他声称数百万贫困家庭实际上"几乎没有受到过去四分之一个世纪改革的影响。"更重要的是，除这些非常具有描述性的统计数据之外，哈灵顿还为早期的"贫困"概念化加入定性维度。贫困不仅成为一个货币问题，而且已固化为一种"分裂"文化。这一想法可追

---

① 《纽约客》(*New Yorker*)是一份美国知识、文艺类综合杂志，以非虚构作品为主，包括对政治、国际事务、大众文化和艺术、科技以及商业的报道和评论，另外也会刊发一些文学作品，主要是短篇小说和诗歌，以及幽默小品和漫画作品，对美国和国际政治、社会重大事件的深度报道是其特色之一。《纽约客》一般被认为是无党派和自由派倾向，不过近年来杂志发表的一些社论文章开始带有明显党派倾向。——译者注

溯至奥斯卡·刘易斯（Oscar Lewis）的"贫困文化"①理论，通过他 1959 年发表的关于墨西哥贫民窟居民的著作得到普及。[50]对于刘易斯来说，"贫困"不仅是一种为各种截然不同的群体所共有的物质条件，更是一种"独特的亚文化"，具有"独特模式和对其成员独特的社会和心理影响"。同样，哈灵顿假设贫困已形成"一种独立文化，构成'另一个国家'，其人民有自己的生活方式"；它类似于"内部异类，在与社会主流文化截然不同的文化中成长"的经历。在这一逻辑框架中，穷人已经可以"作为一个群体来进行分析"。他认为这是全书中"最重要的论点"。

刘易斯对"贫困"的划分方式也相当新颖。20 世纪 50 年代，当时并不存在"将一群贫困公民从整个社会中分离出来"的提议。当使用"贫困"一词时，它主要指的是工人阶级生活水平不高，而非指他们所属的社会阶层。"不平等""社会主义"和"市场"等词并未出现于哈灵顿的这部畅销书中。这并非偶然，这公开打破了进步思想家们很少对这些问题进行细分的做法。解决不平等问题的议程逐渐被搁置。德怀特·麦克唐纳在他 1963 年的开创性评论中写道，"财富不平等本身不一定是社会主要问题，但贫困一定是"。对麦克唐纳来说，很明显，现在应该关注的是提供一个最低标准，而非像社会保障这样的制度。他认为社

---

① "贫困文化"是社会理论中的一个概念，它断言贫困人口的价值观在维持贫困状况和维持代际贫困循环方面发挥重要作用。该词首次出现于奥斯卡·刘易斯的民族志《五个家庭：墨西哥"贫困文化"案例研究》中。——译者注

会保障使不平等现象长期存在，使"穷人永远贫穷"。在被"经济顾问委员会"聘用后，兰普曼为总统的反贫困议程起草了首份报告，他谨慎指出这样的计划"必须完全避免使用'不平等'或'再分配'收入或财富等字眼"。

当然，如果贫困在战后福利秩序的范畴之外"形成一种独特制度"，也需要一种具体的政策手段。正如莱斯利·伦科斯基所说，新政策框架意味着"传统福利政策似乎不太可能产生成效，有些人认为其会导致社会和政治问题"。20 世纪 60 年代初期，弗里德曼于 20 世纪 40 年代首次提出的有争议的方式在改革者和政策制定者中成为共识。兰普曼、哈灵顿，甚至奥斯卡·刘易斯通常倾向于将主导项目（社会保障、最低工资立法、工会和劳动法）视为旨在保护工会工人（而非穷人）利益的制度。此种转变也说明"新政"秩序所造成的内外部真正情况：在此种情况下，黑人工人需要更长时间才能找到工作岗位。然而在此种制度的现实情况之下存在一种话语体系的转变。新的外来者现在不再被视为等待融入新政秩序的人。刘易斯毫不犹豫地谈到一个"不属于工会、不享受社会保障制度的福利，很少去城市博物馆、美术馆、银行、医院、百货公司、音乐会、机场"的群体。他并非独自做出这项预估的人。正如哈灵顿所写，"另一个美国"由那些"'福利国家'之外的人"组成。所谓的"文化特征"，使贫困能够"自我复制"，这也是对传统宏观经济方法假定效率的直接挑战。兰普曼声称"这些群体明显仍未受到'新政福利国家'措施的影响"，并且"远远超出""工会、合作社"和联邦"农业、住房和城市重建"计划的范围。经济学家罗伯特·西奥博尔德也提出类似论点——他也是《"三重革命"声明》的签署人，声称社会改革的需求恰恰来自战后福利政策的失败。在他1963年的畅销书《自由人与自由市场》（*Free Men and Free Makets*）中，西奥博尔德认为，"自1935年《社会保障法案》（*the Social Security Act*）通过以来，我们一直假设公共福利会满足人们的基本生活需求"，但现在很明显，"我们现有的社会经济制度已然过时"。他甚至主张，"原本旨在帮助这些人的福利服务实际已变成一种奴役他们的方式"。现在需要做的是引入"经济底线"，即"经济基本保障"，以确保他们摆脱贫困。

更令人惊讶的是进步学者与新自由主义者（如20世纪60年代初的弗里德曼）之间的一致程度。当弗里德曼和哈灵顿于1964年12月在康奈尔大学讨论贫困问题时，他们对社会保障措施的失败以及需要"更多创新和试验"的相似诊断令听众感到震惊。《康奈尔每日太阳报》（*Cornell Daily Sun*）①第二天这样报道，"这个世界充满了惊喜"，因为"周四的演讲中有敏锐的观察者……可能已发现保守派、主张'自由放任'的弗里德曼，与《另一个美国》一书作者、左派学者迈克尔·哈灵顿之间存在广

---

① 《康奈尔每日太阳报》（*Cornell Daily Sun*）创刊于1880年，是一份独立报纸，由康奈尔大学的学生和雇佣员工出版，每周出版三期，主要由学生运营，完全独立于大学之外，是美国历史最悠久的独立学院日报。——译者注

泛共识”。这份独立学院日报补充道，“尽管这些人从截然相反的角度处理贫困问题，但他们均同意美国政府通过的福利措施，受益的是中产阶级和中下阶层，而非赤贫阶层”。除明显政治分歧外，双方均清楚“贫困”已成为一个与“劳动力市场”“不平等”和“公共基础设施不足”无关的敏感问题。这一认知既打破 19 世纪对社会问题的概念化，也突破了“新政”时期的固有做法。

这一论点也标志着与加尔布雷斯的“社会凯恩斯主义”及其早期强调“公共和私人服务与商品之间的平衡”的彻底决裂。“贫困”作为一个细分群体问题，它的特殊性使得发展“福利国家”制度作为一种过时的补救措施；“新政”秩序正在崩塌。

在这一转变之后，“基本收入”计划自然得到了推动。当弗里德曼在他 1962 年的畅销书《资本主义与自由》中重新发表这一想法时，公众对这一建议的反应与先前截然不同。他的“负所得税”理论如今引起了广泛关注，影响范围超出了高校和政府部门。他于 20 世纪 40 年代初提出的超前想法，如今已被华盛顿官僚机构的最高层采纳。总统顾问班子（尤其是“经济顾问委员会”）此时由沃尔特·海勒、罗伯特·兰普曼、詹姆斯·托宾和约瑟夫·佩奇曼（Joseph A. Pechman）①等经济学家组成。这些“商业凯恩斯主义者”集中在对社会政策的财政理解上，将

---

① 约瑟夫·佩奇曼（Joseph A. Pechman）（1918—1989），美国极具影响力的经济学家和税务学者。他曾担任美国经济学会主席，也是美国艺术与科学学院院士。佩奇曼主张所得税、累进税率和税收改革。他是推动《1986 年税收改革法案》的主要人物。——译者注

社会保障简单描述为另一种效率相对较低的税收形式。尤其是沃尔特·海勒（"总统经济顾问委员会"史上最具影响力的主席），他是这种抽象国家愿景的典型代表，这种愿景往往由在顶级经济部门接受过工作培训的年轻顾问提倡。海勒支持保罗·萨缪尔森和罗伯特·索洛发起的一系列"新经济学"运动，旨在将凯恩斯主义融入新古典主义政策框架，且倾向于淡化社会政策中的政治及文化层面。正如詹姆斯·托宾后来所说，这种方法将问题视为"技术问题而非意识形态问题"。这一愿景与传统上和社会政策相关的"交易型交易"脱节。它由分类扩展组成，一般由选举协议推动。正如尼古拉斯·莱曼（Nicholas Lemann）①所指出的，海勒出于他自身的知识背景，生活于"一个干净、精确的数字世界和有序的概念中"——就像他工程师父亲的那样的方式看待世界。与加尔布雷思感兴趣的公共支出的混乱和不确定性相比，海勒更喜欢税收激励的美妙之处。正如本雅明·阿佩尔鲍姆（Binyamin Appelbaum）所指出的，"海勒的想法标志着与传统凯恩斯主义'强调增加政府支出'的策略性决裂"；海勒声称国家可简单地"向私营部门借钱，然后将其返回私营部门促进消费"，而不是借钱用于公共计划。正如一位观察家所指出的，肯尼迪一代领导者已开始将美国政府从"公共活动执行者转变为公共利益分配者"。

---

① 尼古拉斯·莱曼（Nicholas Lemann），美国作家和学者，是哥伦比亚大学新闻学教授及新闻研究生院新闻学院名誉院长。自 1999 年以来，他一直担任《纽约客》特约撰稿人。——译者注

随着从“官僚主义到控制论”的转变，福利制度不再被视为“涉及数千家政府机构和数百万人的大规模官僚制度”。相反，国家本身将被“网络化”，并“（转向）某种形式的‘保证收入’，随受救济者收入”的增减而自动调整、监控“系统并启动资金支付计划”。“新左派”同样会迷恋这个正在兴起的“控制论福利国家”。

新凯恩斯主义者对减税的强调也反映了对私人主动性和“消费者主权”的强烈支持，以及对与国家监管劳动力市场和工资相关的通货膨胀的强烈恐惧。“为何要减税而不走加尔布雷思的道路？”在1962年海勒写给肯尼迪的备忘录中，这位来自威斯康星大学经济学家的主要论点植根于新古典主义理论。根据该理论，在这种情况下，公共支出的扩张将“导致浪费、瓶颈、暴利和丑闻”，并将增加公众对“政府扩张”和“过度集权”的反对，（导致）对城市、教育系统和房地产市场的“夺权”和“接管”。海勒还认为“减税引起的赤字比支出引起的赤字更易为金融界所接受”。[51] 此种私有化的凯恩斯主义提供一种方法，可打破肯尼迪上任时所面临的赤字和生产能力不足困境，同时，开始认识到海勒所指出的“通过市场体系运作的重要性”。在“经济顾问委员会”内，海勒与詹姆斯·托宾持相同观点。后者同样认为，如果假定“提供更多就业机会、优质学校是对贫困家庭最有吸引力的解决方案”，那向个人和企业直接进行现金转移支付的财政策略会更为有效。在这种政策框架下，托宾补充道，“相较于公共支出和政府官僚主义，私营雇主和自由市场在消除贫困方面发挥更加重要的作用"。正如梅杰所主张的，凯恩斯主义这一分支的核心原则当时是："当经济陷入衰退时，政府需要用公共支出代替私人投资，并通过提高穷人和中产阶级购买力来提振需求。"换句话说，古典凯恩斯主义者通过公共工作计划解决失业问题，而现代凯恩斯主义者则侧重于通过减税来促进私人投资。

不同凯恩斯主义者间的"代沟"在随后十年间继续加深。尽管到了20世纪60年代，凯恩斯主义在经济学界大获全胜，但正如亚伦·梅杰所说，此种转变构成了"对20世纪50年代基本政策模式的重大背离"。正如杰奎琳·贝斯特（Jacqueline Best）[①] 所说，肯尼迪是"首位信奉凯恩斯主义的总统，但他显然具有'新古典主义'倾向。"1961年，海勒在致弗里德曼的信中写道（原版译文应是），"经济学让人感到陌生（同床异梦）"。关于减税的问题，他补充道："我发现肯·加尔布雷思和我总是意见相左，而你却一直同我并肩作战——谢天谢地，人们无法仅通过标签来确定其经济政策立场。"这标志着经济学领域的一次重大演变。正如后来尼克松任内"总统经济顾问委员会"主席赫伯特·斯坦（Herbert Stein）所指出的，此种演变将逐渐使"凯恩斯主义者同非凯恩斯主义者间的差异"变得不那么重要。他补充道，"在这种普遍共识中，分歧当然存在，但基本上是'重点和程度上的差

---

① 杰奎琳·贝斯特（Jacqueline Best），渥太华大学政治研究学院教授。她是一名研究人员和教育家，致力于国际关系、政治经济学和社会理论交叉领域的研究。——译者注

异'。"弗里德曼声称，"从某种意义上说，现在我们都是凯恩斯主义者；而从另一重意义上来说，我们现在都不是凯恩斯主义者。"[52]

1962 年和 1964 年颁布的《税收法案》① 中代价高昂的减税措施令美国劳工领袖感到沮丧，因为这些措施都不同程度地有利于大公司、高收入者和中产阶级。作为补偿，肯尼迪政府中止了竞选前所承诺的全部大型公共工程计划。与此相对，他开始考虑一项反贫困议程，但根据他的税收策略，通过财政体系提供的"基于收入"的计划（如弗里德曼的"负所得税"）似乎更为合适。海勒于 1963 年声称："社会保障的对象并不包括穷人。""政府的福利制度无意中助长了家庭破裂和不法行为……学校午餐计划，并未养活那些无力运送多余食物的社区，也未能养活那些连象征性费用都付不起的孩子们。"由于这场改革的技术官僚主义倾向，正如赫伯特·斯坦所说，这场"财政革命"被亚伦·梅杰描述为一段明确的"战后凯恩斯主义与当代新自由主义间的过渡时期"。正如金·麦奎德（Kim McQuaid）② 所说，如果"肯尼迪不是里根，

---

① 1962年的《税收法案》规定7%的投资税收抵免，并要求向政府报告利息和股息支付信息。1964年《税收法案》又称《减税法案》，是时任美国总统肯尼迪提出的一项减税法案，经第88届美国国会通过，于1964年2月26日成为法律。——译者注

② 金·麦奎德（Kim McQuaid）（1947—2022），学者，研究领域涉及20世纪商业－政府关系；美国社会福利政策、政治、经济和社会历史，出版著作包括《焦虑的岁月：越战和水门事件时代的美国》《创建"福利国家"：20世纪改革的政治经济学（修订版）》《大企业和总统权力：从罗斯福到里根》等。——译者注

他决定在商界笼络人心……尽管如此，保守的凯恩斯主义减税措施还是为未来数十年的经济保守主义奠定了基础"。

约翰逊政府福利部长威尔伯·J.科恩（Wilbur J. Cohen）[①]痛心疾首地指出，这一"财政共同体"将社会保障制度分析为"一种普通的税收形式，同时还是一种有争议的社会政策形式"。科恩所谓的"哈佛—耶鲁—麻省理工—布鲁金斯经济学家"团体后来成为民主党政府内部的弗里德曼"负所得税"理论的主要支持者，从"有效转移"的角度重新制定了社会政策。正如奥丁·安德森所说，"科恩的政府观本质上是一个有机整体""政府与社会"总是"相互关联"，而新一代学者（尤其是弗里德曼）对"国家"与"社会"二间的关系有着更为朴素的理解。社会政策也紧随其后。1962年，兰普曼提出了"贫困收入差距"的概念，优先考虑货币供需缺口与"贫困率"的概念相反。从这一角度来看，当时面临的主要问题是，是否用现金来弥补缺口，而非发展全民救济项目或抑制不平等。尽管约翰逊明确要求删除"任何可能被解释为'将现金交到穷人手中'的内容"，但其部分政府成员似乎越发赞成这一想法。即使是在20世纪50年代坚定拥护"渐进主义"观点的加尔布雷思，到20世纪60年代中期似乎也改变了想法。尽管在1958年出版的《富裕社会》（*The Affluent*

---

① 威尔伯·J.科恩（Wilbur J. Cohen）（1913—1987），美国社会科学家和政府官员。他是美国"福利国家"创建和发展的关键设计师之一，并参与"新政"和"伟大社会计划"的创建。——译者注

Society）一书中，他曾主张"作为政策建议，以接近平均周薪的水平发放失业保险"，但到 20 世纪 60 年代中期，他转而提倡"负所得税"。[53] 在长期被禁锢于晦涩难懂的经济学教科书之后，"保证收入"终于在全国范围内普及，并在约翰逊政府内部得到推广。

自动化恐慌和"充分就业"的失败

在这种不断变化的政策氛围之下，美国政治经济正发生更深层次的结构性转变。在年轻一代政策专家和社会活动家对"新政"福利计划的合理性产生怀疑之后，"充分就业"理论（"新政"另一核心理论支柱）也受到质疑。对自动化日益加深的担忧将为传统上"以劳工为中心"的左派创造有利的环境，以实施"保证收入"和减少"以工作为导向"的计划。这一概念本身由福特汽车公司副总裁德尔马·S. 哈德（Delmar S. Harder）于 1947 年左右提出，用来描述机械和电子设备取代人类劳动的过程，或正如管理学家彼得·德鲁克所写，"用机器操控机器"。尽管自动化话题在 20 世纪 50 年代已相当受欢迎，但作为一个影响就业市场的问题，它很少出现于专业文献和政策制定者的思考中。1955年，《巴尔的摩太阳报》（Baltimore Sun）将其斥为"年度陈词滥调"。它成为美国各地报纸杂志和人们议论的对象，而国会现在几乎每年都会就此问题举行听证会。然而到 20 世纪 50 年代后期，自朝鲜战争以来一直影响美国的"长期失业"问题成为政策顾问和经济学家争论的焦点。尤其是在民主党内部，一些人确信"劳工问题"与社会工程师在 20 世纪 30 年代遇到的问题并不相同。民主党国会议员克拉伦斯·朗（Clarence Long）在 1959 年指出，这种新型失业问题可能无法通过"需求方、支出或其他手段"予以解决。事实上，是某些群体（尤其是年轻人和黑人）持续、长期的失业，才导致出现大量关于此种新型"结构性"失业的文献。劳工历史学家菲利普·塔夫脱（Philip Taft）将其定义为"由总需求变化之外的原因引起的非自愿失业"。因而揭示其驱动因素便成为经济和政策探索的最高目标。

有越来越多的经济学家开始认为，此种"结构性"失业的特殊性在于，它并不一定源于就业岗位的缺乏，而是由"工人技能"与"雇主需求"二者之间的不匹配引起，究其原因便是"自动化"所带来的替代效应。在参议院关于失业问题的听证会上，颇具影响力的劳动经济学家约翰·T. 邓洛普（John T. Dunlop）认为，"20 世纪 30 年代的大规模失业让位于 50 年代的阶层失业。现在更令人担忧的是失业的细化"。在他看来，失业发生在"某些社区、职业、种族、年龄和自由工种的大小群体中，它并非十分普遍，而是更集中于公民中的部分阶层"。这意味着其解决方案是减少对传统宏观经济政策的依赖，降低经济架构重要性，并推进量身定制的就业再培训或重新安置计划。这种由新古典主义革命和劳动经济学中的人力资本理论所推动的转变，在很大程度上取代了对"社会权力失衡"的更多结构性解释，重新安排政策议程，向"在不进行大规模分配的情况下扩大机会"的方向发展。到 20 世纪 60 年代初，这一想法尽管并未改变先前"通过减税刺激总需求"的承诺，但获得了一些支持（尤其是在肯尼迪政府内部）。商界的凯恩斯主义者普遍不支持国家通过对劳动力市场进行强有力干预来解决持续性失业问题的做法，这明显增强了这一情况的可信度。正如学者阿道夫·里德所说，通过逐步抛开结构性因素，这场讨论将有力地重塑公共政策"应对贫困、失业和经济不平等之间关系"的方式。

然而这一发展在政府之外最引人注目。经济学家查尔斯·C.基林沃斯（Charles C. Killingsworth）① 便认为自动化不仅是"技能不匹配"的问题。对基林沃斯来说，尽管新部门创造了就业机会，但"这些新'行业'的就业增长"无法"抵消旧有规模较大的消费品行业的衰退"。在一些评论家看来（特别是在新左派中），对"自动化正处于人类无法控制的加速阶段"的判断使人们对"新政"自由主义和"充分就业"本身的效率产生了怀疑，从而为"保证收入"等新解决方案开辟了道路。在主导普及这一观点的所有组织中，"民主制度研究中心"可能是最典型的。在"福特基金会"②1500 万美元的巨额资助下，该中心自 1959 年成立来一直作为自由派智库坚持对自动化问题开展认真研究。研究

---

① 查尔斯·C. 基林沃斯（Charles C. Killingsworth）（1917—1998），劳工管理经济学家、密歇根州立大学名誉教授。曾担任"联邦工资稳定委员会"主席。——译者注

② 福特基金会，美国最大私人基金会之一。——译者注

中心［尤其是其代表人物威尔伯·H. 费里（Wilbur H. Ferry）］发表多种关于该主题的主要文献，其所发表的开创性论文对有关"自动化"的辩论产生长达十余年的深远影响。费里年轻时曾是一名"新政"民主党人，并曾在当时美国主要工会联合会之一的"工会组织协会"（CIO）[1]担任公共关系总监。他认为"自动化"的发展是自由主义者如今所面临的一项巨大挑战。事实上自20世纪60年代初以来，费里一直专注于研究一种后来被称为"自动控制"的现象。它是自动化（机械动力）和控制论（机器智能）二者的结合，会大幅减少工作岗位。

　　费里从众多前辈那里汲取灵感。例如，"控制论"的概念源自麻省理工学院数学家诺伯特·维纳（Norbert Wiener）的研究，他于1948年首次将其理论化，成为一门旨在研究人类、动物和机器所采用学习交流形式的学科。在维纳看来，人类已进入"机器可以学习交流"的时代，这可能会导致机器"对人类劳动的取代"。维纳在论文中阐述了一个著名的关于"行棋傀儡"的论点。维纳同时代科学界的普遍看法是，创造甚至想象一台机器能够自行证明是国际象棋棋手，其智慧和创造力能超越人类，无异于天方夜谭。维纳声称，主要是因为"这样的机器需要太多零件

---

① "工会组织协会"（CIO）最初于1935年由约翰·L. 肯尼迪联合煤矿工人联合会（UMW）领导人刘易斯召集工业组织委员会。1938年脱离"美国劳工联合会"后更名。其工作重点是组织非技术工人。1955年，"工业组织协会"重新加入劳工联合会，成立新的实体，称为"美国劳工和工业组织联合会"（AFL–CIO）。——译者注

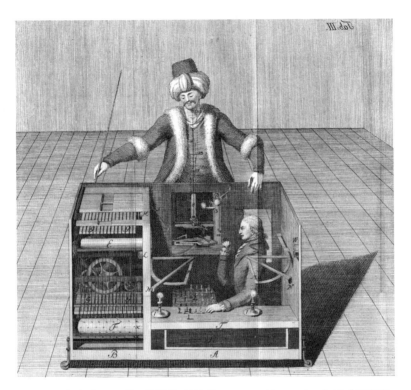

图 3.1　沃尔夫冈·冯·肯佩伦（Wolfgang von Kempelen）的《行棋傀儡》。卡尔·戈特利布·冯·温迪希（Karl Gottlieb von Windisch）铜版画，冯·肯佩伦关于棋手的字条里面有三个铜针说明了这个著名机器的使用，1783 年

的组合"。

　　事实上，机器为了正确下棋而必须计算的组合很快便会积累至无穷大，因而设置程序所需时间亦近乎无限。这种观点也源于18 世纪一个名为"土耳其人"的迷幻行为的故事。这是一种早期的"自动下棋机"，大约于 1769 年由匈牙利发明家和作家沃尔夫冈·冯·肯佩伦设计，会下国际象棋，且在十年之间在欧洲

举行的多次公开展示中也确实击败一众对手，其中甚至包括拿破仑和本杰明·富兰克林等历史名人。当然"自动下棋机"仅是一个非常复杂的机械，除隐藏于内部一组复杂镜子后面的侏儒外，自身完全不具备任何智能。这一案例完美说明了"第一次工业革命"时代"人"与"机器"之间的关系。正如维纳写到的，在工业时代，自动化"取代人类和动物，成为一种力量来源，却并未对其他人类的功能产生重大影响"。如同此种"自动下棋机"，机器能够取代人类力量，但并不能取代人类智能，因为人类智能具有理解、组合和适应的认知能力。维纳认为这一时期即将结束。尽管他也认为不可能一开始便创造出能够击败人类的机器，但计算机科学的最新进展则使他坚信，人类可想象出这样一台能够自我学习的机器。机器会"将它下过的每一局棋存储于磁带上"，然后逐步成长为国际象棋大师。尽管维纳的猜想在 20 世纪 50 年代初备受争议，但在 1997 年（仅仅 47 年之后），IBM 公司研发的国际象棋计算机"深蓝"首次击败世界冠军加里·卡斯帕罗夫（Garry Kasparov），这被证明是一场颇具预言性的著名比赛[1]。在分析过不下 70 万场的高手对局后，计算机确实学会了下棋。

在维纳看来，控制论的这些发展将很快对整个社会产生重

---

[1] 1997 年 5 月 11 日，卡斯帕罗夫与"深蓝"的六局对抗赛降下帷幕。在前五局以 2.5 对 2.5 打平的情况下，卡斯帕罗夫在第六盘决胜局中仅走了 19 步便向"深蓝"拱手称臣。整场比赛进行了不到一个小时，"深蓝"赢得了这场具有特殊意义的比赛。——译者注

大影响。他声称在不远的将来，美国社会将发展到"一个完全自动化的时代"。在那个时代，人们可设想一条汽车装配线"由类似现代高速计算机的设备所控制"。它在经济层面的影响是十分深远的。这种根本性的转变在维纳所处的时代将产生一种失业状况。与之相比，目前的经济衰退甚至 20 世纪 30 年代的'经济大萧条'似乎都只是令人愉悦的笑话。尽管"失业"这一主题在维纳的著作中所占篇幅相当有限，但他已敏锐意识到他所提出的理论可能对整个劳动过程产生影响。如果工作岗位消失，这意味着社会应利用这些新生产方式造福全人类，增加人类闲暇时间，并丰富其"精神生活"，而不仅是"为了盈利，和将机器视作新的生产动力进行崇拜"。[54] 他警告说，如果利用不当，这些新的自动化方式很容易导致社会更加两极分化，而在这样的社会中，"控制论"创新所产生的利润将造成极端的不平等影响。当然，维纳基本并未给出详尽的社会政策提议（或任何类型的"保证收入"）来应对他所预言的这种演变。然而他有关"自动化"和"工作"的言论并未被学术界所忽视。尽管他的观点在随后十年间仍然微不足道，但到 20 世纪 60 年代初期，美国"左派"主要人物开始逐渐激进化他的理论。

威尔伯·费里在 1961 年指出，"技术的加速发展"意味着在不久的将来，"不再有足够的传统工作岗位可供人们选择"。他声称这种演变最终会导致一种令人担忧的困境：尽管有充足资源为所有美国人提供体面的生活，但传统形式工作的缺乏可能会使社会两极分化，即一部分人从富裕中获益，另一部分人则从结构上被边缘化。费里写道，"国民经济蓬勃发展，并生产出足够所有人使用的商品和服务，但仍有 500 万人失业，3000 万美国人生活于贫困线之下"。因此"自动控制"可能会引发一场"重大危机"，导致大量人口失业。过去显然存在"加速自动化"的时期（如在全球农业的发展进程中），而这次自动化与先前时期的主要区别主要是发展速度。

随着 1964 年《"三重革命 ① 特别委员会"宣言》的出版，这种灾难论观点得到了更多公众认可。在致时任美国总统约翰逊的信中，委员会认为这些加速化发展使"基于生产贡献"保障"人民作为消费者的权利"的机制失去作用。不仅"收入与工作挂钩"的固有理念已完全过时，且现有的福利计划逐渐无法掩饰这样一个历史悖论：在美国有足够的生产潜力满足每个人的需求时，越来越多的人口靠最低收入维持生计，往往生活于贫困线之下。

"保证收入"作为一种解决方案应运而生。通过这样一个方案来解决问题颇具号召力，因为它响应了正在崛起的"新左派"的诉求——他们长期以来渴望使人类摆脱工作束缚。"三重革命特别委员会"于 1964 年发布的报告还试图构建一个新社会。在这个社会里，可以"使公民从我们的价值体系和我们公认的'工作'模式所不支持的各种活动中自由地选择职业和工作"。受到费里著作的启发，罗伯特·西奥博尔德 1963 年出版了《自由人

---

① 三重革命在此处指网络革命、武器革命和人权革命。——译者注

与自由市场》(*Free Men and Free Markets*)一书,引发全国性关注。这本书预见了后来自由派"保证收入"的大部分观点,并关注"控制论时代"工作性质的变化。他认为这样一个时代可能以两种方式展开:或者是工作与收入脱节,通过"保证收入"提供西奥博尔德所说的"基本经济保障";或者是沦为一个更为两极化的非人道社会:在这个社会中,资源的分配极端不平等。西奥博尔德补充道,"'充分就业'目标已然过时,现在应讨论的是如何在缺乏工作岗位的情况下为人们提供收入"。

这种"后工人主义"式转变最经典的例子是詹姆斯·博格斯的著作。博格斯出生于亚拉巴马州一个收入微薄的农场工人家庭。1937年,他18岁时参加了从南方"棉带"(Cotton Belt)到北方"锈带"(Rust Belt)的大迁徙。他与数百万美国乡村黑人一同参加这趟旅程,到达工业城市底特律,并于1940年成为克莱斯勒(Chrysler)汽车公司的一名汽车工人。但博格斯随后很快便被强大的劳工运动和工业纠纷所引起的一系列巨大动荡所吸引。在随后十年中的多数时间里,他仍是一名热心的工会活动家,并且是托洛茨基主义①组织"社会主义工

---

① 托洛茨基主义是指20世纪初在俄国工人运动中出现、以列夫·达维多维奇·托洛茨基的"不断革命论"为基础的机会主义思潮。托洛茨基主义是一股国际思潮。它以极左面貌出现,用"不断革命论"歪曲和代替马克思主义理论;否认农民的民主主义要求,主张跳过民主革命阶段直接进行社会主义革命;否认列宁关于"社会主义可首先在一国或数国胜利"的理论,认为社会主义革命只有在欧洲主要国家同时发生,才能取得胜利。——译者注

人党"①的成员，其总部恰好也位于底特律。

然而，博格斯对战后劳工运动的目标越发感到怀疑。他亲身经历了底特律所发生的自动化进程的加速和失业率的上升，这使他开始质疑那些有关"工人阶级是变革基本推动者"的社会主义主要观点。当关于该主题的辩论开始在大众媒体上引起轰动（更多是庆祝而非担忧）时，事实证明博格斯在底特律的经历相当艰难。整个 20 世纪 50 年代，福特、克莱斯勒和博格斯所在的工厂共裁撤多达成千上万个工作岗位。仅在 1954—1960 年期间，底特律东区便减少七万多个工作岗位。在博格斯看来，工人运动未能把握"自动化"挑战所带来的机遇，也未把握住如何借助它促使人们采取新的政治和理论战略。1962 年底，他编写了《国家状况：1962》。这是一份综合报告，在自由派知识分子中广为流传，后来发表于《每月评论》（*Monthly Review*）上。利奥·胡贝尔曼（Leo Huberman）②和保罗·斯威

---

① 社会主义工人党，美国最著名的托派政党。最早创立于 1928 年，其正式组织机构于 1938 年在纽约成立。成员人数不多，但比较活跃，在出版业和选举方面尤为突出。该党赞成托洛茨基主义，反对民主集中制。出版刊物有《战斗者》《青年社会主义者》等。——译者注

② 利奥·胡贝尔曼（Leo Huberman）（1903—1968），美国社会主义经济学家。1949 年他与保罗·斯威齐创办并共同编辑《每月评论》杂志，也是通俗历史著作《人类的世俗物品》和《我们，人民：美国戏剧》的作者。——译者注

齐（Paul Sweezy）[1]很快出版该书，重新命名为《美国革命：黑人工人笔记》（*The American Revolution:Pages from a Negro Worker's Notebook*），随后被广泛翻译。该书受到伯特兰·罗素和托德·吉特林等人的高度赞扬。他们认为博格斯是在"传播"一种旨在将人们从"新教伦理"中解放出来的"新文化标准"的绝佳方式。尽管博格斯的著作的重要性经常被低估，但它却是"最早的美国后工业时代批判性'左派'著作之一"，并影响了后来哈里·布雷弗曼（Harry Braverman）的《劳动与垄断资本》（*Labor and Monopoly Capital*）、安德烈·高兹的《告别工人阶级》（*Audie au Proletariat*）等著作。

　　然而博格斯的分析中最引人注目的方面，是其对自动化的政治解读。大规模裁员的亲身经历使他对"自动化"所产生的后果有着更为激进的理解，这也解释了 20 世纪 50 年代后期他在"左派"中与"以工人为中心的"政治"日益脱节"的现象。正如斯蒂芬·沃德（Stephen Ward）所指出的，对于博格斯来说，"'自动化'代表一个新的生产阶段，它导致了工业劳动力减少（而非增加），迫使人们重新思考马克思时代的革命设想。"他说："在

---

[1]　保罗·斯威齐（Paul Sweezy）（1910—2004），20 世纪美国最为著名的马克思主义经济学家，在继承和发展马克思主义经济理论方面颇有成就。在《每月评论》杂志社，他发表了大量揭露和批判现代资本主义的文章和专著，其中最为著名的有《作为历史的现在》《繁荣的终结》（与哈里·麦格道夫合著）、《马克思主义四讲》。这些论著有着极为广泛的影响。——译者注

这个自动化的时代，底特律 76% 的黑人青年失业，因此他们完全不受有组织劳工的控制。那么在这种情况下，劳工运动如何能为黑人代言？"劳工运动现在几乎是阶级中的特权派别，有转变为反动"利益集团"的危险，与 20 世纪 30 年代"新政联盟"中的激进形象完全背离。博格斯称，从那时起，"马克思主义者一直认为工人群众始终是工业化社会的基础""他们从未面对这样一个事实：资本主义社会可能发展到不需要工人群众的地步"。他认为，如果在 20 世纪 30 年代，"斗争主要是为了改善工作条件，那今日的斗争必须转变为迫使权力机构利用人们劳动的全部创造力，使人们摆脱为生计而被迫工作的奴役。'自动化'和'控制论'是人类终极追求的先行者，不仅要提高生产效率，还要彻底减轻生产过程中的巨大负担。"

博格斯得出的政治结论十分明确，任何坚持"充分就业"或扩大现有福利计划的项目，最终都不会有好的结果：很明显，"美国劳工运动"及其相关产业战略已"走到尽头"。福利政治必须考虑这种困境。博格斯甚至认为，对于新一代"失业者"（尤其是黑人工人）来说，"'学校＋教育＋培训'的简单公式已然过时。"他补充道，"谈论'充分就业'是'反动的'"，旧有社会设想已被颠覆。博格斯认为"取而代之的是一项声明：无论个人是否从事工作，均有权享受充实的生活、自由并追求幸福。"在该理论框架内，推动社会进步的主角不再是工人，而是"人类"本身。他补充道，"为适应这一新的'富足时代'，美国需要新的《人权宣言》（*Declaration of Human Rights*）"。这一跳出劳工主义框架的步骤几乎是自发地使博格斯转向支持"保证收入"的想法。

这一转变也对民权运动的未来产生深远影响。直至 20 世纪 60 年代中期，民权运动中的主流观点仍是坚定致力于广泛推行"新政"或工业化民主理念。这种策略在阿萨·菲利普·伦道夫（A. Philip Randolph）身上得到了典型的体现。他和劳工组织者贝雅·拉斯丁（Bayard Rustin）是 1963 年华盛顿"争取就业与自由"游行①的主要发起者。伦道夫比马丁·路德·金年长一代，是一位颇具声望的工会组织者，美国司法部甚至称他为"美国最危险的黑人"。伦道夫坚信工人运动在民权斗争中的重要性。他是一名早期社会主义者，并于 20 世纪 20 年代初两次高举"社会主义"的旗帜竞选公职，力求兑现他对充分就业和扩大现有社会政策的承诺。伦道夫在 1944 年指出："美国政府对黑人犯下的最严重错误莫过于剥夺其工作权。"[55] 然而在 1964 年《民权法案》和 1965 年《投票权法案》通过之后，他的策略似乎有所退让。当然正如阿道夫·里德所说，"'吉姆·克劳法'（Jim Crow

---

① 即发生在华盛顿的"争取就业与自由游行"，也简称为"华盛顿游行"或"华盛顿大游行"，于 1963 年 8 月 28 日在华盛顿举行。游行目的是倡导非裔美国人的公民权利和经济权利。游行最后阶段，马丁·路德·金站在林肯纪念堂前发表了历史性的"我有一个梦想"演讲，呼吁结束种族主义。这次游行是美国历史上最大规模的人权政治集会之一。——译者注

Laws）① 受到了致命一击"，但"很明显，美国南方地区甚至全国范围内的贫困和不平等的重大问题依然存在。"然而"民权运动应如何推进""何为重点，并采用何种策略来解决"这些问题则值得讨论。对拉斯丁来说，很明显，民权运动现在需要"从种族关系跃升至经济关系"，而且"如果没有旨在促进充分就业、废除贫民窟、重建教育系统，以及对工作和休闲重新界定"的激进计划，民权运动便不可能成功。这一目标比以往任何时候都更需要强力政治联盟的支持——正是政治联盟"为约翰逊总统获得的压倒性胜利奠定了基础"，并将进一步改变美国的社会经济基础，对政治经济进行重组。[56]

这一观点受到了博格斯等新一代活动家的挑战。正如博格斯所指出的，"自动化"当然不会立即取代劳动力整体，但会首先对较低级别的少数群体造成冲击。如果"自动控制"的目的是消除"黑人工作岗位"，那它也会使民权联盟的目标变得过时。事实上，博格斯认为，如果摧毁这些工作岗位，它"也摧毁了整个

① 吉姆·克劳法（Jim Crow Laws）泛指 1876—1965 年间美国南部各州以及边境各州对有色人种（主要针对非洲裔美国人，但同时也包含其他族群）实行种族隔离制度的法律。这些法律上的种族隔离强制公共设施必须依照种族不同而隔离使用，且在"隔离而平等"的原则下，种族隔离被解释为不违反宪法的同等保护权，因此得以持续存在。但事实上黑人所能享有的保障与白人相较往往较少，而这样的差别待遇也造成了黑人在美国长久以来在经济、教育及社会上处于较为弱势的地位。——译者注

劳动过程，以及黑人向上跃迁的阶梯，白人工人因之得以继续向上跃升，他们赖以生存的基础也得以巩固"。因此博格斯在1965年的一次关于"控制论"和"自动化"的会议上指出，"认为长期在经济上处于受剥削地位的黑人在经济上能够追赶上白人，并在职业方面实现与白人的平等"，就是一种"无比荒谬的观点"。博格斯补充道，"充其量，'一体化'只是一个象征，而非旧有问题的解决方案。"正如费里两年后在斯坦福大学的一次演讲中所说，"种族融合在美国不可能实现"，他们的"自由梦"终将破碎。由于工作岗位逐渐减少，通过与工会、宗教团体和白人工人建立联盟来实现融合的战略正逐步失去吸引力。马丁·路德·金也正是沿着这条路线稳步将其政策议程从"就业"调整为"穷人运动"。事实上在马丁·路德·金生命中的最后几年，他成为"保证收入"的倡导者。在马丁·路德·金加强对资本主义批判并转向某种民主社会主义思想的同时，他越发怀疑"工作"的核心是什么。正如克里斯托弗·拉什（Christopher Lasch）①所说的，当马丁·路德·金越发相信"主要问题"在于"经济层面"时，他开始倡导"保证收入"，并认为"应将重点从只关注给予人们工作转向让人们消费"。1967年，在他的数次演讲和最后一部著作《我们该何去何从：混乱还是团结？》（*Where*

---

① 克里斯托弗·拉什（Christopher Lasch）（1932—1994），美国历史学家、社会评论家，著作包括《美国的新激进主义》《无情世界的避风港》《真实而唯一的天堂》以及《精英的反抗与民主的背叛》等。——译者注

Do We Go from Here: Chaos or Community？）中提出的对这一理念的支持，标志着他与早先的充分就业承诺已拉开了一段微妙距离。这一战略与 1966 年由伦道夫、拉斯丁和莱昂·凯瑟琳策划的"向华盛顿进军"和"面向所有美国人的自由预算"形成对比。[57]

　　与贫困问题一样，"保证收入"在这里作为"充分就业"和"基于服务的社会政策"的有趣替代方案出现。社会危机不再关乎福利政策解决贫困问题的"技术"层面能力，而关乎其最深层的政治与道德基础。与"以劳工为中心的"凯恩斯主义政策相比，此种渐近式的思维转变使弗里德曼的观点更具吸引力。尽管弗里德曼从未被贴上"后工人主义"的标签，但他确实指引一代人以通过激励（而非订立合同）的新方式来工作。在弗里德曼看来，这一想法的简洁理念和"反家长式"设计确实构成了它对"左派"的吸引力。例如，"负所得税"方案从未提及有关"贫困"本质的解释，或反常现象的特殊理论。与此相反，它将"贫困"和"失业"视为"福利国家"和最低工资立法的直接产物。因此从这一角度来看，"贫困"和"失业"不再是个人或社会病态的结果，而是基于"福利国家"抑制工作积极性的理性决定。从雇主角度来说，"贫困"和"失业"是由于劳动力成本过高而放弃雇用新员工这样的理性决定造成的。

　　"负所得税"不会试图限制个人选择，而是改变做出选择的环境（激励架构）。罗伯特·兰普曼指出，这种类型的"联邦直接支付""在技术和理念上均是创新"，因为它"将确立一种无须事先签订合同且无须确定责任即可获得最低收入的权利"。通过供需曲线而非劳动义务来思考是"新政"大致制定的一种不情愿的策略。这也引起了越来越多具有实验性质的"新左派"的兴趣，他们自然会寻求增加收入，同时减少对劳动力的依赖。因此他们所需要的是调整"游戏规则"，并可能提高"基本收入"水平以减少对劳动力的需求。因此该提案未来各版本的差异（尤其是那些由左派发起的）反映的并非种类上的差异，而是激励架构上的差异。事实上当西奥博尔德、亨利·黑兹利特（Henry Hazlitt）[①]、托宾和弗里德曼在美国商会的主持下聚集于华盛顿并在上千名商人面前开展辩论时，他们在反对充分就业的问题上和谐地达成了一致，主要分歧仅仅在于"保证收入"的具体金额。

正是这一特征吸引了西奥博尔德的注意。在 1967 年的一次主题为"迈向全面失业"的会议上，他认为弗里德曼的主要关注点是"提高经济体系效率"，而非实现"充分就业"。[58]他认为弗里德曼的想法是新颖的，只需要"提供金钱，无须提升道德水平、文化改良、推广教育、再培训计划或临时工作。""不必担心某些群体无法找到能够获得收入的工作。"这个最初看来谨慎保守的想法正逐步形成一个颇有成效的"新左派"实验

---

① 亨利·黑兹利特（Henry Hazlitt，1894—1993），自由意志主义哲学家、经济学家，也曾担任《华尔街日报》《纽约时报》等报刊的记者。黑兹利特对于自由意志主义和客观主义的发展均有极大贡献。——译者注

框架。

黑人贫困与收入战略的胜利

在日益加剧的去工业化、自动控制和社会政策新财政化①的推动下，20世纪60年代中期，"保证收入"相关提案激增——这种情况前所未有。这些提案从政治领域各方面提出，然而政府需要一段时间才能接纳这种热情。肯尼迪和约翰逊一再拒绝考虑收入战略。作为新成立的"经济机会局"②（成立于1964年8月，旨在发起总统提出的"反贫困战争"）负责人，小罗伯特·萨金特·施瑞弗尔（Sargent Shriver）建议约翰逊以"无救济金"作为运动口号。一年后，施瑞弗尔一直在推广"负所得税"的想法，并将其纳入"经济机会局"1965年的扶贫计划中。但正如兰普曼所回忆的那样，时任美国总统约翰逊"从开始便无意参与

---

① 财政化是旨在避免零售商欺诈的财政法案，通过强制向当局报告所有交易以控制灰色经济。在许多情况下，财政法案与其他法律相关，如与会计、税务、消费者保护、数据保护和隐私相关的法律。——译者注

② 经济机会局是负责管理大部分反贫困计划的机构。这些计划是时任美国总统林登·约翰逊"伟大社会计划"立法议程的一部分。它于1964年作为独立机构成立，并于1975年更名为"社区服务管理局"。1981年，它并入卫生与公众服务部，称为"社区服务办公室"，其大部分项目继续运作。——译者注

其中”。随着 1965 年洛杉矶“瓦茨骚乱”①和越南战争升级造成的预算限制进一步限制了总统的选择，内城的城市动荡加剧。随着“社区行动计划”②的明显失败，情况才开始发生变化。这些计划由“经济机会局”指导，包括就业培训、贫困青年教育补习、儿童保育、社区工作和大量地方倡议。[59] 这在政府之间造成一系列冲突，联邦政府和地方当局间也产生协调问题——地方当局往往必须自行管理这些计划。正如爱德华·伯科维茨（Edward Berkowitz）所说：“到 1967 年底，1965 年的欣喜若狂已被接近绝望的感觉所取代。”对政府行动效率和福利救济名册持续增长的批评日益增多；对联邦政府和官僚机构扩张的不满情绪上升；也许最重要的是，贫困（尤其是“黑人贫困”）的日益“文明化”为“保证收入”支持者提供了动力。

　　推动“保证收入”提案受欢迎的最显著因素之一是对黑人贫困文化主义解读的日益增多。“贫民窟的贫困”被解释为“家庭结构解体”等文化因素造成而非“宏观经济动态结果”这一想

---

① “瓦茨骚乱”指在 1965 年 8 月 11 日，洛杉矶市警察以车速过高为由，逮捕了 1 名黑人青年。事件发生后，该市瓦茨区的黑人与警察发生冲突，并袭击当地商店，造成总损失额高达 4000 万美元。——译者注

② “社区行动计划”，为缓解市场失灵所带来的社会问题，政府决定重新分配社会资源，通过政府主导的方式，拯救低收入人群，以维护社区居民利益，形成“社区行动计划”。——译者注

法并非没有先例。阿尔文·肖尔（Alvin Schorr）[1]于20世纪50年代后期在社会保障管理局工作，随后于1965年加入"经济机会局"。他指出，《抚养未成年子女家庭补助计划》（AFDC）促使黑人男性离开家庭，强化了美国非裔贫困家庭的母权结构。他颇具争议的报告甚至影响了一些州的相关立法，比如在路易斯安那州，离婚后生育子女的妇女的福利受到限制；在纽约州纽堡市，城市经理[2]在一场广为人知的冲突中停止了对多个家庭进行福利救济。在1962年出版的畅销书《另一个美国》中，哈林顿也直率地将"黑人贫困"描述为"在各方面都独一无二"。它源于一种"亚文化"。如果不采取针对性措施，很容易"在未来数年内愈演愈烈"。至于一般意义上的贫困，哈林顿对"黑人贫困"的理解使他对"福利国家"的推行持怀疑态度。他认为在"新政"秩序中，"黑人被要求帮助建立一个在双重意义上歧视他们的'福利国家'。这不会真正使他们受益，因为他们过于贫穷，无

---

[1] 阿尔文·肖尔（Alvin Schorr）（1922—2016），1958年，肖尔被任命为"社会保障管理局"家庭生活专家，负责调整社会保障计划以适应不断变化的家庭需求。他处理过住房和贫困等问题。1963年，肖尔开始担任社会保障管理局远程研究代理主管，负责对美国贫困以及家庭与收入发展关系的分析。1965年，肖尔从社会保障转入"经济机会局"，再次在"反贫困战争"中研究和规划其他政府资金的分配。1967年，他调入卫生、教育和福利部，担任负责个人和家庭服务的副助理部长。在约翰逊政府结束时，肖尔从政府转向学术界。——译者注

[2] 城市经理，美国地方政府中的一种职位，负责管理城市的日常运作和实施市议会的政策。——译者注

法承受新式福利救济的范围。这会继续加强整个美国社会的种族主义模式"。而对于这个庞大的无产阶级群体来说，引入"新政"秩序充其量只会成为干扰，甚至毫无意义。

丹尼尔·莫伊尼汉 1965 年的报告《黑人家庭：国家诉讼案》（*The Negro Family: The Case for National Action*）[1] 的发布，给融合主义者 [2] 的观点造成决定性的打击。莫伊尼汉的结论也出人意料地激进——正如图雷·里德（Touré Reed）所指出的，福利危机现已脱离了失业和经济因素。莫伊尼汉认为这种"新问题"不能仅通过扩大公共服务供给或充分就业来缓解，而只能通过"稳固黑人家庭结构"来缓解。正如他所说：

> 在这一点上，目前的社会异常和混乱会在没有白人世界帮助的情况下延续下去……总之，解决美国黑人问题必须全国共同努力，针对解决家庭结构问题。目标应是稳固黑人家庭，使其能够像其他家庭一样供养家庭成员。在那之后，这

---

[1]　《黑人家庭：国家诉讼案》（*The Negro Family: The Case for National Action*），莫伊尼汉于 1965 年发布的报告。他从研究中总结道，从奴隶制时期便产生的黑人女性主导造成的家庭不稳定性，是造成黑人（如失业、缺乏教育、不法行为及依赖于福利救济等）诸多问题的根源。该报告发布后引起极大争议，关于莫伊尼汉结论的长期争论改变了美国人谈论种族、家庭和贫困的方式。报告在当代仍是美国种族政治的试金石。——译者注

[2]　主张取消种族隔离的人。——译者注

些人选择如何管理自身事务，如何利用变革带来的机遇，或仍选择一切照旧，均与国家无关。[60]

莫伊尼汉的观点比单纯的"文明化"更为大胆：他的著作不仅试图指责"黑人家庭结构病态"这一事实，而且还严厉谴责现有福利制度：在他看来，这首先助长黑人家庭的解体。他声称《抚养未成年子女家庭补助计划》中确立的激励架构实际是在破坏美国黑人家庭。自罗斯福以来，"新政"社会工程正在侵蚀黑人的"自力更生"精神。具有讽刺意味的是，此种文化主义分析也解释了莫伊尼汉为何对"保证收入"计划抱有兴趣，以及他后来对尼克松"家庭援助计划"进行概念化的原因。收入政策框架不仅提供了思考福利制度的创新方法，而且为美国黑人家庭恢复"个人对工作产出的某种责任感"提供了方法。正如莫伊尼汉所指出的，"如果以服务为中心的战略倾向于将失败归咎于政府，而以收入为中心的战略则倾向于将个人牵扯进去，由个人在市场上自行做出选择"。

莫伊尼汉的言论得到一个其他党派人士支持——这出人意料。同样，经济学家詹姆斯·托宾（他当时是"经济顾问委员会"成员）在1965年发表的一篇题为《关于改善黑人经济地位》的文章，赞扬"负所得税"是解决黑人贫困的一种"特殊性"的想法。托宾深受莫伊尼汉著作的影响，认为"公共援助加速了黑人家庭结构的解体，这是美国黑人所面临众多经济社会问题的关键"。他声称现有社会援助结构造成一种情况："每个人基本上被迫整日无所事事靠领取救济金过活"。托宾甚至超越环境因素，指出这一问题更深刻的文化特征"与从奴隶制继承下来的母权制传统以及核心家庭^①在农村农业环境发展中逐渐消失有关"。在这种情况下，同博格斯一样，托宾认为即使经济"繁荣起来，且劳动生产率会同过去一样稳步提高""一部分美国群体（尤其是黑人）也会陷入困境"。他补充道，战后政策框架"不再有效"。公共就业或提升学校质量，或"通过最低工资立法、工会要求提高工资，或其他试图迫使雇主支付高于其工作价值的工资的手段"均无法解决贫困问题。托宾认为，"在与贫困的斗争中，国家面临的最大问题"是建立一个"收入补充和维持体系"，将"公共援助与经大幅简化和改革后的所得税体系"结合起来，以维持"工作的动力"，鼓励人们"维持家庭稳定"，并为他们提供体面收入。解决贫困问题过程中伴随的种族主义导致政府似乎只倾向于使用基于现金的方案。

对托宾来说，"负所得税"也可能是打破限制黑人工人进入

---

① 核心家庭是指由一对夫妇及未婚子女（无论有无血缘关系）组成的家庭。通常称"小家庭"，是人类学家默多克在《社会结构》中对家庭依其亲属关系进行分类界定的一种家庭形态，以区别于多偶家庭和大家庭。其主要特征有：是其他两类家庭赖以扩大的基本单位；含有夫妇和血缘两种关系；对亲属的依赖性较小；择偶比较自由；离婚率较高；缺少亲属的照顾。在其他著述中，也称自然家庭、直接家庭、生物家庭、原级家庭、限制家庭和基本家庭等，用以研究家庭结构变化所产生的婚姻、家庭教育与社会设施等问题。——译者注

劳动力市场"竞争障碍"的有效手段——在托宾看来，这些障碍实际上"由公共政策本身创造，是对既得利益的回应"，反映了"经济权力在工会和产业中的集中"。白人工人的"特权"和"优势"成为他们"以牺牲无特权少数群体利益为代价，从而换取自身生活水平和安全保障"的另一种方式。托宾并非这一论点的首创者。自 20 世纪 50 年代中期以来，弗里德曼一直主张"负所得税"会是实现真正的"权利平等"和"机会平等"的简单工具。弗里德曼始终认为时任美国总统约翰逊在 1966 年通过的最低工资立法实际上是"反黑人"的，且导致了贫困和贫民窟的出现。当最低工资提高后，由于受教育程度较低而提供"同样较低生产力"的年轻黑人就不太可能被雇用。托宾的提议在约翰逊的"反贫困战争"中引起关注，并坚定了"经济机会局"主任萨金特·施赖瑞弗在政府内部推动收入战略的信念。[61] 而就在此数年之前，威尔伯·科恩（Wilbur Cohen）① 还将施瑞弗尔将扩大福利和培训项目视为对"民权运动的决定性贡献"。到 20 世纪 60 年代后期，科恩的观点在自由主义者之中已失去吸引力。

这种转变在民权运动中尤为明显：它"不再推动"社会政策的一体化。正如阿道夫·里德和塞德里克·约翰逊（Cedric

---

① 威尔伯·科恩（Wilbur Cohen）（1913—1987），美国社会科学家。他是美国"福利国家"创建和扩张的关键设计师之一，并参与了罗斯福政府"新政"。1961 年，肯尼迪任命科恩为卫生、教育和福利立法助理部长。1965 年，时任美国总统约翰逊任命他为副国务卿。科恩还于 1968 年 5 月担任美国卫生、教育和福利部长。——译者注

Johnson）[1]等学者所指出的那样，诞生于20世纪60年代中期的民权运动支持的是种族自治，而非扩大斯托克利·卡迈克尔（Stokely Carmichael）[2]所谓的"福利殖民主义"[3]。卡迈克尔将非裔美国人禁锢于不平等的阶级妥协之中。他对黑人权力的呼吁激起部分民权活动家的热情，为这场运动开启了一个新阶段。正如博格斯之前所说，卡迈克尔需要的是"对这个国家的中产阶级价值观和制度提出质疑"，从上一代人的"新政"联盟建设转向关注"人的尊严"。正如里德所说，黑人权力言论象征着"民权运动对政治的传统理解"的转变。尽管该运动标志性人物贝雅·拉斯丁和A.菲利普·伦道夫等"认为政治从根本上讲是根深蒂固的，植根于利益集团体系"，但一群激进分子认为"政治更具表

---

[1] 塞德里克·约翰逊（Cedric Johnson），伊利诺伊大学芝加哥分校黑人研究和政治学教授。他的教学和研究兴趣包括非裔美国人政治思想、新自由主义政治、阶级分析和种族。著作有《从革命者到种族领袖：黑人权力与非裔美国人政治的形成》《新自由主义洪流：卡特里娜飓风、晚期资本主义和新奥尔良的重建》等。——译者注

[2] 斯托克利·卡迈克尔（Stokely Carmichael）（1941—1998），美国和全球民权运动杰出组织者，黑人权利运动关键领导人，是20世纪60年代末最受欢迎和最具争议的黑人领袖之一。——译者注

[3] 福利殖民主义，殖民主义的一种形式，殖民者对土著居民的投资表面上是为了改善他们的生活质量，却导致原住民机构的解体，从而使依赖性永久化，并创造了永久的下层阶级。这一概念已被用来解释许多国家（特别是那些遭受定居者殖民主义的国家）土著居民持续的贫困和低生活水平。——译者注

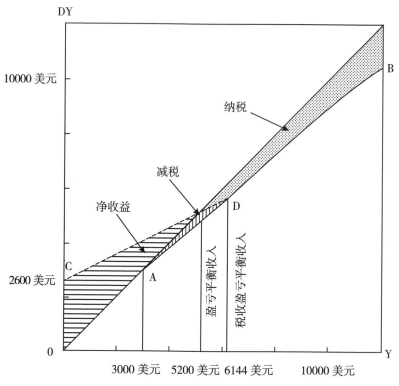

图 3.2 托宾、彭切曼和米尔兹考斯基 1967 年提出的"保证收入"方案
资料来源：詹姆斯·托宾、约瑟夫·A. 彭切曼（Joseph A.Penchman）和彼得·M. 米尔兹考斯基（Peter M. Mieszkowski），《负所得税是否可行？》，《耶鲁法律杂志》总第 77 期（1967 年 11 月）：第 7 页。

现力和说服力，黑人文化的完整性在其中是一项核心标准承诺。"
里德补充道："此种新的理解方式吸引了年轻活动家的兴趣，提出一种新的政治形而上学，其中'融合'并非作为一种策略和战略，甚至不作为建设公正社会的制度目标。"这产生了一种与政治不同的关联，其对于组织劳工运动或根据特定要求成立大型联盟并不十分关心。尽管这些新兴活动家中有一部分人原则上赞同伦道夫和拉斯丁有关"自由预算"（Freedom Budget）①的想法，但他们拒绝推行组织推进该提案所必需的战略。在当时，对制度扩张的追求被视为"家长式"作风，不可避免地导致"出卖黑人利益"，并阻碍实现"黑人解放的真正目标"——"种族自治"。在这一社会框架内，"保证收入"成为一项对"国家福利权利组织"（NWRO）等组织具有吸引力的选择。"国家福利权利组织"正逐渐打破上一代的联盟政治。

"国家福利权利组织"于 1966 年在"克劳沃德—皮文"战略（Cloward–Piven Strategy）②之后成立，并成为基于现金发展战略最踊跃的支持者。政治学家理查德·克劳沃德（Richard Cloward）

---

① "自由预算"，1965 年秋，著名经济学家、劳工运动活动家伦道夫、拉斯丁和马丁·路德·金，以及其他参加过 1963 年"华盛顿游行"的人开始致力于"全体美国人的自由预算"。"自由预算"提出为所有有条件有意愿工作的人提供就业保障，为那些无法工作或不应工作的人提供收入保障，并为贫困工人提供生活工资以帮助其摆脱贫困。这些政策为马丁·路德·金的穷人运动奠定了基石。尽管拉斯丁做出了努力，但出于多种因素，"自由预算"计划终告失败。——译者注

② "克劳沃德—皮文"战略（Cloward–Piven Strategy），美国社会学家和政治活动家理查德·克劳沃德和弗朗西斯·福克斯·皮文于 1966 年提出的政治战略。克劳沃德和皮文提议利用福利法与实践之间的差距，在当前的福利制度中制造一场危机，最终导致其崩溃，促使政府以保证年收入的制度取而代之。他们希望通过告知穷人获得福利援助的权利、鼓励他们申请福利来实现这一目标。这实际上使本已不堪重负的官僚机构难以为继。——译者注

和弗朗西斯·福克斯·皮文（Frances Fox Piven）在《国家》杂志上发表的一篇名为《终结贫困的战略》的文章中首次提出该策略，成为全国成立基层福利组织的催化剂。这两位哥伦比亚大学社会工作学院教授设想一项大幅增加福利救济名册上穷人人数的计划，因为许多符合条件的人通常不会申请福利救济。这成为官僚主义和预算的噩梦，迫使民主党改革公共福利。他们主张"最终目标是通过确立有保障的年收入来消除贫困"。这一想法促使来自全国各地的福利权利活动家联合起来，于1966年8月群集芝加哥，创立"国家福利权利组织"。在这场新兴运动中最著名的人物包括"种族平等大会"（CORE）①前副主席乔治·威利（George Wiley）和约翰尼·蒂尔蒙（Johnnie Tillmon）②。后者于1963年创立"援助贫困儿童组织"（ANC）——该组织是首个基层福利组织。"国家福利权利组织"随后将"确保所有美国人家有余财，过上有尊严的生活，而非在贫困线挣扎"纳入组织目标。"保证收入"计划正成为群众运动主义的目标。

　　这一主张的吸引力主要源于"保证收入"计划授予了受救

---

① "种族平等大会"（CORE），美国一个非裔民权组织，在非裔美国人民权运动中发挥举足轻重的作用。该组织成立于1942年，其使命是"为所有人实现平等，无论种族、信仰、性别、年龄、残疾、性取向、宗教或民族背景。""种族平等大会"试图运用甘地及其追随者开创的非暴力反殖民策略，通过公民不服从成功挑战美国的种族隔离和种族主义。——译者注

② 约翰尼·蒂尔蒙（Johnnie Tillmon）（1926—1995），美国福利权利活动家，被认为是美国最具影响力的福利权利活动家之一。——译者注

济者一定的自主程度。比如，这会使女性能够投入社区活动，而非投身于工作岗位日益减少的劳动力市场。在某种程度上，莫伊尼汉关于家庭结构和"男性缺乏工作"的论点吸引了福利活动家的兴趣。在 1968 年国会就约翰逊总统"工作激励计划"所举行的听证会上，这一问题显然是"国家福利权利组织"副主席比尤拉·桑德斯（Beulah Sanders）和主席乔治·威利与另一方民主党女权主义女议员玛莎·格里菲思（Martha Griffiths）之间存在分歧的主题。对于格里菲思来说，将人们纳入福利救济名单，而非在劳动力市场给他们一个选择，这令她感到非常沮丧。她认为让"靠福利救济生活的人""永远这样下去""也许这对国家来说是正确的决定，但是对靠福利救济维生的人来说是不好的。这些人有权参与到国家经济活动中来。他们和其他人一样有权找到工作。"她补充道，绝大多数领取福利金的妇女"只要有地方安置孩子，便会想去工作挣钱。"

另外，桑德斯和威利提出的论点与莫伊尼汉的观点极为接近。桑德斯主张："如果要给我们工作，请给我们的丈夫一份工作；使我们可以留在家里照顾孩子。"正如桑德斯后来所描述的那样，她想要提倡"母权"。威利补充道："重要之处在于那些能够成为户主或应为合法户主的男人应该获得这些工作。"女性则可从事她们最"有价值"的事情，"进入社区""与他人打成一片，发现问题，并努力帮助解决问题。"

依照这一论点，"保证收入"理所应当地成为解决女性和工业工人失业问题的现成方法。威利认为，首先，正如弗里德曼和

图 3.3　1969 年 5 月"大克利夫兰福利权利组织"①发行的宣传单。批评约翰逊总统 1967 年推行的"工作激励计划"，该计划要求接受福利救济的家庭母亲参加工作培训或就业安置计划

资料来源：西储地历史学会。

———————

① "国家福利权利组织"前身组织之一。——译者注

斯蒂格勒自20世纪40年代以来所主张的，"在避免（其）在许多行业中造成的问题"方面，"补充收入"比提高最低工资水平更有效。其次，桑德斯主张，"如果该部门能够支付巨额资金将人们安置于贫民窟之中，他们同样可用这笔钱使他们住进像样的公寓里。"威利补充道，"穷人的主要问题是没钱"。相较于补贴穷人和低效的公共住房或公共工作项目，福利活动家倾向于通过现金救济推动女性实现独立自主。

"反国家主义"政府

此种"反国家主义"基调与自由主义者和社会主义者对"行政国家"的敌意，或赫伯特·马尔库塞（Herbert Marcuse）追随西奥多·阿多诺（Theodor Adorno）所提出的对"管理社会"的厌恶非常类似。这两种情绪与日俱增。从20世纪50年代后期开始（在哥伦比亚大学教授罗伯特·金·默顿及其学生彼得·布劳和阿尔文·古尔德纳的研究下），人文学科和社会学领域学者们尤其关注官僚主义问题，并将其推向公众关注的中心。在当时，官僚制不再是一种代表高效和民主的制度，反而被普通视为荒谬和非理性的，人们认为正是官僚制构建出一个危险的高压社会。正如鲁埃尔·席勒（Reuel Schiller）[①]所指出的，"这场革命其中

---

① 鲁埃尔·席勒（Reuel Schiller），加州大学法学教授，教学研究重点是美国法律史、行政法以及劳动和就业法。他撰写了大量关于美国行政国家的法律史、劳动法和就业歧视法的历史发展的著作。——译者注

一个组成部分是出现一种广泛共识，即国家是令人恐惧的存在，行政官僚制度是腐败权力的代理人，并非寻求公众利益的善意专家。"即使是后来被称为"加强国家监管"倡导者的拉尔夫·纳德（Ralph Nader），在 20 世纪 60 年代也开始公开批评国家官僚机构，支持将作为消费者的个人从利己的联邦官僚制度中解放出来。纳德并非唯一拥有此种"反行政"情绪的人。正如尼克拉斯·奥尔森（Nikalas Olsen）① 所说，在 20 世纪 60 年代，"许多左派知识分子和政治家"从根本上"放弃了他们对'国家作为市场必要监管者'作用的信念"，转而歌颂公民社会② 和个人自治③。西奥多·J. 洛伊（Theodore J. Lowi）④ 是 20 世纪 60 年代初期美国主要政治学家之一。他在个人极具影响力的《自由主义的终结》（*The End of Liberalism*）一书中指出，"民主国家"已随技术官僚的"行政权力"的崛起而"消失"，使"公民成为被管理者"。

---

① 尼克拉斯·奥尔森（Nikalas Olsen），丹麦哥本哈根大学盛宝研究所政治思想史教授。他的学术兴趣涉及 20 世纪的欧洲历史，探索政治语言和实践如何在不同国家和跨国环境中构建和传播。他的著作包括《主权消费者：新自由主义的新思想史》。——译者注

② 公民社会，由独立于政府和商业机构的个人、社区和非政府组织组成的社会领域，旨在促进公共利益和民主价值。——译者注

③ 个人自治指个人在道德、思想、行为等方面的自主权和自由，不受他人或外部因素的干扰和控制。——译者注

④ 西奥多·J. 洛伊（Theodore J. Lowi）（1931—2017），美国政治学家，研究领域为美国政府和公共政策。——译者注

此种"反国家主义"的转变在罗伯特·西奥博尔德设想的"保证收入"水平的社会活动表现中尤为明显。他声称"'保证收入'提案基于美国人的基本信念：个人有权、也有能力决定自己想做什么、应做什么。"在西奥博尔德看来，它还可以提供一个有吸引力的公共工作替代方案，并将"导致'私营企业'的复兴。"他补充道，这意味着"个人应有权获得足够的资源来做他认为应做的重要事情。"西奥博尔德的最终目标与其说是创立一个集体的新式活动领域，不如说是自发地恢复被市场淘汰的私人活动，因为它们所需的经济成本太高。"保证收入"会使工资在很大程度上变得无关紧要；生产性群体自发出现，并"生产在当前经济中消失的'定制设计'商品"，使其"以市场为导向但不受市场支持"。虽然"保证收入"依赖于有关如何思考工作的市场原则，但会通过摆脱劳动力市场来颠覆其强制性。一种新的劳动分工形式将从真正自由、自主的个人分散行动中产生。此种方法与亚瑟·肯普和芝加哥经济学家耶鲁·布罗曾（Yale Brozen）所说的"没有'福利国家'制度的福利"出现一种奇怪的相似性。如果"福利计划论者"总是依靠扩大联邦政府来解决贫困问题，那自由主义者的任务便"困难得多"，包括"在不减少福利的情况下摆脱'福利国家'制度"。左派和右派的目标均变为实现"没有'福利国家'制度的福利"，摆脱"新政"秩序的行政、性别和政治结构。肯普认为这项任务可通过以"负所得税"的形式保证年收入来实现。

在政府内部，收入转移发生于20世纪60年代后期，丹尼尔·莫伊尼汉即为见证者。他主张"1964 年颁布的'反贫困计划'体现了基于服务的激进反贫困战略存在的众多模糊性和不确定性。大量资金正被消耗，而且很大程度上是为购买服务，但这并未体现出为穷人带来好处"。在此种情况下，他补充道，"出现一种断言，将其贴上'保守派'的标签，但从历史角度来看，该计划基本上是'古典自由主义'的：并非政府管理起作用，而是市场在起作用。"直到那时，"基于收入"的战略才在华盛顿获得吸引力。它提供了解决不平等问题的方法，但并未在当时日益体现"反中央集权""反行政"的政治氛围中扩大联邦政府的职能。最终的转折点是两份与福利问题相关报告的发布。第一份是卫生、教育和福利部发表的研究报告，直接抨击了政府消除贫困的战略。该报告称，在现行制度下，生活于贫困线之下的美国人中有 60% 从未从现有计划中受益，这对"伟大社会"战略的有效性提出了质疑。第二份是备受期待的 1968 年"克纳委员会"（Kerner Commission on Civil Disorders）①的报告。该委员会由时任

①　"克纳委员会"（Kerner Commission on Civil Disorders），即"国家民事骚乱咨询委员会"，以其主席、伊利诺伊州州长小奥托·克纳命名，是一个由 11 名成员组成的总统委员会，由时任美国总统约翰逊命令成立，旨在调查骚乱原因。该报告梳理了 1967 年夏天美国城市骚乱的情况，并为政府未来政策提供建议。报告将"骚乱"归因于非裔美国人缺乏经济机会、社会服务计划失败、警察暴力、种族主义以及国家媒体偏向白人观点。参议员罗伯特·F·肯尼迪表示，约翰逊对委员会的结论显然不感兴趣，这意味着"他不会对城市采取任何行动"，这一评估在肯尼迪最终决定寻求 1968 年民主党总统提名的过程中发挥重要作用。——译者注

美国总统约翰逊成立，旨在调查 1967 年城市骚乱的原因。该报告受到公众高度监督，并特别建议将"保证收入"作为"长期目标"，以修复破碎的福利制度，并为"全体美国人"提供"基本底线"。该提案的优势在于既可为那些"工作时间或工资低于标准的就业人员"提供服务，也可为那些"无法工作"的人（如"决定留在家中照顾孩子的母亲"）提供服务。

到 20 世纪 60 年代后期，"保证收入"立法的势头似乎势不可挡。1967 年 1 月，时任美国总统约翰逊终于成立"收入维持计划委员会"（Commission on Income Maintenance Programs）[1]。尽管他警告说该计划是由"一些最坚定的自由企业捍卫者"所推动，且"目前来看几乎肯定超出我们的能力范围"，但他补充说"我们必须审查每一项计划（无论它多么反常规），这有望取得重大进展"。同年，在萨金特·施瑞弗尔倡议的推动下，"经济机会局"在新泽西州行政区启动了数个大规模实验中的首个项目。到 1968 年，千余名来自各领域和美国一些最负盛名机构的经济学家向总统呈交了一封联名公开信，支持"保证收入"。正如萨缪尔森在《新闻周刊》专栏中所写，"任何同时获得弗里德曼教授和加尔布雷思教授支持的计划一定都大有作为。"那时的问题

---

[1] "收入维持计划委员会"（Commission on Income Maintenance Programs）根据总统指示成立，委员会的任务是研究美国穷人的收入需求，审查旨在满足这些需求的现有政府计划，并提出建设性改进建议。——译者注

不再是这一想法是否会被采纳，而是甚至共和党人现在也在考虑实施这样的措施。在1968年总统大选中击败休伯特·汉弗莱（Hubert Humphrey）后，尼克松迫切感到需要通过"负所得税"等激进措施来解决"福利问题"（尤其是在社会和城市持续动荡的情况下）。

在政府中这一想法最著名的宣传者是莫伊尼汉。这位政策制定者于1965年离开约翰逊政府（其意见从未被总统采纳），被聘为尼克松政府的城市事务首席顾问。与约翰逊不同，尼克松从未对国内事务表现出浓厚兴趣，也不愿将自身政治资本押在福利问题上。他真正感兴趣的仍是外交政策领域。莫伊尼汉致力于推动一项家庭援助计划，这项计划是"保证收入"的一项内容，旨在消除"'对有子女家庭补助计划'中内置的抑制家庭组建的因素"。当他宣称该计划会使大量社会工作岗位消失时，"尼克松的眼睛亮了起来"。尽管尼克松在竞选期间反对这一总体原则，但其政府班子用"'收入战略'来消除贫困，以取代约翰逊的'服务战略'"的想法说服他于1969年4月继续执行这一策略。正如莱曼所指出的，该政策框架对保守派也颇具吸引力，因为它无须"促进一体化或扩大联邦官僚机构"，且"仅需每年花费20亿美元并缩减政府规模"。改革的部分动机还源于保守派之间逐渐达成了更多共识，而且各州之间不平等的福利分配（如伊利诺伊州提供的福利水平是密西西比州的4倍）在一定程度上推动了南部各州黑人大规模移民。尼克松在一次演讲中表示，"福利制度帮助数百万人进入城市贫民区。"莫伊尼汉还认为服务战略已将

"黑人中产阶级"转变为"为黑人下层阶级提供社会服务的人"，使他们具备敲诈政府的能力，提出通胀背景下的社会需求，并引发全面的文明危机。这一使中产阶级从"经济机会局"创造的工作中获益的方式，以及它所取得的超越联邦政府的权力，变成了更令人烦恼的问题。莫伊尼汉随后在为尼克松编写的一份备忘录中指出，"选择'基于收入'的发展战略会剥夺'好战的中产阶级'对社会进行持续'威胁'的能力，如同绝望的银行劫匪威胁要打开一瓶硝酸甘油炸弹一样"。正如莱曼所指出的，这为收入战略带来战略优势，因为它是"对贫民窟的一种姿态，同时使好战的中产阶级远离社会运作"。转移资金也间接成为剥夺新形成的福利工作者和官僚阶层权力的一种方式，放松他们对穷人的控制，进而放松对联邦政府的控制，这自然导致现金的分配而非改变的权力关系。

尼克松坚持此种基于现金的救济方式，并于 1969 年开始对生活在贫困线以下的人取消税收。随后他迅速推进"家庭救助计划"。尽管该计划于 1970 年在民主党控制的众议院获得批准，但由于担心其对工作激励效应的影响，在参议院面临强烈反对。该提案的"中间派"倾向超越了党派界限，引起多数自然人选民的不满。左派（尤其是"国家福利权利组织"）认为这一计划中每年预付的 1600 美元对于需要抚养孩子的单身母亲来说还是太少。最初推动基于收入的发展战略的美国商会也反对该计划，理由是"家庭救助计划"会降低工作积极性。就连数十年来就该主题撰写过大量文章并发表演讲的弗里德曼，最终也以与美国商会相同的方式严厉批评尼克松的这一提案。在政治上，"负所得税"陷入一种两难困境。这种困境在后来各种情况下均会卷土重来：政府负担不起足够的"基本收入"，而负担得起的"基本收入"仍然不足。

到1972年，即使在经过一番重大修改后，尼克松的方案仍在参议院遭到明确否决。但是在莫伊尼汉的计划失败后的第二年，尼克松推出两个更为温和的计划——这些计划将成为他在社会政策方面的永久遗产。第一个是"补充保障收入"（SSI）[1]，为盲人、老年人和残疾人提供联邦政府保证的收入。第二个（或许这个计划更为重要）是，"收入所得税抵免"（EITC）[2]，仿效弗里德曼的"负所得税"，但仅限于劳动者。正如布莱恩·斯特因兰德所指出的，这些政策通过扩大收入战略"实现了'保证年收入'计划

---

[1] "补充保障收入"（SSI），是一项经济情况调查计划，为残疾儿童、残疾成人以及65岁以上美国公民或国民提供现金支付。计划根据1972年社会保障修正案创建，并纳入美国的《社会保障法》。该计划由社会保障管理局管理，于1974年开始运营。"补充保障收入"资金来自美国财政部的普通基金，而非社会保障信托基金。截至2022年7月，该计划为约500万美国人提供福利。——译者注

[2] "收入所得税抵免"（EITC），针对中低收入工作个人和夫妇（特别是有子女的个人和夫妇）的可退还税收抵免，福利金额取决于受益人的收入和子女数量。没有孩子的低收入成年人也有资格参与。这项政策由拉塞尔·朗（Russell Long）提出并于1975年颁布实施，如今已成为美国主要社会福利计划之一。——译者注

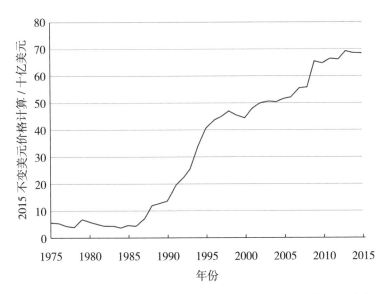

图 3.4　"收入所得税抵免"随时间推移而增长：收入所得税抵免总成本，
1975—2015 年

资料来源：吉恩·福克（Gene Falk[1]）、玛格特·L. 克兰德尔·霍利克
（Margot L. Crandall-Hollick[2]），"收入所得税抵免（EITC）：概述"《国会研
究服务报告》，2016 年 1 月 19 日。

的部分目标"，但未能明确消除"应得的"和"不值得的"穷人之
间的象征性界限。这将仍是美国福利政策的一个重要方面。因此，
是败中有胜。正如莱曼所指出的，在福利领域，尽管"具体计划
在政治上失败"，但其"整体上却获得成功"。他补充道，"尼克松

---

[1]　吉恩·福克，"国会研究办公室"社会立法专家。——译者注

[2]　玛格特·L. 克兰德尔·霍利克，学者，在税收抵免领域有十余年研究
　　经验。——译者注

政府确实通过大幅提高福利、食品券、社会保障和伤残抚恤金的
支付水平来实施收入战略，同时让政府社会福利就业趋于平稳"。

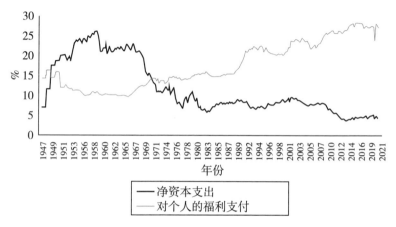

图 3.5　州和地方政府支出，以占当前收入百分比表示

资料来源：美联储，伦巴德全球宏观研究公司。

　　事实证明，转向现金救助政策对后来的政府行为来说是先
兆。即使在两届里根政府期间，与住房政策不同，"对有子女家
庭补助计划"、失业救济金和食品券等收入支持计划通常不会受
到硬削减。这种转变将是社会政策中收入转变的范例。里根大
幅削减美国住房和城市发展部（HUD）[①] 预算，并以新的"住房

---

① 美国住房和城市发展部（HUD），美国联邦政府执行部门之一。它管
　理联邦住房和城市发展法，由住房和城市发展部长领导，直接向美国
　总统报告，属于总统内阁。它于 1965 年作为内阁部门成立，是约翰
　逊总统"伟大社会"计划的一部分，旨在制定并执行住房和大都市政
　策。——译者注

券计划"① 取而代之。私有化和现金化似乎也齐头并进。正如保
罗·皮尔森所指出的，"从补贴'经济实体'到补贴民众"，这种
整体转变使新项目的数量减少多达80%，并大力推动现有项目私
有化，向目标贫困人口提供现金补贴。里根随后通过《1986年
税收改革法案》(the Tax Reform Act of 1986)②，大幅增加尼克松
所提出的"收入所得税抵免"项目金额，将其预算从每年20亿
美元增至70亿美元。该计划之后在克林顿政府领导下继续得到
扩展，其预算随之后每届总统任期而系统性增加，到2019年已
升至700亿美元。这种转变伴随着美国从"发展型国家"转变为
一个相对稳健的"转移支付型"国家。尽管资本支出在20世纪
60年代后期严重下降，但向公民支付的福利金额继续增加，推
动现金转移支付向更广泛的方向发展。

＊＊＊

当27岁的弗里德曼因担心自由市场游戏造成的贫困现象，

---

① 此处指"住房选择优惠券计划"。该计划是最大的联邦低收入住房援助
计划，获得代金券的家庭可用它们来帮助支付在公开市场上租房的费
用。——译者注

② 《1986年税收改革法案》(the Tax Reform Act of 1986)，由第99届美国
国会通过，并于1986年10月22日由时任美国总统罗纳德·里根签署
成为法律。该法案降低了联邦所得税税率，减少税级数量，并将最高
税率从50%降至28%。该法案还扩大收入"所得税抵免"、标准扣除
额和个人免税额，将大约600万低收入美国人从税基中剔除。——译
者注

开始思考消除贫困的方法时，他不曾预料到他所提出的"以收入为中心"的战略会取得成功。"负所得税"捕捉到那个时期经济学领域发生的一个持久变化：国家作为经济主体的地位下降，转而专注于建立塑造由主权消费者而非公民参与的经济博弈的激励结构。这种转变正是英国经济学家约翰·凯伊（John Kay）①所说的"再分配市场自由主义"的起点。它将确立一种社会政策方法，即"国家必须在收入分配问题上发挥主导作用，但应在尽可能少地干预自由市场运作的情况下履行这一职责"。除政治标签之外，弗里德曼自 20 世纪 40 年代以来倡导的"负所得税"似乎是一种优雅、实用且政策中立的工具，能够超越左右派之间的传统对立，也为古典自由主义的"施舍观点"和"旧左派""以工人为中心"的福利政策提供了另一种选择。罗伯特·西奥博尔德在 1963 年对这一悖论进行了恰当的总结——他坚持认为"基本收入"理念可与实现个人自由和"自由市场的必要性"的愿望达成协调。这是一种可为个人提供"作为社会一员而生活的充足资源"而非"政府干预市场机制"的制度。正如塞缪尔·布里坦（Samuel Brittan）同样设想的那样，这种"人性化的资本主义"可平衡对自身利益的追求与对平等的关注。

在美国，"保证收入"的想法（在其严格的、以政策为导向

---

① 约翰·凯伊（John Kay）（1948— ），英国经济学家。他是牛津大学赛德商学院首任院长，并曾担任伦敦经济学院、牛津大学和伦敦商学院教授。——译者注

的意义上构想的）在 20 世纪 70 年代初期的立法活动中未能幸存下来。随着乔治·麦戈文（George McGovern）在 1972 年总统竞选中提出的"每人 1000 美元"的"民主派"提案的落选，[62] 美国关于"保证收入"的辩论似乎落下了帷幕。1973 年，尼克松解散了"经济机会局"（它曾是约翰逊"向贫困开战"的关键机构），且新泽西实验的结果受到相对冷漠的回应。尽管美国的福利辩论呈现出日益保守的倾向，但在大西洋彼岸，从法国、比利时再到荷兰，"基本收入"及现金转移支付等其他事业活动才刚刚开始。正如西奥博尔德在其畅销书《自由人与自由市场》的结语中所写，有利于美国"保证收入"发展的条件注定会"于未来数年内在欧洲出现。"

第四章

战后欧洲的"后工作主义"政治

"劳动节,你在开玩笑吗?工人庆祝自己的日子?我从未想过工人节或劳动节是什么意思。"

——南尼·巴莱斯特里尼①(Nanni Balestrinia),

《我们想要一切》(*Vogliamo Tutto*),1971 年

"劳动社会……不复存在且永不复来。"

——安德烈·高兹,《现在的痛苦》

(*Misères du present*),1997 年

1983 年 4 月 30 日,一群荷兰激进分子在阿姆斯特丹拉丁区(Pijp)为一年一度的"五一劳动节"做准备。②这个日期当然是象征性的。作为全球工人运动的周年纪念〔正如埃里克·霍布

---

① 南尼·巴莱斯特里尼(Nanni Balestrinia)(1935—2019),意大利实验诗人、作家和"新先锋派运动"视觉艺术家。——译者注

② 有关该运动的概述和文献,请参阅:《秘密附件,工作:一种奇怪的药》,54-55;弗兰克·范·莱克(Frank van Luijk),《我们为什么工作?工作的意义:1983-2008/2009》(博士论文,阿姆斯特丹自由大学,2009),24-25;雷内·迪德(René Didde),《燃烧的有轨电车和巴格万》,《大众日报》,1998 年 4 月 11 日;K·G·布恩(K. G. Boon)等,《劳动之书》(阿姆斯特丹:工党出版社,1957 年);H·G·哈梅克(H. G. Hamaker)编辑:《工作、职业和社会》(阿森:范·霍林赫姆,1981 年)。

斯鲍姆（Eric Hobsbawm）所说的最初的"所有节假日之外的假期"]，5月1日仍是全球工人运动在人类历史上所留下的最引以为豪的标志之一。

1884年，美国工会会员塞缪尔·冈珀斯（Samuel Gompers）[1]（后任"美国劳工联合会"[2]主席）呼吁在1886年5月1日举行示威游行，要求实行"八小时工作制"。在警察与抗议者发生激烈冲突后，1886年5月3日的第一次非官方"五一示威活动"以芝加哥秣市广场发生炸弹袭击而告终，12人被炸死，数十人

---

① 塞缪尔·冈珀斯（Samuel Gompers）（1850—1924），美国工会运动"右翼"首脑。于1881年参加组织"美国和加拿大有组织的行业和工会联合会"；1886年该联合会改组为"美国劳工联合会"后，长期任主席。领导工人为增加工资、缩短工作时间和改善劳动条件而斗争。但他反对激进工人运动，倡导劳资合作，主张经济斗争，排斥黑人工人，著有《劳工与雇主》《自传：生活和劳动七十年》等。——译者注

② "美国劳工联合会"，美国工人阶级所创立的首个全国性组织。该组织于1881年11月在匹兹堡成立。主要创始人是冈珀斯。1886年，发动了"五一"全国总罢工，年底改组为"劳联"，冈珀斯任主席。19世纪90年代末，"劳联"推行"冈珀斯主义"，即"劳资合作""非常派政治"和"行业工团主义"，后于1955年与"产业工会联合会"合并。——译者注

伤残。①

然而在 1983 年（冈珀斯的呼吁之后将近一个世纪），一个荷兰团体认为"劳动节"一词已经过时，甚至带有明显的破坏性倾向。他们提议将其重新命名为"反对职业道德日"，以庆祝新世界的到来：在这个世界中，人类完全无须劳动。成员们聚集于阿姆斯特丹的里亚托电影院（Amsterdam Rialto movie house），成立了一个代表他们所谓的"认真失业者"的联盟，名称为"荷兰反职业道德协会"②。在荷兰哲学家汉斯·阿赫特休斯（Hans Achterhuis）③以"后工作主义"为主题的演讲当晚，呈现了演讲、

---

① 1886 年 5 月 1 日，芝加哥的 21.6 万名工人为争取实行"八小时工作制"而举行大罢工，全美约有 35 万工人同时进行活动，经过艰苦的流血斗争，终于获得胜利。5 月 4 日，在秣市广场举行的集会上，有人投掷一枚炸弹，炸死了 7 名警察和 4 名工人。警察随即向人群开枪扫射，造成 200 多名工人伤亡。这就是著名的"秣市惨案"。惨案发生后，8 名无辜的工人领袖被捕，并被判处死刑等刑罚。芝加哥大罢工虽然遭到残酷镇压和迫害，但也取得了重大胜利。它使得美国政府不得不承认八小时工作制，并于 1888 年初步宣布实施。为纪念这次伟大的工人运动，1889 年 7 月，"第二国际"宣布将每年五月一日定为"国际劳动节"。——译者注

② "荷兰反职业道德协会"，存在于 1982—1996 年左右的一个荷兰工会，总部设在阿姆斯特丹，为反对强制工作的人们服务。早年工会非常受重视，因为当时失业人数接近百万。然而由于失业人数总体下降，随后会员人数急剧下降，该工会最终于 1996 年解散。——译者注

③ 汉斯·阿赫特休斯（Hans Achterhuis）（1942— ），荷兰哲学家，专门研究社会和技术哲学、政治哲学。——译者注

图 4.1 Nacht tegen het arbeids ethos（反职业道德日），1982 年
资料来源：荷兰国家档案馆。

纪录片和诗歌节目，及卓别林 1936 年的经典电影《摩登时代》，气氛随和但令人兴奋。

由荷兰和平主义者博·"宾格尔"·巴登（Bo "Bingel" Baden）创立的这一反工作组织，最初诞生于"一个空旷的空间，那里只有两张对立而放的桌椅"。更加具有讽刺意味的是，巴登的第一次会议与会者寥寥：没有一个外部成员出席发布会。然而这并未持续多久。当巴登登上当地广播电台时，一大群"占屋者"和前嬉皮士陆续涌入，挤满了该组织原先占据的空办公室。媒体很快对此表现出兴趣，而愤怒的荷兰工党（PvdA）成员和工会主义者则表达出他们的不满。尽管他们是一个"失业者"的工会，但一部分主流劳工运动的参与者不同意阻止荷兰"失业大军"重返社会的计划。工会成员们声称"工作仍是中心"，而工会正在玩一场危险的游戏。

但来自左派的反对并未使巴登的野心冷却下来。《懒汉》（Luie donder）的第一期中这样宣称，"我们拒绝接受这种劳动，无论对人类及其环境而言多么有尊严，它都可成为人类的最高价值"。该刊头版的标语是"亵渎劳工！"（Ontheilig de Arbeid!），协会声称："只要我们生活在一个'以雇佣劳动为中心'的社会，明显会有大量的人选择退出，他们便沦为社会地位低下的人群。"巴登还敦促政策制定者进行试验。在一篇题为《劳动义务——恶心！》（Arbeidsplicht——Bah!）的文章中，协会成员探讨了用更精简的版本取代当前社会保障体系的可能性。他们厌恶"找工作的义务"，呼吁"个人劳动和生活的自主权"，并坚持将目前的失业救济金视为持续补助金的替代品。他们声称"当我们超越'劳动动物'（Animal laborans）①的社会，并废除雇佣劳动时，永久失业者将受益匪浅……我们必须使劳动和收入脱钩。"文章最后以"'基本收入'万岁！"结尾。

该协会 1982 年的请求并非荷兰人第一次呼吁"基本收入"。20 世纪 30 年代的荷兰社会主义者借鉴了英法等国先例，想出一个可渡过荷兰经济危机的补助金制度。"基本收入（basisinkomen）"（最初是 basis-inkomen）一词是在 21 世纪开始首次引入荷兰语的。该词发明者是荷兰的诺贝尔经济学奖获得者简·丁伯根，他当时是荷兰社会民主工人党的成员。在 1934 年对该党"劳工计划"（Plan van de Arbeid）的评论中，丁伯根曾试图说服同事在该计划中加入一个永久补助金的版本，这可能基于他早先对 G. D. H. 科尔和 C. H. 道格拉斯（C. H. Douglas）的解读。[63]没有工作要求让其他成员感到担忧：他们认为这可能会疏远具有强烈职业道德的社会主义选民。亚历山大·马克和伊曼纽尔·穆尼耶等"个人主义"学者，曾试图在 20 世纪 30 年代提出一项"最低限度"建议，以替代社会主义潮流。[64]尽管这些学者在 20

---

① 劳动动物（Animal laborans），马克思和汉娜·阿伦特等思想家均曾使用该词论述劳动对人的意义以及二者之间的关系。马克思在使用该词时更为强调劳动对人的异化，而在汉娜·阿伦特的著作中，引入"劳动动作"一词至少有三个主要用途：作为受生命制约的存在的基本维度；作为原子化社会的产物；作为从生活条件中提炼的生活心态和"生活方式"。——译者注

世纪 20 年代中期便预言"全民基本收入"方案在未来终有一日会被摆上议事桌,但他们的理论也仍紧紧围绕着作为人类繁荣基础的"工作"的中心地位。在这个福利世界中,丁伯根、勒纳、兰格和弗里德曼所推崇的"消费者主权"成为一种强行推销的产品。

　　然而到了 1983 年,工人主义教条的控制力已大幅削弱。从 20 世纪 60 年代后期开始,社会改革者、政治家和活动家开始重新规划荷兰社会保障体系的某些部分,以缓和先前版本中固有的"以工作为中心"的特征。到 1983 年,尤尔根·哈贝马斯(Jürgen Habermas)和克劳斯·奥弗(Claus Offe)等知识分子预判了"'工作社会'① 的终结",这一趋势的特点是整个欧洲经济体的收入与就业间的关系正在淡化。意大利激进分子南尼·巴莱斯特里尼将他这一代工人的状态描述为"在意识形态上与工作和职业道德渐行渐远。"

　　"反职业道德协会"的成立也正值脆弱的荷兰劳工运动结束之际。在此两年前,荷兰政府和工会运动的几位代表签署了

---

① "工作社会"一词可追溯到汉娜·阿伦特(Hannah Arendt)和她的著作《活力生活》(*Vita activa*)或《论积极生活》(*On Active Life*)。在"工作社会"中,阿伦特分类了三种基本人类活动:工作、生产和行动。20 世纪 80 年代初期,拉尔夫·达伦多夫(Ralf Dahrendorf)在有关工作社会危机的社会学讨论中使用了该术语。——译者注

《瓦森纳协定》^①，其中包括同意减少工资以应对本国通货膨胀危机。该协议被称为新北欧共识政治（"圩田政治"）的开端，拉开了进一步削弱工会运动的序幕。尽管这些措施在未来数年促成了"荷兰就业奇迹"^②，但该协议也造成左派的分崩离析，使其分裂为"工人派""生态派"和"基督教派"。1980 年，公共电视台"TROS"^③ 以"这是我们的选择"（Aan ons de keuze）为题，对弗里德曼的《自由选择》^④（Free to Choose）加以改编并进行播放，呼吁实行"负所得税"。随着美国关于"基本收入"的长期辩论于 70 年代后期的结束，欧洲的"基本收入"辩论则刚刚拉开序幕。

发生于荷兰的这场辩论在 20 世纪 80 年代初格外引人注目。在 80 年代的前数年中，失业率飙升至 10% 以上，加之持续高企的通货膨胀，使很大一部分劳动力进入失业名单。这种情况在协

---

① 《瓦森纳协定》是代表协商机构劳工基金会雇主组织和雇员组织于 1982 年 11 月 24 日签订的协议。——译者注

② "荷兰就业奇迹"指荷兰经常因实现就业迅速增长、同时保持广泛社会保护，以及较低贫困和不平等水平而受到赞扬。——译者注

③ TROS 最初是"电视广播基金会"（Televisie Radio Omroep Stichting）的缩写，成立于 1964 年，是荷兰电视和广播组织，隶属于荷兰公共广播系统。该广播协会因其娱乐节目、测验等节目中对荷兰民间音乐的关注而闻名。——译者注

④ 《自由选择》（Free to Choose）是 1980 年弗里德曼与美国 PBS 电视台联手制作的经济学常识普及节目《自由选择》。该节目于当年 1 月首播，由 10 期节目组成，每期一小时，反驳了一系列国家干预经济政策。——译者注

会基地阿姆斯特丹这样的城市尤为严重，在过去十年中，城市赢得"阿姆斯特丹诅咒"的称号。阿姆斯特丹持续的住房危机加剧了经济衰退的影响，这场危机导致 1980 年的"占屋者骚乱"。政府提出临时补救措施，包括公共工程计划、工作分担、减少工作时间和市政工作保障计划。然而应对危机无法永久性解决失业问题。主要是年轻工人始终被排除于就业体系之外，他们长期依赖失业保险，这推高了社会保障措施的成本。当利润率在十年末恢复时，对整体就业率的影响似乎很小，而且分布不均。一位政策顾问在 1983 年断言，"经济可能正在摆脱低迷，但对就业情况不会造成影响"。相反，"全民保证收入"现在似乎是更好的解决方案，而无须兼顾人们在劳动活动中的地位。

一个全新的解放愿景也是协会于 20 世纪 80 年代初捍卫的"基本收入"提案的根源。这一愿景有许多名称："后劳动论点""控制论社会主义""70 年代思想""反福特主义"或"后生产主义"。所有人均参与到对"20 世纪西方马克思主义理论中劳动至上主义"的更广泛修正中来。新的"全民基本收入"生根发芽有两项决定因素——左翼"反国家主义"和新的"后工作主义"情感。此两种潮流均动摇了社会主义传统中"生产者"的中心地位，转而支持其他模式，并与强权国家对抗。它们在 20 世纪 60 年代的美国"基本收入"辩论中可以找到明确的渊源。由于劳工运动的相对弱点及其发达的援助传统，荷兰成为最早就"基本收入"效率和意义进行全国性辩论的国家之一，并提议将其纳入政府咨询机构。然而最突出的是，基础是在 1968 年之后的时期奠定的，当时受"控制论"影响的一代法国思想家重新思考"劳动""国家"和"福利"等概念。正如弗里德曼不得不等到 1962 年才使其思想得到关注一样，欧洲"基本收入"早期捍卫者不得不等到 20 世纪 80 年代初，才迎来更受欢迎的环境。官僚主义和"新左派"认为劳动会被"控制论革命"严重重塑。因此左派分子对"旧左派"和"旧右派"采取双重策略，据称"旧右派"于 20 世纪 70 年代加入邪恶的"中央集权"联盟。正是这场"双重革命"（以赫伯特·马尔库塞、米歇尔·福柯、伊万·伊里奇、布拉姆·范·奥吉克、罗尔·范·杜因、费利克斯·加塔利、托尼·内格里、安德烈·高兹和菲利普·范·帕里斯等思想家为代表，其中许多人后来成为"基本收入"理念的同情者和支持者）为欧洲"全民基本收入"浪潮奠定了基础。

工作与劳动："生产者主权"的终结

荷兰"反职业道德协会"于 1983 年举办首个"反五一节"（Anti-May Day）。然而在此近十年前，有法国团体已举行过十分相似的抗议活动：1975 年 5 月 1 日，法国工会"工人"在巴黎准备工作的工人中分发一本题为"打倒外来劳工节"的小册子，工人们正在准备一年一度的"五一节"庆祝活动。该组织声称，产业工会反过来成为"雇主的专属工具"，工人们"愚蠢地认为成千上万的人总会有人会去要雇主的命"。正如该组织领导人所看到的，"工会战略家并非在说'劳动至死或永不工作，让我们一起结束工资奴隶制、懒惰权利以及拼死维持生计的糟糕状况吧'"。与此相对,产业工会想要强化阶级契约,将无产阶级禁锢于企业制度的牢笼之内。

工人联合会呼吁反工作起义,但它只是更广泛的激进生态系统的一部分。在20世纪60年代后期,意大利北部工业中心已经历类似的痉挛性罢工浪潮,工人拒绝履行战后解决方案的生产力承诺。例如,在南尼·巴莱斯特里尼1971年的小说《我们想要一切》(Vogliamo Tutto)等作品中,主人公呼吁战友们"为不再工作而战斗"和"与建立于'工作'之上的国家作斗争"。受意大利先例的启发,20世纪70年代德国激进分子随后在"伟大的拒绝"的口号下集体组织TUNIX(意为"什么都不做"),邀请米歇尔·福柯(Michel Foucault)、吉尔·德勒兹(Gilles Deleuze)和皮埃尔·菲利克斯·加塔利(Félix Guattari)等演讲者。后来,TUNIX组织成员加入所谓"快乐失业者"团体,他们成立行动委员会来嘲笑社会民主党的"热爱劳动"。无论是在阿姆斯特丹还是在柏林,激进分子阅读伊万·伊里奇1977年的《创造性失业》(Le chômage créateur),其中对保守派和社会主义者所赞扬的"家庭工资"提出尖锐的批评。TUNIX组织前成员也成为20世纪80年代"基本收入"的热情支持者,将其与传统的失业计划明确对比。1985年,协会因此加入由法国失业工会、英国索赔者组织、比利时绿党、德国反工作主义者和意大利后操作主义者活跃的欧洲舞台。

这些组织都是20世纪六七十年代兴起的新的"后工业左派"

代表。他们还发现新的"控制论"技术对公认的"国家"和"劳动"概念所造成的极不稳定的后果。事实证明这些是破坏战后规划者所最先构想的"福特主义"秩序的得力工具。

"福特主义"不仅是一种生产方法，它在这里被视为一种综合社会理论，一种生产商品和生产主体的技术。以家庭和工作场所为节点，战后福特主义以"养家糊口的家庭男人"为中心，他们"将自己的工资和其他社会福利作为基本社会再生产单位，将之重新分配给家庭"，然后作为"基础国家在就业、福利和发展方面的政策"。意大利思想家马里奥·特隆蒂（Mario Tronti）将战后时期视为"动态稳定"时期，资本和劳动力的目标在罕见的跨阶级共识中趋于一致。然而到20世纪60年代后期，随着学生走上街头，工厂工人游行，"福特主义"契约正在瓦解；一场新的"基本收入运动"得以伺机蓬勃发展。

美国再次为这些辩论树立了一贯先例。总的来说，正是在福特公司的底特律工厂内，"后福特主义"的第一个症状在自动化部门表现出来。1946年，亨利·福特的长孙亨利·福特二世接管底特律工厂，并开始离开祖父传下的公司。福特并未以"民粹主义"的方式集中生产力，而是引进罗伯特·麦克纳马拉和管理学大师彼得·德鲁克等哈佛专家学者进行管理。

社会科学密切关注上述发展。1957年，德国社会科学家弗里德里希·波洛克（Friedrich Pollock）调查了席卷美国工业领域的机器人化浪潮。他扩展了自己于1938年提出的"一体化论点"，首先声称公众统一融入"专制国家"。在波洛克的"后自由主义"经济中，市场被废除，计划被普遍化，主要是通过兼并、价格控制和卡特尔（Cartel）。但资本主义一体化下的自由是一种幻想。这一过程随着战后"自动化"的普及而得到加强，当时生产力的提高可用来收买缄默的工人阶级，其结果便是西奥多·阿多诺所说的一个"被管理程度日益加强的社会"，在这个社会中，国家运用其监管权力"批准行业政策"，利用"政府以'公共利益'名义"进行强制，掩盖工人和企业之间的紧张关系……（并）进一步维持"大所有权"（big ownership）的现状。在全球"福特主义"（Fordism）的中心底特律，"后工人主义"主要理论家詹姆斯·博格斯已目睹自动化对黑人劳动力的毁灭性影响。他声称这种大规模裁员很快也会对欧洲劳动力市场造成冲击。

波洛克和博格斯关于自动化和"去工业化"的著作鼓舞了20世纪60年代"后工作主义"哲学最热情的支持者赫伯特·马尔库塞。他的《单向度人》（*One-Dimensional Man*）一书密切关注"控制论"革命的近期影响及其重构劳动实践的方式。马尔库塞对马克思主义劳动观的重新思考可追溯到20世纪30年代，借鉴了刘易斯·芒福德（Lewis Mumford）和其他技术官僚未来主义者的著作。然而主要是在20世纪50年代，他开始重新考虑社会主义对劳动尊严的强调。马尔库塞的表述类似于他的同事汉娜·阿伦特（Hannah Arendt）[20世纪20年代，二人曾一同在马丁·海德格尔（Martin Heidegger）门下学习]将劳动区分称为纯粹的"再生产"活动（劳动）和自发自主的"行动"（工作），尽管马尔库塞大幅扩展他的"劳动"概念的外延，他认为所有人类活动均符合这一标签，消除了以往传统中普遍存在的"工作"和"娱乐"间的界限。最重要的是，资本主义社会似乎无法满足此种劳动"本体论"概念，尽管它的趋势不断被推向过时。欧洲工人阶级在"福利国家"的枷锁下受苦，凯恩斯主义的需求管理使他们的革命热情冷却下来。

然而"自动化"会破坏此种微妙平衡。正如马尔库塞所见，20世纪50年代引入的机器人化导致工人阶级作为"当前社会活生生的矛盾"的终结，也为男性工薪阶层之外的新模式开辟了空间。如果"机器可以制造机器"，劳动便不再仅是人类的事情，工人阶级失去作为"生产阶级"的特权。因此马尔库塞将二十世纪五六十年代的激进自动化解释为人类最终从"必需"领域跨入新"自由"领域的暗示，释放出先前被职业道德所压抑的能量。针对20世纪50年代的"自动化恐慌"，马尔库塞认为自动化本身正从根本上改变"自由"与"必要性"二者间的平衡。这两个术语突然发生了错位。社会主义将从"马克思时代"重回"傅立叶时代"。

1966年，马尔库塞在法兰克福的同事埃里希·弗洛姆（Erich Fromm）已声称此种跳跃可通过普遍补助金的形式实现，这是一种能够切断收入与工作之间联系的政策。尽管马尔库塞从未公开支持弗洛姆的提案，但他的哲学观点与"新左派"寻求超越"福利国家"福利救济形式的追求优雅地结合起来。马尔库塞声称"从这种奴役中解放出来"，生产力将摆脱"其抑制作用，转而推动个人需求的自由发展……劳动的异化越彻底，自由的潜力便越大：完全自动化是最佳选择"。

20 世纪 50 年代后期，此"一体化"论点在欧洲稳步实现转化。受英美社会学启发，安德烈·高兹的著作或让·鲍德里亚（Jean Baudrillard）的《消费社会》（*The Consumer Society*）便是典型的例子。在讨论加尔布雷思关于"富裕社会"的著作时，鲍德里亚认为"当代资本主义的根本问题"不再介于"利润最大化"和"从生产者的角度来看生产合理化"之间。问题已转向"近乎无限生产力"和"处理产品的需要"之间的矛盾，逐步取代了职业道德曾经的核心地位。这意味着工人阶级作为历史主体的地位逐步减弱。"对于体系而言，力量具有超越外部性的作用"，让·弗朗索瓦·利奥塔（Jean François Lyotard）在《力比多经济学》（*Libidinal Economy*）一书中指出，现在似乎"受到资本主义生产实际状况的威胁"。因此激进分子面临的新问题已变成如何通过颠覆他们对劳动的承诺，来重新唤醒缄默的工人阶级。

情境主义者拉乌尔·瓦内格姆（Raoul Vaneigem）在 1967 年最为清楚地阐明如何与反工作伦理联系在一起。瓦内格姆在《日常生活的革命》中声称，"生产的义务消弭了创造带来的激情"，"生产劳动只是强化了秩序的力量"。然而在 20 世纪 60 年代，"自动化"导致"机器大规模取代工人"。新型机器的兴起揭示出这样一个事实：劳动力对于再生产过程来说不再必须，从而背叛"它坚持既定秩序的野蛮程序"。瓦内格姆于 1967 年总结道，"有关工作的诡计已然穷尽，没有什么还可失去的，甚至连劳动本身带来的幻觉也不复存在"。

"控制论"再次被证明是对抗"支持工作"共识的强大工具。自 20 世纪 40 年代中期以来，有越来越多的法国学术文献开始幻想运用"控制论"技术提升法国工业产出。对于让·富拉斯蒂耶（Jean Fourastié）这样的学者来说，"控制论"可极大提高生产力，并延长人们的空闲时间。其他人则看到了完全无须人类治理介入的"机器治理"的出现。瓦内格姆和其他情境主义者对此种文学性的技术官僚主义倾向提出异议——"控制论败类"是瓦内格姆对他们的表述。瓦内格姆的"情境主义国际"战友们宣称，"人类不会自由，直至最后一个官僚被最后一个资本家的肠子吊死"。可悲的是 20 世纪的工人运动"最终催生出的愿景，实际是工人阶级更有效融入资本主义的一种形式"。

然而如同巫师的学徒一样，法国政府技术官僚们也召唤出一种他们难以控制的精神。新的"系统科学"不仅对阶级意识有害，还会极大地扩展休闲领域，并为工作之外的世界开阔视野。瓦内格姆在《日常生活的革命》（*Traité du savoir à l'usage des jeunes générations*）这本对"六八时刻"至关重要的小册子中声称："从它的主人那里夺走"，"'控制论'将人类群体从工作和社会疏离中解放出来"，并"在一个乌托邦仍有可能的时代完成夏尔·傅立叶的目标。"情境主义者反对技术官僚（瓦内格姆称他们为"斯大林控制论者"）所提出的"控制论国家"理论，反而希望对"自动化"进行革命性的再利用。这意味着建立一个可用于革命目的的竞争性"控制论福利国家"。"在创建一种完美的权力形式时",瓦内格姆看到"控制论者促进拒绝的模仿和完善……他们对新技术的研发将被另一个革命性组织所扭曲"。尽管工人阶级与"天意"失之交臂,但时代仍诞生了资本主义新的掘墓人。

马克思学术的发展似乎也朝着类似的"反工作主义"方向发展。1964年,英国历史学家埃里克·霍布斯鲍姆从一盒标有"前资本主义经济形态"的马克思未经编辑的手稿中整理出第一批文字。四年后,加拿大德语专家马丁·尼古拉斯(Martin Nicolaus)在《新左派评论》(New Left Review)上发表一篇较长的著作介绍。他暗示将这部新整理的著作命名为《政治经济学批判大纲》(Grundrisse)(苏联出版商于1941年首次发行手稿集,限量发行200册,而马尔库塞在20世纪50年代初期便已接触过这些作品)。到20世纪60年代后期,这份手稿已失去其奥妙:马尔库塞在其1964年出版的《单向度人》中引用《机器论片段》,而莱雅·杜·纳耶夫斯卡亚(Raya Dunayevskaya)和李玉平(Grace Lee Boggs)开始为更广泛的读者群体译介其中的章节。正如迈克·戴维斯(Mike Davis)所指出的,《政治经济学批判》"为非德国读者提供了相当公平的竞争环境",还"在《资本论》四卷本数千页的基础上增加多达900页的必读内容"。尼古拉发掘的马克思文献逐渐在"左派"环境中造成创造性冲击。其中最重要的是这位思想家似乎在手稿中提供一种全新的解放视野。在《政治经济学批判》的部分段落中,马克思似乎预言了劳动需求本身的逐步消失。马克思在文章中写道，随着规模工业的发展，真正财富的创造逐渐减少对"劳动时间和所雇用劳动力数量"的依赖，而是依赖于"科学的总体发展状况和技术进步"。在这一点上，"大众剩余劳动"不再是"国家总财富发展的条件"，正如"少数人的'非劳动'活动不再是人类心智普遍能力发展的条件"。时间将被腾出用于"个人在艺术、科学等方面的发展"，并且"届时衡量财富的方式将不再是劳动时间，而是可支配时间"。在德国，手稿的出版与汉斯·格奥尔格·巴克豪斯（Hans Georg Backhaus）和莫伊什·普殊同（Moishe Postone）等阐释者共同推动"马克思新解读"的发展，而在意大利，马克思《政治经济学批判》中《机器论片段》的发现刺激了"后操作主义"的兴起。哲学家安东尼奥·内格里在他 1978 年出版的《超越马克思的马克思：来自〈政治经济学批判〉的启示》中已然宣称，"不工作、拒绝工作成为工人的观点、价值规律颠覆和价值规律重新解释的基础"。

新的马克思文献对法国马克思主义者安德烈·高兹产生最为深远的影响，他是战后欧洲最杰出的"反工作"学者。高兹 1923 年出生于维也纳，父亲是犹太人，母亲是一名天主教徒，名叫格哈特·赫希（Gerhart Hirsch）。高兹于 20 世纪 50 年代中期进入存在主义圈子。20 世纪 60 年代初，他最终成为萨特（Sartre）的《摩登时代》（*Les temps modernes*）编委会的成员。他很快被称为"意大利趋势"负责人。高兹本人于 20 世纪 60 年代选编《政治经济学批判大纲》中的部分段落结集成书。 然而他的主要兴趣仍在政治领域。在一场关于"富裕社会"和"阶级终结"的辩论中，在 20 世纪 60 年代初期，他最初坚定坚持经典社会主义路线，质疑植根于左派内部部分成员的"一体化论点"。如在《摩登时代》上发表的一篇题为《比利时的否认》(*Le démenti belge*)的文章中，高兹声称"一体化论点"已被证明是错误的。如果"高薪和先进的社会立法能引发工人阶层的资产阶级化，那比利时工人应是全欧洲中产阶级化程度最高的工人群体之一了"。但大规模罢工表明情况并非如此。高兹的文章是在"世纪大罢工"后发表的，当时比利时工人在 1960—1961 年的严冬中罢工将近两月，并在过程中以"类似暴动"的方式动员了十万名抗议者。

在 20 世纪 60 年代后期，高兹突然彻底向"一体化"观点转变。对美国的访问唤醒了人们对黑人权力和美国反贫困活动的兴趣。这些组织直言不讳地表示组织穷人（而非工人阶级）开展运动。在欧洲，高兹则接受一种"新阶级理论"，声称产业工人阶级正摆脱其激进主义作风，并为新的阶级行动者让路："（部分）工人阶级将在自动控制时代生存下来"。高兹在对 1968 年法国"五一运动"的反思仍充满希望，认为受过教育的新劳动力群体能够传递革命的火种。然而到 20 世纪 70 年代中期，这些革命的狂热理想似乎已化为泡影。高兹声称"出乎所有人的意料，资本成功削弱了工人在生产过程中的权力"，同时增强了"整个无产阶级的技术力量和能力，也凸出了无产阶级自身的无能"。结果该阶级"集体……负责发展和运行生产力这一整体"，但现已逐渐"无法代表或管理"这一群体。

这一转变也与高兹对《政治经济学批判大纲》的不断解读相吻合。尽管马克思的《机器论片段》似乎预示着技术工人阶级的到来——他们能够在没有管理权限的情况下从事生产。但这部著作忽略了这样一种观点：实现"高度专业化"可能会以降低较低层次劳动力的技能水平为代价。美国劳动社会学家早在20世纪50年代便已观察到后工业化时代劳动力正在分化的趋势：一种是"非技术工人、清道夫，他们的工作可能太过琐碎，不适宜自动化"；另一种则是"高技能工人，他们设计、建造、维修机器，并为机器编程"。高兹于1973年指出，第一种劳动者从工作中所得甚少。相反，他们"被许诺享有资产阶级特权，并为获得此种特权而举债，现在他们看到其他人也能获得这种特权"。借鉴伊万·伊里奇（Ivan Illich）的观点，高兹指出"每天工作所得中很大一部分均用于支付通勤费用"，同时工作会将"一个人分成数个，将我们的时间和生活分割成不同部分，所有人均是受商人摆布的被动消费者"，排除"工作、文化、交流、快乐、需求的满足，个人生活可以而且应该如此，并由生活和社区社会结构提供支撑"。高兹也逐渐对左派工作立场持怀疑态度。他声称"信息革命"的影响正创造一个逐渐分层的劳动力群体，超出了工会"左派"的范围。"生产活动"已失去其意义、动机和目的，成为一种只用来赚取薪水的方式。它不再是"生活"的一部分，只是作为一种"谋生"手段。正如高兹后来在自己最具影响力的著作之一——《告别工人阶级》（书名是对"再见无产阶级"的轻微误译）中所指出的那样，这对马克思"'无产阶级'可自我救赎"的观点提出质疑：

只要工人拥有一套工具，可根据自身需要进行生产，或拥有一块土地，可种些菜，养几只鸡，无产阶级化的事实便会被认为是偶发并可逆的。因为一般经验暗示工人独立的可能性：工人们会继续梦想自己能够安顿下来，用自身积蓄购买一个旧农场，或在退休后为个人需要制造物品。简而言之，"真正的生活"在作为工人的日常生活之外，身为无产者只是暂时的不幸，在更好的事情出现之前要暂时忍耐。

高兹总结道，"马克思主义的'从工作中解放'理念"作为"从工作中解放的必要先决条件"，已成为"昙花一现"。一个自为的阶级已成为自相矛盾的阶级。他声称，"对于工人来说，这不再是……自我掌控工作，或在自身工作框架内夺取权力的问题"。与此相对，现在的重点是"通过拒绝工作本质来使自身从工作中解脱出来"。社会主义将加入适当的后工业化时代特质。

在 20 世纪 80 年代，高兹的著作稳步在欧洲"左派"内部成为畅销书。作品很快便译成英语、德语和荷兰语。高兹还为新的荷兰"后工作主义"左派提供了主要灵感，这一点不足为奇。1982 年他自己的"激进党"的选举小册子中，荷兰政治家布拉姆·范·奥吉克表示支持一项相对较新的提议，即"基本收入"。他以高兹在《告别工人阶级》中首次提出的令人印象深刻的问题开篇："第三次工业革命会……带来一个新的黄金时代，那时我们会减少工作，并拥有大量可供支配的财富，或者注定会有一些人失业，而另一些人则会过度工作？"

范·奥吉克的"激进党"成立于 1968 年，在这十年的最初数年取得相对成功，从主流"左派"中吸引到一些对现状不满的选民。提到"鲜为人知"，"激进党"负责人，美国思想家罗伯特·西奥博尔德试图证明荷兰在 1982 年面临的情况有其先例。他声称于 20 世纪 60 年代初期便已发现"闲置劳动力"和"各种未满足需求"之间日益扩大的"鸿沟"。在荷兰当地，由于"劳动"和"收入""已在很大程度上脱钩"，范·奥吉克提出实行部分基本收入，个人无须完成工作义务。

当范·奥吉克在 1982 年提出此建议时，已有大量荷兰学术文献可供借鉴。在 20 世纪 70 年代中期"石油危机"和"滞胀"出现的刺激下，荷兰和欧洲辩论的新版本"基本收入"取得了进展，这是受到在美国发生先例的启发，尤其是 1967 年西奥博尔德在安特卫普所发表著作的荷兰语译本。米尔顿·弗里德曼的计划于 1970 年正式在荷兰被引入政策辩论，当时财政专家弗雷德·格拉珀豪斯（Ferd Grapperhaus）将其视为对劳动力市场僵化更具"社会公正性"的一种回应。格拉珀豪斯于 1970 年声称，"这并非不可想象，自动化程度的提高会导致某些群体……永远被排除于劳动过程之外"。

格拉珀豪斯的汇报未产生任何直接的政策后果。然而到范·奥吉克公开该提案时，在荷兰发生的这场辩论的主角已变成荷兰前传教士和公司医师简·彼得·凯珀（Jan Pieter Kuiper），他于 20 世纪 60 年代后期读过西奥博尔德的小册子。他在 1977

年宣称,"在过去的几十年里,已有许多重组工作的尝试,并赋予劳资谈判更多内容。"尽管他"显然赞同这些举措",但同时也怀疑"我们这样做是否正确"。这场辩论于 1981 年结束,当时最大的工会联合会的一个分会,负责代表食品行业工人的"食品协会"站出来支持"临时基本收入"。其主要论点是该举措可减轻失业预算压力。尽管多数社会主义者和工会成员对这项措施持反对态度,但"新左派"却稳步团结起来为其辩护。

　　这个"新左派"的代表发言人是前"普罗沃运动"学者罗埃尔·范·杜因(Roel van Duijn),他本人后来成为范·奥吉克的"激进党"的成员。20 世纪 60 年代,当他还是学生时,便预测主流社会主义组织的好战性正在下降,包括融入社团主义架构。作为一名激进分子,范·杜因·声称,"大众"是那些"我们不能也基本不想说服的人"。一群分散的新社会行动者(学生、流浪者、放浪者)可承担新的使命,成为"普罗沃主义者"。范·杜因提议用自我管理的公司网络取代现有工会结构,这些公司可运用"控制论"技术组织生产。范·杜因在 1971 年受美国作家理查德·布罗提根(Richard Brautigan)启发的小册子中声称,"新社会与昔日的中央集权社会主义毫无关系"。与此相反,新社会将是"去中心化"和"反独裁的",并将所有决定权交给"议会中的决策者"。受到彼得·克鲁泡特金(Peter Kropotkin)"无政府共产主义"的启发,范·杜因设想一个"无人管理并通过'自我指导委员会'进行自我指导的社会",从而消除充斥本国的"形式主义、官僚主义和官僚作风"。

在范·杜因的整个职业生涯中，他还曾担任法国"反工作"政治的中间人。在 20 世纪 70 年代，他曾出现在加塔利、福柯、德勒兹和法国的"自我管理"呼吁中。在范·杜因看来，荷兰社会民主党和共产主义者"认为自动化是危险的。"随之而来的便是"粗暴尝试"，试图将学生通过工作成为"年轻的苦工知识分子"。然而这些倾向不过是"马克思亲手栽下的树枝"，其中心思想是"人只有通过劳动才能成为人，因此'劳动的异化'是人类最大的罪恶"。相比之下，范·杜因认为"控制论革命"会"从工人手中夺走劳动力"，并"彻底摧毁基于工作的道德"，催生出一个"由自动化工厂生产人类所需一切"的世界。正如他所说，"'自动化'会给阶级斗争带来新动力。无产阶级会从冷漠转为动摇，因为'自动化'会带来失业率的增加；工人过去做的事情现在会由机器或计算机完成"。

"通过计算机提高工业自动化"从而导致"新社会，不仅有丰富的食品和其他物资供应，而且还使人们拥有大量的空闲时间"。范·杜因总结道，"当劳动完全自动化时，人类最终能够在自由中度过一生"，并将前所未有地"释放集体创造力"。他声称"即将到来的'控制论革命'会使我们基于工作的道德体系变得多余"——这与马克思"只有通过劳动才能成为自我"的核心思想相悖。

范·杜因提出的替代方案是由荷兰情境主义者康斯坦特·尼乌文赫伊斯（Constant Nieuwenhuis）在 1965 年以"新巴比伦"的名义制定的"控制论"乌托邦。"新巴比伦"被设想为一个工

作和体力消耗变得多余的城市，是有关未来的蓝图。在未来，
"控制论"将摆脱对专制国家指导的需要。尼乌文赫伊斯在介绍
该计划时声称，"让我们假设所有非生产性工作均可完全自动化；
生产力提高，直到整个世界不存在稀缺；土地和生产资料社会
化……换句话说，马克思主义自由王国是可以实现的"。与米尔
顿·弗里德曼所提出理念一样，从理论上讲，"城市控制论"技
术将"消除功利主义"，使一整套以前被认为不值得贴上"工作"
标签的活动变得"有价值"。他最后补充道，"一套新式价值观"
现在"必须使人类生活得到满足"。

1985 年（范·杜因提出要求的那一年），这一响亮号召既鼓
舞人心，同时也招致分歧。多数社会党成员均坚持经典的工人主
义路线。在 1982 年的预备会议报告中，荷兰工党宣布支持重新
启动充分就业战略。报告称"劳动"是"人类生存不可替代的一
部分"，且仍是"自我发展的主要手段"。该决议未提出向失业
者发放救济款，而是坚持进行再培训和教育改革，这将"提高重
复学习的可能性"。雅普·范·德·多夫（Jaap van der Doef）部
长等政治家随后谴责"基本收入"计划不切实际，声称荷兰工党
"不应允许 50 万人被排除于有偿就业之外"，"工作不应仅是人们
就业的一种手段"。

范·杜因对此表示强烈反对。他批评社会主义者的"国家中
心主义"，声称国家"剥夺了自主权和权利"，"公民对国家责任
的增加减少了他们之间相互履行债务责任并互惠互助的可能性"。
除关于劳工和"自动控制"的辩论之外，另外一个问题已成为

"新左派"和主流"左派"关注的焦点：对劳工进行反思，需要对国家进行更深入的反思。

反对社会权利的"反国家主义"

如果没有强大的反政府潮流，荷兰的"基本收入"运动便不可能兴起。正如"普罗沃运动"激进分子杜科·范·维尔利（Duco van Weerlee）在他于 1966 年发表的宣言中指出的，"普罗沃运动"的最终主要目标是"激发国家权威"成为"先锋派自动立法者"。1968 年"五一运动"之后，法国电影制作人克里斯·马克（Chris Marker）还指出，在暴乱之后出现一种新"问题"，"对正统思想的各个领域（无论'右派'还是'左派'）都造成了打击。"马克在他 1977 年拍摄的电影《红在革命蔓延时》（*A Grin without a Cat*）中借角色之口说道："警察的包围向左，工会的安全服务向右。在两者之间有一个可以抢占的空间"。对"六八一代"来说，此种新斗争方式也意味着对旧秩序的逃避。这也正是法国"第二左派"主要人物所说的战后政治环境中的"社会国家主义"。"第二左派"得名于法国社会党领袖米歇尔·罗卡尔（Michel Rocard）（后担任法国总理）于 1977 年"社会党"代表大会上的一次讲话，他在会上首次对两种"左派"进行了区分：一种是"长期统治、雅各宾式、中央集权、国家主义、民族主义和保护主义的"左派，另一种是各种"第二左派"、"分权"和"拒绝统治"的"国家和雇主的统治"。对罗卡尔来说，"旧左派"和

"旧戴高乐主义右派"均是问题的一部分：社会变革的概念总是通过政党、工会或公共实体来表达，以压倒国家权力。

"用官僚仲裁者取代雇主的仲裁者，我们能得到什么好处？"安德烈·高兹于 20 世纪 70 年代中期也提出过类似问题。此种国家在左右翼政党中的核心地位便是皮埃尔·罗桑瓦隆（Pierre Rosanvallon）和蔚五海（Patrick Viveret）所说的主导"政治文化"。这样的文化——要么"来自左派，要么来自右派……其核心要素是国家，同时被视为斗争的对象和社会变革的空间"。他们现在有了一个共同的敌人，那便是"旧有的社会国家主义政治文化"。"第二左派"的目标转变为"摧毁法国社会"。

罗桑瓦隆和蔚五海将具体目标指向国家，而多数法国"新左派"则将"国家"和"劳工"视为同一关系的一部分。如在人类学家皮埃尔·克拉斯特（Pierre Clastres）1974 年的《反抗国家的社会》（*Society against the State*）一书中，将"劳动"归为人类的核心活动，与"国家对原始社会的暴力入侵"同步进行。克拉斯特说，"有两条公理，似乎从开始便指引着西方文明"。第一条公理假设"现实社会发生在国家保护的阴影下；第二条则是绝对公理：个人必须工作"。他声称"前国家社会"认为"没有必要劳动"，"出于纯粹的生存需求，在此基础上工作"。正如塞缪尔·莫恩（Samuel Moyn）所指出的，克拉斯特将这种野蛮的闲散视为"欲望的生产"，"他认为现代经济的特征正是无休止的工作"。只有在国家成立基础上才"可谈论劳动"。因此克拉斯特推翻了"国家是社会经济分化为对立阶级的政治产物"这条著名马克思主义格言。恰恰相反，现代社会的主要和根本划分是"基层和上层间全新的垂直关系"。他说，"权力的政治关系假定剥削经济关系并加以确立。在进入经济领域之前，'异化'先是政治上的；毕竟权力先于工作"。通过关注经济剥削，马克思主义者淡化这一问题并"找到其他目标"，这便是国家。

在法国，此种敌意为皮埃尔·布尔迪厄（Pierre Bourdieu）所说的新"反制度情绪"开辟了空间，"福利国家"制度更多被描绘成一种专门的规训工具。此种批评将社会保障制度和社会服务干预诠释为"对人们行为和处境的组成部分进行污名化的真正实践，是一种真正的纪律化和规范化政治"。这种对"社会控制"的批评于 20 世纪七八十年代在雅克·唐泽洛（Jacques Donzelot）、让尼娜·贝尔德斯·勒鲁（Jeannine Verdès Leroux）等学者中广为流传，米歇尔·福柯尤为受其影响。在 20 世纪 70 年代后期，福柯对国家对个人的关注程度感到震惊：一方面是对所有已研发的技术感到震惊，人们不得不依赖它们，这并非权威、监督、控制、权谋，既非恢复亦非纠正。所有主要的规训机器（营房、学校、车间和监狱）均支持识别个人状况，了解个人身份、职业、能力，知道将他们安置于何处，以及如何将他们安置于其他人中间。

对于这些机构，福柯小心翼翼地再添加上"援助和保险机制"，因为"除经济合理化和政治稳定的目标之外"，"是他们造就了每个人的生活和存在，但他们也将不同个体定义为独立事件，这与现代社会的权力行使有关，甚至是必要和不可或缺的。"

福柯逐步开始将社会保障视为旨在规范个人行为的工具。正如他于 1983 年所说的，"我们的社会保障制度强加一种特殊的生活方式，使个人以及出于某种原因不想或无法获得此种生活方式的任何个人或群体，均被同一套制度边缘化"。相反，"左派"不得不更新、披露和审查"社会保障运作与不同生活方式间的关系"。对治理的研究将成为福柯及其部分追随者（如弗朗索瓦·埃瓦尔德）将"福利国家"问题化为"现代权力形式"的起点。在这层保护机制的背后，这些机构显然想延续权力，"日复一日"地观察，使他们塑造的行为和身份正常化，并实现"生物权力"（biopower）的梦想。米尔顿·弗里德曼"负所得税"这样围绕"无条件转移支付"组织起来的制度反而会颠覆国家和社会制度。

弗里德曼的"负所得税"早于 1973 年便出现于法国的公共辩论中，通过莱昂内尔·斯特勒鲁（Lionel Stoléru）的著作《战胜富裕国家的贫困》（*Vaincre la pauvreté dans les pays riches*）进行传播。20 世纪 70 年代初，身为政府高级官员的斯特勒鲁被吉斯卡尔·德斯坦（Valéry Giscard d'Estaing）派往华盛顿的布鲁金斯学会研究"保证收入"计划。他很快决定将弗里德曼的提案引入法国。当吉斯卡尔当选为法国总统，并任命斯特勒鲁担任经济顾问时，斯特勒鲁认为"负所得税"会是在资本主义富裕的情况下与贫困问题作斗争的更有效方法。本着与美国国内有关辩论相同的精神，斯特勒鲁主张相较于平等问题，应重点解决贫困问题。对他来说，"主义……可煽动保留一项旨在消除贫困的政策，或一项旨在缩小贫富差距的政策"。这一决定产生于"'绝对贫困'和'相对贫困'

二者的边界"。前者简单提到任意确定一个水平（"负所得税"适用于此）；后者则对应个体间的一般差异（这里指的是社会保障和"福利国家"）。尽管"市场经济能够同化那些与'绝对贫困'作斗争的行动"，"但它无法消化针对'相对贫困'的过于强力的补救措施"。斯特勒鲁认为战后时期对平等的追求，只是"从竞争性经济中移除其过往指引者和推动其前进的动力，这意味着它被纳于国家掌控之中"。

斯特勒鲁的想法在吉斯卡尔任期内未能得到实施。然而福柯本人仍对该提议保持兴趣（主要是在学术环境中）。1979年3月7日，他在法兰西公学院的演讲重点是弗里德曼在20世纪40年代初首次提出的提案。在福柯看来，弗里德曼和吉斯卡尔的提案与经典福利救济模式截然不同，后者过于坚定地以"劳动主体"的概念作为其最终规范模式。福柯声称"负所得税"意味着"形成一种不再侧重于充分就业的经济政策"，且"只有放弃……中央计划的增长，才能融入一般市场经济……"，然而最终有了"负所得税"，它变成"人们想工作就工作，不想工作便不工作"，甚至"如果没有兴趣工作，便可不强制他们去工作"。

福柯对工作状态关系的兴趣远比政策问题更深。"正是因为古典经济学无法在劳动具体规范及其定性变化中处理劳动分析，"他指出"以马克思为代表的整个人类学、整个政治学"已"涌入"社会劳动阶层。毫不奇怪，福柯将马克思和黑格尔视为这种"以工作为中心"观点最重要的倡导者。福柯在1977年接受一名巴黎学生采访时指出，"马克思说'劳动'是人的本质，这是

"黑格尔式的愿景"。福柯认为只有随着新自由主义的转向，此种"人类学"式回应才会有所缓和。

法国"反工人主义"和"反国家主义"之间更为和谐的结合在安德烈·高兹的著作中得以体现。在这十年的后期，戈兹甚至提倡在新自由主义者和"新社会主义者"之间建立一条共同战线，联合起来反对法国国家主义，无论它是社会主义、共产主义还是"戴高乐主义"的化身。在为《新观察家》(*Le nouvel observateur*) 撰写的一系列文章中，高兹表示左派甚至可能会从以"企业"而非英勇的"生产者"角度来思考工人中受益。现在必须通过"企业家精神"（而非"革命"）的滤镜来构想社会变革本身。正如他于 1976 年的一篇文章中所写到的，"很明显吉斯卡尔的观点是右派的。但这并不意味着'社会自由化'必然是'右派'活动，我们应将其让给'吉斯卡尔派'。"高兹坚持认为"现在在欧洲的任何地方，新自由主义者和新社会主义者之间均存在交流和部分渗透"。当然"新左派"和"新右派"之间交流的核心，与其说是增强企业权力，不如说是关于与"国家"这一共同敌人作斗争。正如高兹所说，"如果吉思卡尔能够分离中央权力，并释放我们能够发挥集体主动性的新空间，为何不从中获利呢？"正如高兹所总结的："左派是否想要一个人人均依赖国家来解决一切问题（如海岸污染、食品添加剂、建筑、滥用职权裁员、工伤事故等）的社会？在那种情况下，我们只会用行政体系的缺陷取代个人疏忽，用官僚仲裁者取代雇主仲裁者"。

在 1977 年与皮埃尔·罗桑瓦隆、伊万·伊里奇、米歇尔·罗卡尔和雅克·德洛尔（Jacques Delors）等思想家的对话中，高兹声称"丧钟声已为革命理念和国家行政响起"。从苏联的"斯达汉诺夫主义"到法国工薪阶层的"两点一线"，到处都在呼吁更多"有国家保障的工作、工作、再工作"。这需要一个受过企业"自我管理"方面教育的成熟的工人阶级愿景，从而能够掌握自身命运。

到20世纪80年代中期，此种情绪几乎不再局限于政治范畴。在主流"左派"中，诸如保罗·卡尔马（Paul Kalma）的《强大的社会主义》（*Socialisme op sterk water*）（一本主要为社会主义者同仁编写的小册子）等著作，也引入法国"第二左派"的论点，以批评"夸大其词"的左派，而非限制资本主义个人主义。尽管对"基本收入"犹豫不决，但它确实坚持"以工业就业为前提"的过时福利制度，从而为"第三条道路"改革提供模板。然而尽管高兹和其他"工人自治"学者被证明是这个"荷兰'反国家主义'左派"的一贯灵感来源，但主流"左派"也更难接受该提议。就在同年，荷兰社会主义政党"工党"就该问题成立了一个工作小组，荷兰部长西科·蒙索尔特（Sicco Mansholt）等党内知名人士声称"引入'基本收入'已不亚于必需"。在蒙索尔特看来，如不引入"基本收入"，"减少劳动时间"是"不可能的"，拒绝在这两个提议之间进行权衡。与范德多夫等人相反，蒙索尔特表示"基本收入"会导致无所事事的说法是"无稽之谈"。他发现人们"总是想从事劳动"，但今天，"并非所有现有工作岗位均符合现有意愿"。

1985 年底，事情发生另一个有趣的转折。此年年中，荷兰一家著名智库发布一份关于"基本收入"制度必然性的报告。在一份题为"安全保证"的声明中，荷兰政府"政策咨询科学委员会"（Wetenschappelijke Raad voor Re geringsadvies，简称 WRR）为三成社会最低收入群体部分提供较低水平的"基本收入"，与社会最低收入水平挂钩，其标准是每年 5000 荷兰盾或每月 450 荷兰盾。1981 年，该小组已首次提出关于这一主题的想法。然而在 1985 年，一种更激烈的"新自由主义"论调开始出现，提议以"基本收入"取代最低工资立法。正如报告文本所总结的那样，"为确保劳动力市场更好地运作"，"应适当考虑废除法定最低工资"。他们声称，这将"刺激就业"，并最终摆脱福利国家的"复杂性"。这份报告发表后，在 20 世纪 80 年代末的"Weerwerk"运动中出现第二波基本补助金斗争。如同"反职业道德协会"一样，国家对福利制度的控制在这里被描述为"暴力夺权"，资本家将关键任务委托给一个强制性福利官僚机构。"Weerwerk 运动"旗下杂志讽刺地宣称，"如果每个人在荷兰都能收到 1500 荷兰盾，那工会所有工作都将停止，且不必再做出任何安排来对人们进行规训"。"基本收入"反而会"亵渎劳动"，使失业者从"依赖他人的下层阶级"成为"受人尊敬的公民"。

一位思想家迅速认识到这场新兴的荷兰辩论对他提出"基本收入"运动的重要性。在 1988 年撰写的一篇文章中，比利时哲学家菲利普·范·帕里斯调查了荷兰社会政策的最新发展。在他看来，荷兰人一直是争取"最低限度"潮流的引领者，这从他们在 1965 年初通过《援助法》(*assistance law*)，以及后来关于"保证收入"的辩论中可见一斑。范·帕里斯声称，"无须坚持'单线进化论'便可见证导致荷兰这场辩论发生的挫折、不确定性、希望和冲突，可能预示着那些原来仅会在其他国家出现的问题。"范·帕里斯在 1988 年总结道，"这场辩论的利害攸关之处，与选择社会保障'调整策略'来应对当前'危机'不同，且远不止于此"。恰恰相反，问题在于"进步力量"的核心社会经济目标是否可以、是否应从根本上进行重组：他声称重组无非便是承诺"通过实施最大限度的'基本收入'来保障所有人的自由"。

范·帕里斯与"基本收入全球网络"的诞生

早在 1982 年，范·帕里斯的想法便已经历很长的历程。该年 12 月，这位哲学家为鲁汶大学"经济与社会"部门的同事们编写了一份简短说明。在法国"社会党"发布的一本小册子背面，他初步勾勒出先前已思考长达数月的提案雏形，将其命名为"负所得税"，范·帕里斯想到一个可解决"'福利国家'现有危机"的想法，特别是考虑到"罗马俱乐部"在 1972 年得出的结论，可作为"充分就业"和"经济增长"的强效替代方案。

范·帕里斯的"基本收入"是各种方案计划结合的产物。他于 1951 年出生于布鲁塞尔，曾于 20 世纪 70 年代在新的法语区鲁汶大学学习哲学和政治学。70 年代后期，范·帕里斯获得奖学金前往牛津，师从莱谢克·科拉科夫斯基（Leszek Kolakowski），在此结识 G. A. 科恩,并熟读约翰·罗尔斯(John Rawls)的著作。英国求学之旅使范·帕里斯接触到各种"分析马克思主义者",如科恩、埃里克·奥林·赖特(Erik Olin Wright)和约翰·罗默(John Roemer),使他开始研究 20 世纪晚期的阶级关系。1977 年在比勒费尔德大学(Bielefeld University)逗留期间,范·帕里斯开始研究道德和市场。基于"对《资本论》的仔细研读",他随后于加州大学伯克利分校继续进行研究,直至 1980 年才返回比利时。正如范·帕里斯所说,回到家乡后,他试图重新思考"在西欧解决失业问题的激进战略"。他正是在这里"突然有了一个初步的想法",后来才发现"早已被其他人以各种标签进行讨论,并加以提倡"。

范·帕里斯将他所提出的提案引入一场关于比利时未来社会模式的激烈辩论中。这场辩论最早可追溯至 20 世纪 70 年代中期,当时有越来越多的比利时精英开始质疑"福利国家"制度的效率。为与 20 世纪 60 年代中期的基督教"反贫困运动"保持一致,人们希望用侧重于收入"基线"的社会计划来取代现有社会保障体系和公共服务。正如"ATD 第四世界运动"组织(ATD Quart Monde)于 1974 年想探究的:"在整个历史中,情况不再是一方剥削另一方,而是整个周围社会排斥(驱逐)最弱势群体?"比利时企业雇主还宣布需要限制"团结原则",而非使"社会保障变为财富再分配的工具"。从 20 世纪 60 年代后期开始,这些举措最终导致对弗里德曼"负所得税"理念的重新发掘。正如支持者所见,该提案可摒弃官僚福利主义,包括后者实现"过度平等”的野心。1969 年，"比利时社会保障审查"已发布提案的一个版本，声称"负所得税"试点"倾向于向需要者提供更有效的援助分配"，而非传统的集体救济支付。一年后这一想法为根特大学（Ghent University）研究人员采纳，他们为弗里德曼的想法辩护，认为"当局可更有效地开展合作以预防穷困。"与荷兰的凯珀一样，这些呼吁中有许多仍局限于政策周期和党派平台。在 20 世纪 70 年代后期，比利时未能迎来"基本收入"运动的蓬勃发展。

然而 20 世纪 80 年代初期的经济低迷使"负所得税"重新成为人们关注的焦点。这一次压力来自左派阵营，首先是"绿党"（Écolo）。该党成立于 1980 年，在其 1981 年发表的选举宣言《绿党成员的 90 条建议——另一种从政方式》中，提出有关比利时社会保障体系的新愿景。在使命宣言中，"绿党"将自身描述为"从长远来看，旨在引入有保障的'社会最低限度'，在其整个存在期间支付给每个人"。他们声称此种"最低限度"会"与之前所做的任何努力"脱钩，并可"立即解决当前'非生产者'（退休人员、儿童、残疾人）所带来的问题"。《宣言》继续写道，作为保证这一最低限度的"交换条件"，"公务员"的固定期限"允许公民以民主团结的形式参与"，保留互惠意识，否定"不劳而获"的想法。1984 年，"荷语生态党"，"绿党"在佛兰芒地区的分支党派，在其党纲中采用"负所得税"方案的副本，也希望借此打破比利时发展中的"困境"。

在向天主教鲁汶大学（Univer site Catholique de Louvain）的同事们提出初稿将近一年后，范·帕里斯在一篇署名"全体夏尔·傅立叶"（Collectif Charles Fourier）的文章中向公众表明他的想法。范·帕里斯及合著者以一个有争议的猜想开篇。他们提议，"为何不取消就业保险、法定养老金、国家福利和援助、学习津贴、临时派遣和第三巡回劳工，以及国家对不景气行业的补贴"，并用一项称为"基本收入"的津贴代替上述福利措施呢？他们声称此笔收入应"按月发放，足以支付个人独立生活所需费用"。此外范·帕里斯提出的款项，"无论有关人员是就业还是失业，无论贫富，无论是否独居、与家人、合伙或在更广泛的社区中生活，也无论是否过去曾经工作过，均会进行支付"。此外各国"不应改变转移支付金额，除非根据个人年龄或假定就业能力程度加以调整，且应对这些参与者相关的其他收入征收累进所得税，以为其提供资金"。这些措施在 1984 年听起来均比较激进。然而最大胆的观点在提案的最后部分。作者声称，创造这样的"基本收入"应与完全"解除劳动力市场管制""废除所有'最低工资'相关法规""拟定'工作日时长'有关法案""取消临时就业行政障碍""降低最低受教育年龄""取消最高退休年龄"一同施行。作者最后补充道，"只需做完这些，然后直接等待结果如何即可"。

《新评论》（Revue nouvelle）随后数期刊物中清晰展现出该提案的争议性。经济学家赫曼·德里克（Herman Deleeck）对该小组的"崇高意图"表示"赞扬"，但他认为该提议由于代价高昂而徒劳无功。其他受访者则不那么老练。一位学者将范·帕里斯的提案描述为"充满恶意的地狱"，即将"摧毁百年来的社会历史和社会斗争"。社会学家皮埃尔·雷曼（Pierre Reman）认为

"绿党"于此揭示出自身与劳工运动的分歧，劳工运动寻求"通过引入社会约束来减少不平等"。一位记者声称"基本收入"似乎不过是"'自由派'经济学家的梦想"和"工人的噩梦"。他声称范·帕里斯小组的计划只会"以反官僚运动的名义，强化工薪阶层的现有特权"，而不会触及现有财产关系。

范·帕里斯认为这些批评中许多都没有根据。在他看来，"全民基本收入"的吸引力恰恰在于它能够打乱"左"和"右"的分界。如在 1984 年为《新评论》撰写的一篇文章中，范·帕里斯甚至承认该提案与新的"新自由主义"趋势相容：

> 一个坚定的自由意志主义者不仅应是道德镇压、移民限制和帝国主义侵略的无条件反对者，他还应赞成对财富进行大规模的必要再分配，"损有余以补不足"。然而他也应强烈呼吁彻底减少国家干预。那在此种情况下，如何避免左右派的美好简洁架构在我们眼前被彻底粉碎呢？

该提案可帮助左派在致力于"去国家化"的同时，认真考虑新兴的"新自由主义"联盟。"绿党"运动和"基本收入"活动家均必须集中于"一个可能会打破极左派核心的激进项目"，并提供一种政治框架，以"摆脱'右派支持市场改革'和'左派支持更强力国家'二种立场之间惯常的两极分化"。

范·帕里斯的"基本收入"发展历程也受到特定困境的驱动——"亚瑟·林德贝克难题"。在 20 世纪五六十年代，"瑞典社会民主党"内受过专业学术训练的经济学家逐渐认为竞争市场的中心地位是经济效率不可或缺的（此种敏感性已由勒纳、兰格、赫特和丁伯根等理论家发现）。"因为效率需要竞争性定价和市场变化"，但"其原始结果……不可接受"，必须找到一种既能应对竞争又能确保物质保障的解决方案。范·帕里斯坚持20 世纪 70 年代新古典主义革命的见解，他的著作中充斥着对菲利普斯曲线和拉弗曲线的参考，规定了"失业"与"通货膨胀"之间，及"税率"与"增长"之间的权衡机制。这些工具使他得以从内部解构社会主义传统。在研究生时期，范·帕里斯"阅读了萨缪尔森编著的所有教材"，并研究了杰拉德·德布鲁（Gérard Debreu）对"一般均衡理论"的表述。很明显人们必须更接近采用"该领域的技术方法"。

然而将其与马克思主义理论相调和并非易事。"资源平等"不能"在不使用某种市场或类似市场机制的情况下加以界定，市场机制使人们的偏好得以传达和聚合"。价格是由消费者驱动的。在多元化社会中，消费者也应有购买不再围绕签订严格劳动合同相关的商品的自由。这一愿景使范·帕里斯与那些提倡首个"福利国家"的"积极自由"的理论家对立起来。同恩师 G. A. 科恩一样，范·帕里斯认为社会主义者最好接受"消极自由"作为基准："摆脱"外部约束的自由，而非"去往"规范自由。此种新社会主义无须"断言自由与公民道德之间存在分析联系"，主要因为我们可认为"自由社会植根于这样一种观点：人们对'何为善'或'何为恶'存在深刻的分歧"。

　　分析马克思主义为"林德贝克难题"提供了一些具有启发性的解决方案。在 1979 年多次参加关于萨缪尔森、肯尼斯·阿罗和德布鲁的研讨会后，范·帕里斯于 1980 年在牛津大学与查尔斯·泰勒（Charles Taylor）一同参加 G. A. 科恩组织的牛津研讨会。科恩在这里使用的似乎是"一种试图使对资本主义的批判更加严格的极端方式"，超越"后结构主义"者的"鬼话"。此种批判方式还暗示将"一般均衡"方法应用于马克思主义本身，这是分析马克思主义者约翰·罗默于 1980 年开创的一种方法。此种方法并未提出有关人类行为的严格人文主义模型，而是将一系列"理性

图 4.2　1986 年 4 月在新鲁汶举行的"基本收入欧洲网络"首次会议
资料来源："全体夏尔·傅立叶"小组（Collectif Charles Fourier），伦敦大学学院。

选择"模型与"马克思对资本和劳动的关注"结合起来。当然此种融合有其原因。

同时，该方法暗示与萨缪尔森、德布鲁和约翰·希克斯（John Hicks）于20世纪五六十年代所拥护的"新古典主义"传统和解，这彻底改变了"边际主义"语境，并将阿尔弗雷德·马歇尔对社会福利的强调甩在后面。后来，亚瑟·拉弗（Arthur Laffer）、威廉·菲利普斯（William Phillips）和弗里德曼等理论家，也给予了"福特主义"秩序"致命一击"，该秩序现被困于"失业""通货膨胀"和"环境污染"三者之间。"充分就业"似乎并非必要的乌托邦式目标；一直与范·帕里斯的"自由主义本能"背道而驰。

当范·帕里斯于20世纪80年代接触高兹的研究时，他终于开始为这些"反凯恩斯主义"本能寻求部分"左派"的支持。高兹认为凯恩斯主义"已死"，"在当前危机和技术革命的背景下，通过量化经济增长恢复充分就业绝无可能"。放弃"充分就业"不一定会带来过时的自由放任或"纯粹的"资本主义。另一种选择是"以一种不同的方式废除工作制……创建一个可自由使用时间的社会"。正如范·帕里斯后来对高兹《告别工人阶级》的认可："在我一生中读过的所有书籍中，它可能是对我影响最大的一本"。

范·帕里斯提案的基础也是对"反工作"政治的新理解。范·帕里斯在1985年访问荷兰"反职业道德协会"时重复了类似言论，他在当地参加数次会议，并同与会者交谈。同年，他在《"基本收入"：论职业道德、收入和解放》（*Basisinkomen: Over arbeidsethos, inkomen, en emancipatie*）中点评了范·奥吉克的评论，作品由"激进党"旗下出版社于 1985 年出版。

1986 年，范·帕里斯决定汇集这些努力，组织他作为"全球基本收入运动"领袖的第一次会议，于当年 9 月 4 日至 9 月 6 日在新鲁汶（Louvainla Neuve）举行"基本收入欧洲网络"（BIEN）成立大会。会议由英国学者彼得·阿什比（Peter Ashby）和德国社会学家克劳斯·奥弗主持，创始委员会成员包括保罗·马里·布朗热（Paul Marie Boulanger）、赫敏·帕克（Hermione Parker）、盖伊·斯坦丁和荷兰哲学家罗伯特·范·德温（Robert van der Veen）。目标是将"基本收入"纳入公共政策蓝图。

一些最尖锐的评论来自范·帕里斯本人。他表示，"此次会议的与会者，毫无疑问在许多问题上意见不一"。他们中的一些人是自由主义者，例如赫敏·帕克，她曾于 20 世纪 70 年代与朱丽叶·里斯·威廉姆斯的儿子共事，希望"基本收入"可营造"更为灵活的劳动力市场"，在这个市场中，"工资谈判将集中于盈利能力、竞争和公平等问题上"。

其他人，如社会学家克劳斯·奥弗，对劳工运动有条件的承诺，并且很可能不同意赫敏·帕克"如果加薪幅度很小，在通货膨胀背景下只能说毫无意义"的观点。其他人则自视为正在崛起的"新左派"的一部分，然而"真正最具普遍争议的问题"是需要"从开始便澄清纯粹语义问题"。范·帕里斯将他现阶段研究的术语与先前的术语进行了比较，如"普遍补助金""社会红利""公民工资"和"社会收入"。他指出"引入'基本收入'构成工作与收入的脱节"。此种分离可有多种模式。第一种模式规定"收入保障并非通过有保障的工作来实现",范·帕里斯将其视为 1834 年英国"新济贫法"改革的基础,"新济贫法"下令建造济贫院。他声称此种观点为"全体'基本收入'支持者"所拒绝,因为此法案隐含一种有关"援助"的卑劣观点。第二种模式确实规定了"永久性基本收入"的引入,但有条件的条款"介于(当有工作时)个人做好准备可以工作,和社会为其提供无条件收入之间"。该模式由朱丽叶·里斯·威廉姆斯提出,她坚持受救济者必须签订"工作合同"。在第三种模式中,主要与 19 世纪 80 年代的爱德华·贝拉米和 20 世纪 30 年代法国个人主义者雅克·杜邦(Jacques Duboin)等思想家有关,提供"基本收入"被视为"提供大量社会服务的逆流"。

20 世纪 80 年代初期已消除一些关键限制。当范·帕里斯讨论从 20 世纪 70 年代中期开始提出的提案时(荷兰食品工人工会于 1981 年、范·奥吉克于 1982 年、"荷兰政府政策科学委员会"于 1985 年,以及"全体夏尔·傅立叶"小组于 1984 年提出的提案),这些提案在条件性方面存在的细微差别变得可见。范·帕里斯说,"在多数当代讨论中,'基本收入'和相关表述指的是在提供有保障的工作,签订社会契约,或履行社会服务这三种意义上与工作完全脱钩的收入"。范·帕里斯指出,与弗里德曼的"负所得税"一样,"当前的工作表现""工作意愿"或"过往工作表现",均不具备被纳入其条款的资格。与贝拉米认为"不工作是一种分裂行为"的想法相反,范·帕里斯选择将报酬与工作完全脱钩。这与一个已被适当削弱的新式"共和自由"概念有关：全体公民对社会资产拥有的世袭权利保证其独立性。

然而此种绝对论调也可能吓退盟友。1984 年，范·帕里斯开始与安德烈·高兹进行长时间交流。范·帕里斯在这十年的前数年中首次接触到高兹的研究，当时高兹对"全民基本收入"尚存质疑。范·帕里斯转而很快批评其高兹提出的"减少工作时长"提议。尽管他赞同"自治"理念，但他认为这位法国思想家低估了伴随这些削减计划而来的国家控制程度。工作配额高低不会打破现行福利制度的"压迫性"和"侮辱性做法"。在布鲁塞尔期刊《转弯》(Virages)记录的一次交流中，高兹反驳了这一说法，指出工作配额无须"通过高度的官僚极权主义控制"来实现。如在 1983 年发表的《天堂之路》(Les chemins du paradis)中，高兹一再反对"无条件基本收入"会使工作变为一种"选项"，并"免除社会对必要工作的公平分配的关注"。

1985 年，"全体夏尔·博立叶小组"在一篇同名文章中提出对"基本收入"的辩护。高兹以 1985 年题为《基本收入的两个版本——"右"和"左"》(Allocation universelle: Version de droite et version de gauche)的文章作为回应。在他的回应中，高兹现于"基本收入"两个版本之间谨慎地划清界限。前一个版本尝试增加"临时和不稳定劳动力"，并向完全"服从雇主"的工人提供少量储备金。后一个版本则更倾向"左派"，"符合可接受的生活水平"。然而，在放弃先前对"基本收入"不屑一顾的立场的同时，他也担心"劳动"和"收入"的全面脱钩会扩大工作过度的专业人士和过剩工人之间的"社会裂痕"。尽管高兹确实认为凯恩斯主义的补救措施已然过时 [他对弗朗索瓦·密特朗的"单一国家凯恩斯主义"（Keynesianism in one country）的怀疑证明了此点]，但他也担心现金转移支付只会扩大他在 20 世纪 70 年代首次发现的"社会裂痕"（social fracture）。

然而时间很快证实了高兹的怀疑。随着 20 世纪 80 年代"去工业化"（deindustrialization）的加剧，"全民基本收入"开始在法国"左派"寻求长期支持。该提案的支持者来自约兰·布雷松（Yoland Bresson）等经济学家 [他在 1984 年的著作《后工薪阶层》（L'après—salariat）中提倡"基本生存收入"] 和楠泰尔大学人类学家阿兰·卡耶（Alain Caillé）、费利克斯·加塔利于 20 世纪 80 年代后期继续支持该提案，将其视为"对抗各种形式贫困，及捍卫扩大非传统权利以对抗社团主义分裂机制的解药"。1988 年，高兹在《工作的变体》（Métamorphoses du travail）一书中通过对比新自由主义和"左派自由主义"两种版本的方案，再次为"左派全民基本收入"增加政策空间。在后一版本中，"基本收入"仍须与"实质性社会服务"相结合，加之对社会疯狂求职的"激进批判"。高兹此时认为从事社会必要形式的劳动，会弥补"无条件救济"造成的损失。

直至 1996 年，高兹才最终无条件转向"基本收入"。在与阿兰·卡耶和托尼·内格里共同创立"欧洲公民和多元经济平台"后，他重新振作起来，全力捍卫该提案中隐含的无条件性。克劳斯·奥弗关于"充分就业"的研究似乎也为此种"无条件基本收入"开辟了新空间。更重要的是，高兹对意大利"后自治主义"传统的解读成为他这一转变的关键动机："后福特主义"固有的"可衡量性危机"意味着劳动本身已无法标准化，现在几乎所有活动都可算作"工作"。由于无法再以满意的方式衡量劳动力，永久性补助金只会带来"工资制度颠覆"这一自然反应。他声称左派现在只会使他们成为少数派的代言人，"只有少数派才仍主要通过工作来定义自己"。高兹重新转变成为范·帕里斯"基本收入地球网络"的成员。范·帕里斯后来回忆道，"我们欢迎他，如同欢迎浪子回家一样"。

***

高兹的转变正是欧洲"基本收入"运动自 20 世纪 60 年代后期以来所经历变化的体现。欧洲已将其主要政策从进口产品转变为后工业化"左派"的提案。后工业化"左派"意在扰乱曾巩固先前"福利国家"制度基础的"福特主义"共识，并取消其日益不切实际的"充分就业"承诺。这一转变的背后是欧洲"左派"思想的"双重理念革命"——"后工作主义政治"和新型"反国家主义"的形成。这场革命将关于社会政策的辩论从"取缔不平等"重新转向"反贫困"，并在"对……的追求"的推动下，将"公民社会"重新定义为"超越国家的自由舞台"……正如范·帕里斯所说，这是一种对新自由主义和旧社会主义者的解放愿景的替代方案。

当然，这场"双重革命"也受到一些批评。正如法国哲学家皮埃尔·罗桑瓦隆在 1995 年出版的《新社会问题》（*La nouvelle question sociale*）中所指出的，"基本收入"理念的流行部分，归功于 20 世纪 80 年代新自由主义者和"新左派"之间达成的默契。对这位法国哲学家来说，它代表"经典'福利国家'理念终结的负面而矛盾的一面"，"经济活动与团结之间日益分离的症状，以及自由意志主义者和乌托邦社会主义者之间令人讶异的趋同"。通过"将经济与社会分离"，以及寻求实现"'后劳动'社会"，"基本收入"计划很容易便将"就业问题转入幕后"。该提案不会为新课题的蓬勃发展开辟空间，而会缩小斗争面。随着政策科学委员会提出新版的丁伯根和弗里德曼提案，范·杜因、高兹和范·帕里斯开始从战后劳工运动盛行的"生产者主体"中撤出，超越公民的"工作职能"。在此番过程中，他们提供一种生活于由职业道德所建立规范世界之外的能力，同时还回避高度"生命政治"特征的国家和其他政治化需求的专制模式。1993 年，"佛兰芒绿党"一名成员同样将其描述为"后乌托邦时代"的乌托邦：

> 提案的模式（"基本收入"）是'两种乌托邦'之间的折中道路。它保留市场机制，但也管控"市场失灵"带来的后果，同时将国家干预限制于构建政策框架范围之内。在该框架内，那些已成为失败政策受害者的人会得到名副其实的人文主义（但并非乌托邦式或理想主义的）解决方案。

某些批评家恰恰发现这种默契令人担忧。四年后，当"基本收入运动"走向全球化时，英国评论家詹姆斯·哈特菲尔德（James Heartfield）严厉批评该运动对当前的"从生产领域撤退"思潮持接纳态度。高兹声称，被其视为新主体的"非工人的非阶级"仅是接受了"生产领域的停滞"。"物质生产"领域现在则"被视为历史遗留问题"。在新自由主义者成功将"工作"重新定义为"负效用"之后，哈特菲尔德发现"20世纪头七十年如此重要的'需求'定义论战的矛盾特征淹没于国内'基本需求不再重要'这种和平氛围中的公开辩论"。该提案以失败告终，因为通过"确定最低限度水平"，"基本收入"不一定会产生使收入增加的效果。与此相对，它可能只会带来"加薪要求的下行压力"，并使剩余的"福特主义"工作岗位转为临时岗位。同样，乔治·卡芬齐斯（George Caffentzis）声称，各种"基本收入运动"沦为"政治失败"的牺牲品，因为它试图使敌我双方均相信，对于所有人来说，资本主义（已然）终结。新的"不稳定阶层"看起来与昔日的无产阶级惊人相似，他们用一个世纪的时间确立劳工权利，但现又在发达国家和发展中国家中被取缔。

凭借"第三条道路"政客所提出的"激活"方案和个人"充分就业"计划，他们基本未对早期救助政策浪潮表示出敬意。"新左派"和中间派在处理通货紧缩和"中央银行独立性"必要性方面也几乎不存在共同点。在20世纪90年代，关于"基本收入"的讨论"在本质上日益呈现哲学性"，该提案似已"脱离主流政策议程"。然而在关注"税收抵免"和个人福利解决方案时，上一波"基本收入"浪潮的精神在20世纪90年代似乎仍普遍存在。托尼·布莱尔（Tony Blair）、格哈德·施罗德（Gerhard Schröder）、弗兰克·范登布罗克（Frank Vandenbroucke）和维姆·科克（Wim Kok）的市场社会民主主义的友好变体，希望在全社会提升个体主动性。在度过艰难的 20 世纪 90 年代之后，现金补助似乎逐渐填补上南北国家"左派"设想中的这一空隙。新的福利政策世界开始趋向存在一条"没有上限的底线"，在这个世界中，公民可获得足够供给，同时资本积累可保持有增无减。

在全球范围内，世界银行和联合国的"反贫困运动"也出现类似趋势，这促使发展中国家放弃"进口替代"战略，将重点放在减困上。迈克尔·哈林顿的《另一个美国》现正独立为"另一个星球"，"绝大多数"非工业化国家使人联想到美国的衰落。"基本收入"的支持者可能输掉了一场战斗，但他们赢得了整场战争。到 20 世纪 90 年代末，欧洲活动家在"第三世界"（Third World）和"第一世界"（First World）均宣称"劳动世纪已结束"；2004 年，范·帕里斯的"基本收入欧洲网络"将其名称从"基本收入欧洲组织"（Basic Income European Net work）更改为"基本收入地球组织"（Basic Income Earth Network），然而正如哈特菲尔德和卡芬迪斯等评论家指出的，没有什么比将"工作"伪装成"休闲"更令人沮丧的事情了。

具有讽刺意味的是，荷兰"反职业道德协会"成为这一悖论的最佳例证。协会成立于 1982 年，在面向公众服务不到两年后几近解散。协会成员为协会几近解散给出的理由十分笨拙：一位前成员声称协会只是觉得整个过程"太辛苦了"。或正如荷兰哲学家汉斯·阿赫特休斯作为早期支持者所评论的那样："与其支持者相比，活动家更坚定地被职业道德所吸引。他们的工作周数有时会超过正常工作周数的两倍，而且在遵守工作纪律方面堪称楷模……他们声称这是一项有价值的事业，帮助个人能够终有一日自己创业做老板"。

在试图废除"劳动"的过程中，后工作主义者栉风沐雨、不辞辛劳，并奋斗终生。

第五章

回顾历史后的全球发展反思

"没有工业化，穷国便无法摆脱贫困。"

——朱利叶斯·尼雷尔（Julius Nyerere），《穷人的恳求》

（*The Plea of the Poor*）

"劳动者的世纪即将结束。"

——盖伊·斯坦丁,《从劳动到工作》（*From Labour to Work*）

　　1994 年末数月间，英国发展经济学家盖伊·斯坦丁抵达南非。作为"国际劳工组织"（ILO）劳动力市场研究负责人，这位"基本收入"长年倡导者，一直与 20 世纪 90 年代初流亡伦敦和日内瓦的"非洲人国民大会"（ANC，简称"非国大"）成员保持联系，特别是其"宏观经济研究小组"（MERG），该小组一直为后种族隔离时代的南非制定过渡政策方案。当新当选"非国大"政府班子于 1994 年 5 月宣誓就职时，斯坦丁受委派"对劳动力市场进行全面评估"，并推进一系列必要改革，以"使南非重新融入全球经济"。在种族隔离制度垮台和纳尔逊·曼德拉（Nelson Mandela）就任总统后，人们对解决南非普遍存在的不平等和贫困问题抱有极大的期待。在长达数十年的发展滞后之后，必须为全体南非人民提供福利。

　　斯坦丁在劳动力市场改革方面拥有数十年的研究经验，来到这个新兴的二元种族民主国家。他在"非国大"领导层中尤以有关"发展"和"结构调整政策"的"异端"观点而知名。他于20世纪70年代中期在詹姆斯·米德和琼·罗宾逊（Joan Robinson）指导下于剑桥接受学术训练，其博士论文研究即致力于解决劳动力供应问题。博士毕业后，斯坦丁很快进入"国际劳工组织"就业和发展部担任经济学家。在职业生涯早期，因为对现代化理论持批评态度，且认为僵化的"劳工主义"（laborism）正主导着"国际劳工组织"，他发现自己在组织中被边缘化，只能从事短期合同工作，并被组织领导人视为危险人物。他专门研究"全球南方国家"的劳动力参与率问题，开始思考一种替代方案，以取代他认为当时在发展经济学中普遍存在的"以劳动为导向"的战略。直至20世纪80年代中期，他已确信"劳动力市场会变得更加灵活，且更加不稳定"，此时寻求经典"充分就业"倾向的政策显然毫无意义。对现金转移支付机构进行调整，而非通过国家主导投资建设公共工程，这一趋势近乎不可避免。

1994年，斯坦丁已为这些异端观点找到热切的支持者：曼德拉政府劳工部长蒂托·姆博维尼（Tito Mboweni）要求他领导一个劳动力市场改革委员会。尽管"非国大"领导层在经济重建路径上存在分歧，但多数成员已明显背离1955年《非国大自由宪章》（ANC Freedom Charter）中"以国家和劳工为中心"的愿景。《自由宪章》仍在寻找一项替代方案，以替代曾指导坚持种族隔离主义的"国家党"的保守经济政策。《非国大自由宪章》于1955年在南非索韦托（Soweto）通过，确立了指导反对种族主义政权斗争的核心原则和理想。《自由宪章》在部分程度上受到社会主义理想的启发，标志着"非国大"历史上的一座分水岭。从严格的民权主义角度来看，《自由宪章》呼吁对南非社会经济基础进行彻底重组，从土地改革到将银行和垄断行业所持有的"国家财富"国有化："应控制其他所有工业和贸易，以造福人民"。《自由宪章》（在 1956 年"非国大"被南非政府取缔后受到审查）还包括要求免费教育、全民免费医疗保健，以及大规模扩展公共服务范围，如交通、幼儿园、社会中心区和住房。根据《自由宪章》强烈的"工人主义"倾向，主张"国家应承认全体人民的权利及义务"，"每周工作 40 小时、确保国家最低工资水平"，且全体公民均可自由组建工会。

在随后数十年中，"非国大"党内经济学家普遍强调此项目所蕴含的"国家主导"特征。正如反对种族隔离的流亡经济学家维拉·皮莱（Vella Pillay）于 20 世纪 80 年代后期所指出的，反贫困政策要求国家确定"积累的总体方向"。曼德拉 1994 年的竞选纲领，即"重建和发展计划"（RDP），其本身便与《自由宪章》的传统十分契合。正如斯蒂芬妮·布罗克霍夫（Stephanie Brockerhoff）所指出的，《自由宪章》的基本原理"并不依赖于扩大现金转移支付作为再分配机制本身，而更侧重于'国家重组'和保障人民就业。"相较于普遍补助金，土地改革、公共工程、国家分配住房、医疗保健和工业基地改造的广泛政策组合可带领南非走出以"种族不平等"为前提的"种族隔离"时期经济模式。

斯坦丁为总统"劳动力市场委员会"提出的改革计划，其独特之处恰恰源于该计划背离了这些"劳工主义"假设。尽管斯坦丁支持"重建和发展计划"的大部分内容，但他从开始便认识到"无论是通过劳动力市场培训、就业服务、公共工程，还是补贴创造就业机会，实施国家干预主义方法的能力都很有限"。与此相对，他将建议集中于"提供收入津贴"上。考虑到作为再分配机制的雇佣劳动的减少，该计划还呼吁大幅增加"以最低交易成本到达人们手中"的现金转移支付。斯坦丁补充道，此类政策的优势在于允许"低收入或失业个人和低收入社区自行做出劳动力市场决策"。政策不应指导政府创造就业机会以满足社会需求，而应向人们提供资金，使他们能以合适的方式维持生计。斯坦丁的观点意味着要彻底发展"转移国家"模式，并背离过于狭隘地侧重于"自下而上评估需求，并强迫人们从事可能非出于自身意愿而选择工作"的政策。正如人类学家詹姆斯·弗格森（James Ferguson）后来所记述的，此种思路暗示着对政策规划者对"贫穷问题本质"了解程度的明显不信任。对于斯坦丁这样的政策提议者来说，现金转移支付反而成为"使低收入人群能以更符合实际情况的方式获得商品并引入生计策略"。尽管斯坦丁并未在官方报告中提及"基本收入"，但他还会找到更多非正式途径，在论文、专栏文章和政策研讨会上传播他的这一想法。

"种族隔离"时期之后的政策氛围似乎也使斯坦丁的政策转变更易于被接纳。1996年5月，弗雷德里克·德克勒克（Frederik de Klerk）和"国家党"政府班子向位于开普敦的南非政府机关提交报告，准备退出国民政府，从而使"非国大"得以独掌政权。作为进入"非国大"政府后向全体内阁发表讲话的第一人，斯坦丁建议在南非建立广泛的全民现金补助计划。他还在家中亲自向曼德拉展示这项研究。他一边提醒曼德拉，只有在"失眠"的时候才需将这份长达 500 页的文件通读一遍，他试图说服这位标志性领导人考虑引入"基本收入"制度。然而在随后数月中，南非政府还是采用更为传统的宏观经济手段。尽管斯坦丁在 1997 年之前一直担任劳工部长姆博维尼的政策顾问，但他关于发展"转移国家"模式的设想最初并未获得后种族隔离时代精英们的支持。事实上就在他向曼德拉陈述自身观点的同一天，另一份受财政部长特雷弗·曼纽尔（Trevor Manuel）委托，由世界银行和国际货币基金组织以更为正统观点撰写的报告已摆在政府办公桌上。"商业友好型""增长、就业和再分配战略"将经济政策更明确地转向国际竞争力。出于对"通货膨胀上升""公共赤字"和"生产力落后"的担忧，曼纽尔和塔博·姆贝基（Thabo Mbeki）选择支持正统观点。姆贝基（在英格兰接受教育成为经济学家，后成为南非总统）半开玩笑地请批评者称他为"撒切尔主义者"。然而对于南非的追随者来说，"非国大"的转变并不意外。事实上正如格蕾丝·戴维（Grace Davie）所说，随着党内领导层逐步掌控权力，"非国大"已逐渐摒弃"由国家主导大型经济重组的想法"。曼德拉本人在获得自由后放弃国有化和强力宏观经济政策的想法，这在"重建与发展计划"中曾有所提及。正如戴维所指出的，当曼德拉离开罗本岛（Robben Island）时，柏林墙已然倒塌，南非国库已然空空如也，"全球化"一词为人们所"津津乐道"。在多次前往"世界经济论坛"（World Economic Forum）与外国领导人会谈之后，曼德拉变得更趋谨慎，以适应商界精英的需求。在迈向总统宝座的道路上，曼德拉开始以"一种'常识性'方式"拥抱资本主义。

曼德拉在当选后不久对美国国会议员表示，"贵国企业家所取得的成功，以及社会为公民提供工作的能力，取决于全球各个角落所有人均被提升至'市场自由参与者'地位这一事实"。曼德拉补充道，市场机制的"势在必行"可能提供南非发展所需的"灵丹妙药"。在向国内外投资者发表讲话时，曼德拉甚至宣称他们无须心存顾虑，政府经济计划已清除"意识形态联系起来的东西"。尽管苏联解体显然催生出"自由市场胜利"的信条，但事实证明"非国大"更愿塑造一个"市场友好型"的民主过渡政府，基本建立于新的后意识形态隐喻之上。曼德拉解释说，南非"既非社会主义亦非资本主义，而是以提升人民地位为宗旨"。尽管曼德拉的失败"虽然不幸，但也可以理解"，但很明显他的政党"并未在哲学层面抵制新的掠夺性经济理性主义"。早在1994年，南非记者海因·马雷（Hein Marais）便得出一个严峻的预言结论："左派已输掉这场宏观经济战争"。

"增长、就业和再分配"战略的实施，也标志着"非国大"

内部经济正统观念的最终转变。新战略侧重于由私人主导的增长，强调贸易自由化、公共企业私有化、坚持财政纪律，同时放松管制会吸引外资进入。外汇管制逐渐减少，关税降低，国际竞争力得到提升，公共支出在国家维护补助金等项目中同时削减。由于政府担心"种族隔离"时期福利机构"去种族化"会对财政产生影响，该计划以贫困儿童为重点，被一个较为谨慎的制度所取代。"通过再分配实现增长"的战略，被为更正统的"通过增长实现再分配"模式所取代。正如斯蒂芬妮·布罗克霍夫所指出的，"增长、就业和再分配"战略"不再强调'政府让一切变得更好'，而是强调借助解决现有问题的市场力量"。现金补助提案与斯坦丁的建议相去甚远，被认为是一种不具备"发展性"，且会助长"坐享其成"（而非"鼓励自力更生"）的施舍。在对经济整合与重建做出短期承诺后，"非国大"放弃先前对经济秩序进行深刻变革的所有承诺，并选择实施帕特里克·邦德（Patrick Bond）所称的"本地结构调整"计划。

随着南非政治氛围为之一变，斯坦丁的想法重新获得当局的认可。自 1994 年踏上南非土地那一刻起，他便通过在高校演讲、与本国主要工会"南非工会大会"（COSATU）秘书长韦林齐玛·瓦维（Zwelinzima Vavi）进行讨论，以及参与公开会议积极在政府之外推广"基本收入"理念，以逐步组建更广泛的联盟来支持这一想法。随后"基本收入"逐渐出现于公民社会生活中，成为政府保守经济议程其中一个颇具吸引力的替代方案。1998

年"基本收入补助联盟"（BIG）成立，要求全面改革社会保障体系，包括提供每月 100 兰特的"全民基本收入"。"增长、就业和再分配"战略在随后数年所带来的令人失望的结果进一步提高了"现金转移支付"的合理性。事实上尽管减少不平等现象和减贫一直是"非国大"的官方宗旨，但在 1995—1999 年间，多数宏观经济指标均会出现恶化。贫困和不平等加剧，失业率上升，6% 的经济预期增长从未实现。

直至 2000 年，南非社会发展部自行成立的一个委员会旨在规划对社会保障体系进行全面改革，斯坦丁议程的主要原则得到批准，"现金转移支付"逐渐成为政府扶贫战略的正向补充。该报告于 2002 年由社会发展部长特别顾问薇薇安·泰勒（Vivienne Taylor）教授牵头发表，批评"北方国家福利制度的相关性"，重点应是"基于充分、正规就业的经济"。与此相对，她试图设想一种适应"高度二元化"非正式劳动力市场的社会政策，此类劳动力市场较少以"工业化"和"贝弗里奇式"社会保障规范化进程为标志。由于旧有"以工作和国家为中心"的发展战略似乎遥不可及，将"安全网"措施扩展至劳动人口之外的前景开始取得进展。这一想法认为"保证收入"可"鼓励创业和自力更生"，并作为"发展的跳板"。支持该提案的论点越发具有"后殖民主义"色彩。正如弗格森所指出的，这意味着与其将"发展"与"正式雇佣劳动"联系起来，不如通过促进非正规部门中蕴含的"企业家精神"来发挥作用。这份被称为"泰勒委员会"的报告振奋了"基本收入"支持者，并使南非成为全球南方国家中最早认真考虑此提案的国家之一。尽管政府成员仍不愿接纳该想法，报告本身也表示不存在"立即予以实施的条件"，但他们仍赞成扩充"现金转移支付"的机构，并为该政策纲领所具备的发展特征进行辩护。尽管"基本收入补助联盟"运动未能通过其"基本收入"政策，但它成功有效地从根本上扩大了"现金转移支付"与南非经济的整体联系。在随后数年内，南非成为全球南方国家中将"现金转移支付"作为发展政策替代方案最引人注目的成功案例之一。这一转变促使塔博·姆贝基对"转移支付"的接受程度增加。更重要的是，它还促使"非国大"能够在扩大社会支出的同时兼顾"国际货币基金组织"或世界银行的发展建议。事实上，尽管采用相当正统的宏观经济政策，但到 21 世纪初，以子女抚养费、养老金或伤残补助金形式进行的转移支付规模大幅增长。1994 年开始的对旧有制度的"去种族化"，加之后续对年龄和收入门槛的修正、评估残疾补助金程序，以及儿童福利的扩大，导致受益人数量大幅增加。与此同时，随着公有企业私有化，基于市场的健康保险供应也有所增长。1994 年南非大选期间，约有 240 万人获得现金补助，到 2014 年这一数字已升至超 6100 万，覆盖南非半数以上家庭。南非政府并未扩大劳动力正式雇佣渠道，而是启动"现金转移支付"机制。一位著名南非分析师在大选后这样写道，"尽管我们一直在说创造就业机会，但却一直在做其他事情，就是发放救济"。随着经济自由化，这一"庞大非缴费型社会福利体系"的创建成为"政策创新的关键领域"。

詹姆斯·弗格森补充道，"进行选择性私有化和市场化"的新自由主义计划与"影响深远的直接分配计划相结合……逐步脱离劳动力和劳动力供应问题的范畴"。

与20世纪80年代的范·帕里斯、高兹和范·奥吉克一样，斯坦丁提出"后种族隔离时代"发展方案的过程也并非一帆风顺。在随后十年中，正式雇佣劳动模式以及所有使劳资关系固定化的尝试的进一步瓦解，均为南部非洲各国有关"基本收入"的辩论提供了充足动力。正如斯坦丁所论述的，"经济非正规化正在增长，而非缩小"，"将劳动力简单划分为就业、失业和非经济活动的标准方法，不宜用于确立社会保障体系"。斯坦丁的转变为南部非洲众多国家提供了范例，这导致以家庭津贴、养老金、伤残津贴或"儿童保育补助金"等形式出现的"有条件现金转移支付"（CCT）得以快速普及增长。这些转移支付方式的迅速普及形成弗格森所说的"新型分配政治"。尽管"有条件现金转移支付"同"全民基本收入"仍有很大距离，但二者对现金的积极重视为有关"无条件现金转移支付"（UCT）的政策实验和相关讨论开辟了道路，也衍生出对"基本收入"本身进行思考的新方式。

正如盖伊·斯坦丁所指出的，南部非洲"对'有条件现金转移支付'的兴趣日益增长"，自然导致对"各种形式的目标、选择性和条件性，以及其非必要成本的缺陷"的进一步质疑。一改先前的悲观情绪，斯坦丁开始认识到他的提案正在积聚势头。到21世纪00年代中期，纳米比亚、肯尼亚和乌干达等国非政府组织继续资助开展新的大规模政策实验，同时莱索托、莫桑比克、埃塞俄比亚和马拉维等国实施主要"现金转移支付"计划，二者均得到"非洲联盟"（African Union）的大力推动。到 2012 年，超过 123 项"转移支付"计划在整个南部非洲得到实施，逐步取代 20 世纪 90 年代紧急粮食援助计划在非洲大陆所占据的中心地位。国际舆论似乎也幡然改观，十年来"自上而下的人道主义"正逐渐让位于更具参与性的市场伦理，非洲人民可通过现金补贴决定自身在世界历史中的命运。

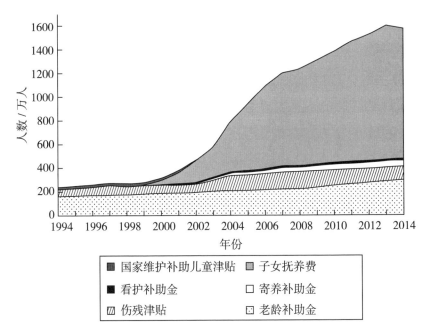

图 5.1　1994—2014 年 4 月按计划划分的社会援助受益人人数

资料来源：杰里米·希金斯（Jeremy Seekings）、尼科利·纳特拉斯（Nicoli Nattrass）、《南非的政策、政治和贫困》（伦敦帕尔格雷夫·麦克米伦出版公司，2015 年）138 页。

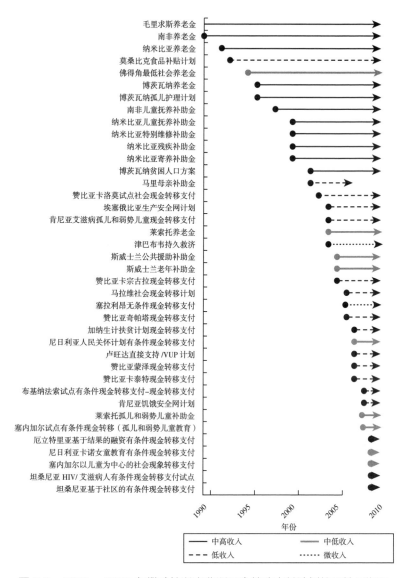

图 5.2　1990—2010 年撒哈拉以南非洲现金转移支付计划的开始日期和
持续时间

资料来源：马里托·加西亚（Marito Garcia）、加里蒂·M. T. 摩尔（Charity
M. T. Moore）《现金红利：撒哈拉以南非洲现金转移支付计划的兴起》（华盛
顿：世界银行，2012 年），47 页。

在纳米比亚，斯坦丁本人早在 1996 年便于首都温得和克与路德教会、主教和多个非政府组织召开会议，以在本国发起"全民基本收入"运动，试图说服政府相信该提案所蕴含的发展特性，他们很快组成"基本收入补助联盟"，成功促使政府认真考虑该提案，并于 2002 年将其付诸实施。2007 年，在奥奇韦罗（Otjivero）和奥米塔拉（Omitara）的小村庄，一项由斯坦丁本人参与监督的试点项目终于启动。两年多来，930 名六十岁以下居民每月收到约 12 美元的无附加条件补助，使得现金形式援助比食品援助更受欢迎。尽管纳米比亚已实施相当完善的补助金制度，且从未在"全民基本收入"方面取得进展，但到 21 世纪 00 年代后期，"全民基本收入"使其儿童补助金制度规模增加十倍。在众多发展界精英的努力下，"基本收入"已成为新型福利政策领域的前沿方案。

"现金转移支付"在全球舞台以及联合国、国际货币基金组织、"国际劳工组织"和世界银行等国际机构的快速发展令人印象深刻，其发展并非线性过程。"现金转移支付"在发展经济学领域的胜利，正是全球南方国家设想福利政策和发展方式的宏大历史的组成部分。只有通过逐步取代以"国家主导的工业化"和"战后充分就业"为重点的发展观念，"转移国家"理念才会更具吸引力。事实上正如发展经济学家张夏准（Ha-Joon Chang）所指出的，在进入 20 世纪 70 年代后，"人们普遍认为发展主要指生产结构的转变"主要"通过创新和工业化来实现"。随着这一观点的消亡，"扶贫"本身在众多发展战略中取得核心地位，这一新观点得到华尔特·罗斯托（Walt Rostow）等"现代化理论"倡导者和劳尔·普雷维什等激进思想家的认同。在一个似乎愈发不能或不愿将劳动力固定化、引导投资或将资源社会化的全球南方国家，新式现金工具的发展为战后原有福利政策理念提供了一种市场友好的替代方案。此种新观点也成为"基本收入"崛起作为前发展中国家可设想的一种政策选项的首要背景。南部非洲"转移国家"的兴起成为影响印度、墨西哥和巴西等国宏观历史进程的一部分，这些国家于21世纪00年代也进行了"现金转移支付"改革。相较于全球北方国家大都市的产业政策和经济独立性，"发展"在这些国家被集中明确为"承诺在市场交易中为所有人提供基本需求"。正如盖伊·斯坦丁所说，在一个"劳动者世纪即将结束"的世界里，发展必须在后殖民主义思想家、现代化理论家所构建的"以国家为中心"的政策框架之外进行改造。这是一个"由全球南方国家驱动的激进变革"，挑战"全球北方国家'经济增长第一位'的主流观点"。然而在此过程中，"发展"定义本身也发生了深刻变化。

工业化发展

与之前的"发展主义"时期相比，全球南方国家"现金转移支付"改革的脉络最为清晰。最迟到20世纪70年代中期，多数"追赶发达国家"的经济理论，从"依附理论"到"现代化理论"，均对"减贫"本身给予较少重视。正如玛莎·芬尼莫尔所说，当时的发展"并非旨在减贫"，"从事这项工作的人也未将其理解为减贫"。相反，增长和国家主导的工业化被视为使新兴独立国家摆脱"匮乏"的最有效方式。国家此时负责"价格和进口管制"，"通过将前殖民企业国有化而成立的半国营公司分配投资和大部分生产"。

工业化是这种重组在经济上的必要条件。1977年，时任坦桑尼亚总统朱利叶斯·尼雷尔在美国霍华德大学（Howard University）进行演讲，他在听众面前宣称"如果没有工业化，贫穷国家便无法摆脱贫困"。尼雷尔在后殖民时期政治精英中的立场远非异端。正如历史学家弗雷德里克·库珀（Frederick Cooper）所指出的，对多数人来说，国家权力是提高生产力、实现落后农业经济现代化和工业化的关键工具。发展必须是理性和"以国家为中心的"。贫困问题总是包含在与全球劳动分工有关的更广泛宏观经济和体制问题中。随着旧日帝国的衰落，"后殖民主义"国家被迫转向计划工业化理论，以走出停滞和贫困。正如纲纳·缪达尔（Gunnar Myrdal）于1968年回忆的那样，在全球南方国家，"规划"是真正的"现代化理论知识集"。事实上正如塞缪尔·莫恩所指出的，后殖民时期经济学"几乎总是以资本主义替代方案的面目出现"。受到社会主义理想的启发，殖民地自治化领导人［如朱利叶斯·尼雷尔、加纳的克瓦米·恩克鲁玛（Kwame Nkrumah），或许其中最重要的是印度的贾瓦哈拉尔·尼赫鲁］公开将其发展战略设想为自由市场自由主义和帝国主义等的替代方案。1902年，J. A. 霍布森（J. A. Hobson）极具影响力的《帝国主义》（*Imperialism*）一书主张殖民主义基本以经济为基石。他提出一个著名论断：在资本主义中，工业大都市工资限制导致的"生产能力过剩"迫使政府吞并欠发达国家，向新市场出售多余商品，转移剩余资本。众所周知，霍布森的理论被列宁吸收与批判，在很大程度上形成这样一种观点，"发展"不仅与"减贫"有关，更广泛地说是与政治和经济独立有关。尼赫鲁在1942—1945年被囚禁于艾哈迈德纳加尔堡（Ahmednagar Fort）期间所写的《发现印度》（*The Discovery of India*）一书中，明确将发展问题置于更广泛的帝国主义问题中。这位未来的印度总理写道，"工业落后国家将不断打破国际均势，助长发达国家的侵略倾向。即使保留名义上的政治独立性，自身经济控制权也往往拱手让于其他国家。"本着同样的精神，20世纪50年代印度发展战略的主要设计师之一，"印度统计学之父"普拉桑塔·钱德拉·马哈拉诺比斯（Prasanta Chandra Mahalanobis）认为"国际争端和紧张局势，源于发达国家在欠发达地区确立势力范围的愿望"。他补充道，"欠发达地区的存在是对世界和平安全的持续威胁"。对于这些后殖民主义精英来说，"扶贫"仅在工业发展目标中仅占一小部分而已。

随着1943年发展经济学先驱之一、波兰经济学家保罗·罗森斯坦·罗丹（Paul Rosenstein-Rodan）所提出"大推动模型"（Big push model）的成功，这些观点于20世纪50年代初得到强化。同"进口替代工业化"（ISI）模型一样，两者均证明了政府大力干涉的合理性。"大推动模型"是"战后现代化理论"的核心，该理论假设对于以农业为主的经济体，只有经过大规模整合的重工业部门投资计划才能带来经济腾飞。单独启动工业化投资效果寥寥，投资需在不同行业同时进行。"进口替代工业化"模型来自一个更为激进的发展经济学分支，最初由凯恩斯主义经济学家劳尔·普雷维什和汉斯·辛格（Hans Singer）于 20 世纪 40 年代分别发展起来。

汉斯·辛格和普雷维什理论构成"依附理论学派"的起点，并呼吁制定积极的产业政策，旨在用"国家工业化产品"取代对北方国家工业化都市的依赖。普雷维什生于阿根廷一个德裔普通家庭，平步青云升入阿根廷精英阶层，并继续突飞猛进，成为"全球南方国家"最受欢迎的工业化支持者。他自称技术官僚和经济正统派，在 1929 年"大萧条"重创阿根廷后转向相反观点，作为阿根廷财政部副部长，他个人提出的紧缩政策和工资调节政策终告失败，随后逐渐开始接受更趋近凯恩斯主义的观点，也许更重要的是，他开始质疑有关国际贸易利益的经典观点，创造出广为人知的"中心/外围"一词来分析世界经济中所存在的不平等现状。与曾是凯恩斯主义门徒的汉斯·辛格一样，普雷维什认为辛格并未将他所提出的模型进行足够延展，且对"中心"以外国家所面临的具体挑战存在误解。他认为凯恩斯"忽视了结构性社会关系和权力关系的作用，以及它们对'外围'国家的负面影响"。

然而真正将"进口替代工业化"推上全球舞台的是普雷维什于 1949 年 5 月于哈瓦那发表的一篇论文，当时联合国"拉丁美洲经济委员会"（CEPAL）邀请普雷维什为委员会所组织的《拉丁美洲经济调查》（*Economic Survey of Latin America*）撰写引言。他在不到一周时间里热情洋溢地撰写，后来出版为《拉丁美洲经济发展及其主要问题》（*The Economic Development of Latin America and Its Principal Problems*）一书，立即使读者集体"陷入一种意想不到的、令人着迷的体验中"。就如同普雷维什给一种直觉赋予了一种优雅的载体，此种直觉已为众多"外围"国家的政策制定者所共有。在长达 59 页的分析中，他对"外围"国家出口的初级产品与从"中心"国家进口的制成品之间价格差异的影响进行了深入研究。

在普雷维什的这份开创性报告中，他拒绝主要受亚当·斯密思想启发的全球分工"比较优势"的观点。他写道，"生产力提高所带来的巨大利益并未达到与工业大国国民相匹配的程度"。普雷维什继续写道，"明显不均衡"和贸易条件的恶化持续甚至扩大了"中心"国家与"外围"国家之间的差距，破坏了"国际分工模式背后的基本前提"。对 19 世纪末和 20 世纪初价格和交换条件的深入研究表明，产品价格并未下降，且由于核心技术进步而导致的成本下降，被企业家收入和生产要素的增加所抵消。"中心"国家的收益主要转化为自身工会化工业劳动力的更高工资，而"外围"国家的无工会临时工无法推动此种工资增长。"中心"国家收入下降会通过"外围"国家工资降低立即转化为初级商品价格的下降。普雷维什观察到，尽管生产力在技术上取得巨大进步，但全球价格协调的好处实际上正"逐步远离'外围'国家"。他补充道,"换句话说,当'中心'国家保留其产业技术发展所带来的全部利益时,'外围'国家则只能将其自身技术进步成果共享给'中心'国家"。

根据这一判断,我们发现一个支持"外围"国家工业化的有力理由。普雷维什警告说,"工业化本身并非目的,而是'外围'国家可使用的主要手段,使它们可分享到技术进步带来的好处,并逐步提高大众生活水平。"他补充说,在此种假设下,工业化显然成为"发展的最重要手段"。人们在更广泛的国际分工框架和此种分工所形成的全球宏观经济动态中,对"贫困"形成更深入的理解。普雷维什和辛格提出的不仅是对前殖民主义列强的批评;正如尼尔斯·吉尔曼(Nils Gilman)所指出的,它还提供"一条前进的道路":"需管理国际贸易以防止贸易条件恶化,全球北方国家政府和企业必须提供资金、技术和专业知识,使全球南方国家得以发展本国工业基地。"

增长和"内向型工业化"在这里被视为"第三世界"国家发展的最佳途径。这通常意味着贸易壁垒、进口关税、价格管制,以及有利于促进重工业(而非农业部门)投资的政策。他提出的发展战略最初体现于所谓的《哈瓦那宣言》中,随后轰动一时,得到全球南方国家的广泛支持,但也受到联合国和美国发展界人士的强烈批评,他们了解此类政策在政治层面的影响。普雷维什形成一种新看法,此种看法将主导全球南方国家在完成"去殖民化"之后所实施的政策。

印度在 1947 年之后便采用带有本国特色的此类战略。如尼赫鲁本人所言，赢得独立之后，如果长期发展目标是"使人民摆脱可怕的贫困"，那实现这一目标的手段与当时所强调的方式大不相同。对于"不结盟运动"（the Non-Aligned Movement）核心人物之一的尼赫鲁来说，很明显工业化"不仅是实现'收入增长'和'减贫'等狭义经济目标的工具，也是实现更广义目标（如社会变革、现代化、国家和平安全）的工具"。早在 1929 年，甘地所属的印度"国大党"（INC）便在孟买召开大会通过一项决议，指出只有"对当前社会的经济和社会结构进行彻底变革"才能改变现状，并减轻"印度人民所遭受的贫困和苦难"。对于尼赫鲁 1964 年去世前所领导的"国大党"来说，后殖民时代的印度必须确保实现"充分就业"并提供"生活工资"，限制工作时间，保证工会权利，并"确保对关键行业和服务、矿产资源、铁路、水路、航运和其他公共交通工具的拥有或控制"。

尼赫鲁和马哈拉诺比斯的"后殖民主义"视野，源于他们学生时代于剑桥接触到的英国"费边社会主义"（Fabian socialism）。正如加尔布雷思在个人回忆录中所写到的，他们都"属于悉德尼·韦伯（Sidney Webb）和比阿特丽斯·韦伯（Beatrice Webb）夫妇、萧伯纳（George Bernard Shaw）、R. H. 托尼（R. H. Tawney）、G. D. H. 科尔（G. D. H. Cole）、哈罗德·拉斯基（Harold Laski）和'费边社'的世界"。加尔布雷思补充道，"这是一个新世界，在这个世界中，正派、同情心和广泛的智慧与这样一种信念相结合：经济秩序的本质首先是一种道德承诺"。当加尔布雷思担任驻印度大使时，尼赫鲁甚至开玩笑说他会是"最

后一个统治印度的英国人"。马哈拉诺比斯还在确立印度工业化
道路方面发挥关键作用。他于 1893 年出生于加尔各答一个富裕
家庭，后来成为尼赫鲁最得力的经济顾问之一［特别归功于他所
领导的"印度统计研究所"（the Indian Statistical Institute）］。该
研究所创立于 1932 年，拥有相对较高的自主权，且因资助社会
主义经济学家［如夏尔·贝特兰（Charles Bettelheim）、保罗·A.
巴兰（Paul A. Baran）、琼·罗宾逊、米哈乌·卡莱茨基（Michał
Kalecki）和约翰·肯尼思·加尔布雷思］以及诺伯特·维纳等
学者的多次访问而知名，以提供建议，从而帮助政府制定规划
战略。

在这一政策框架内，对"贫困"的关注始终排在更重要的
发展优先事项之后。当"国家计划委员会"（the National Planning
Committee）于 1938 年 10 月成立以准备"整个印度的综合产业
计划"，并为后殖民时期发展战略奠定基础时，委员会得出一个
著名论断：

> 不实现工业化便无法解决贫困、失业、国防和经济复苏
> 问题。作为实现工业化的一个步骤，应全面制定国家规划方
> 案。方案应兼顾国家需求、国家资源，以及国家特殊情况，
> 为发展重工业、中等规模工业和家庭手工业作出规划。

对于国家发展，或许更为重要的一点是建立"一个超越帝国
主义的世界"，这意味着前殖民地国家可通过由国家主导工业化

实现"国家层面的自给自足"。尼赫鲁在《发现印度》中写道，"我相信印度的快速工业化对于缓解土地压力、消除贫困和提升生活水平、国防水平等各项目标均是至关重要"。为此，只需采取"最谨慎的"由国家主导的"规划和调节"，便可使国家"享受工业化带来的所有好处"。此种方式最连贯的形式可能在1955年制订的"二五计划"中有所显现，标志着经济规划向数据驱动科学方法的重大转变。后来被称为"尼赫鲁—马哈拉诺比斯战略"（Nehru–Mahalonobis strategy）与普雷维什和辛格最初的"内向型战略"有很多相似之处。马哈拉诺比斯选择的"技术未来主义者"路径，恰恰包含本国生产资本品而非从国外进口的集中"大推动"发展模式。

除印度外，此种模式也为多数发展中国家构想自身发展战略提供了一般政策框架。事实上普雷维什在哈瓦那所取得的成功并未被忽视。哈瓦那演讲一年后，他成为"拉丁美洲经济委员会"执行秘书，并组建起一支团队，致力于进一步推广完善该模型的理论框架。很快"拉丁美洲经济委员会"提出的政策在其他大洲得到发展，并为普雷维什打开新的大门。值得注意的是，在1964年"联合国贸易和发展会议"（UNCTAD）于瑞士日内瓦成立时，普雷维什成为首任秘书长，从而能将其计划扩展至全球范围。此时普雷维什或多或少已放弃"进口替代工业化"的狭隘观念，并开始在全球范围内思考开展更为平等的国际贸易所需的变革方案。正如巴西和印度在20世纪60年代后期所经历变革的教训，"内向型战略"有其缺陷，并可能导致危机在本国内显现。事实上正如古普塔·派蒂帕提（Poornima Paidipaty）和佩德罗·拉莫斯·平托（Pedro Ramos Pinto）所指出的那样，多数后殖民时期精英和发展联盟开始认识到现代化发展政策框架已告失败（尤其是在涉及不平等问题时）。此外，在多数采用"进口替代工业化"战略的低收入国家中，除墨西哥外，制造业就业份额在1950—1965年期间并未呈现大幅增长。国内需求不足、制成品缺乏竞争力及货币汇率的高估使该模式难以为继。在印度，"进口替代战略"的效果或许最为显著，到20世纪60年代初，制造业增长率约为7%，但到世纪末则降至4%。

普雷维什试图在"贸发会议"上找出该问题的解决办法，这并非意味着全球贸易出现衰退；他预计其会在一个已发生彻底转变的国际框架内发展。随后，"进口替代工业化"观念逐渐被对国际分工有关全球性的批判所取代。此外，对于一些"紧密依附于全球经济"的新兴独立小国来说，"摆脱联系"从未真正成为"可行的政策选项"。正如阿多姆·格塔丘（Adom Getachew）所指出的，后殖民主义国家不断想出更激进的计划，要求重建国际关系，"以实现更公平的全球贸易利润和就业分配"。她补充道，如果"国际分工无法避免"，不如将其塑造为一个平等经济体，可消除经济依附关系，并确保经济层面上的国际"非支配"状态。目前的全球化发展态势要求工业化国家和非工业化国家均必须对自身经济结构进行重组。"贸发会议"1964年最后提出的法案指出，"此种行动的一项基本要素是，贸易和发展领域的国际政策应导致国际劳动分工的改变，此种分工更加合理公平，并伴随着世界生产贸易的必要调整。"对于新成立的机构，它甚至可能意味着"部分行业或流程的重组，以更有利于发展中国家"，从而导致国际贸易条件的重新制定。正如约翰娜·博克曼（Johanna Bockman）所指出的，在该政策框架内，"结构调整计划"成为一项全球计划，需要"在全球范围内对生产和服务进行重组"。普雷维什的观点在 1974 年"联合国大会"关于建立"国际经济新秩序"（NIEO）的决议中达到高潮。受普雷维什在"拉丁美洲经济委员会"和"联合国贸发会议"任职期间的工作影响，"国际经济新秩序"决议要求"各国对其自然资源和所有经济活动拥有完全永久主权"，"对跨国公司活动进行监管"，"国民化或将所有权让渡给国民"，南北国家之间开展大规模"技术转让"，并"实现全体发展中国家的加速发展"，旨在结束"全球普遍存在的不平等现象"，确保全人类实现共同繁荣。总体来说，构成"国际经济新秩序"的部分"异质性"提案所设想的并非"反全球化"议程，代之以一种更为平等的全球化，以使全球南方国家完全融入全球市场。正如坦桑尼亚总统尼雷尔 1977 年在美国的一次演讲中所指出的，"国际社会有必要就审慎行动达成一致，以加速发展中国家工业化发展"。

尼雷尔补充道，目标是"第三世界国家在世界工业生产中的份额应从目前的 7% 提升至 25%"——这项任务不会"通过所谓的自然力量实现市场！"正如乔安妮·迈耶罗维茨（Joanne Meyerowitz）所指出的，在这一政策框架内，"贫穷是富裕国家所构建并维持的自利经济体系的后果"。从这层意义来看，贫困的基本单位是"国家，而非个人"。

但到20世纪70年代中期，此种有关"贫困"的结构性理解根植于对全球劳动分工持广泛批评态度，逐渐被一种更具共识性的有关"个体和货币"的理解所掩盖。尽管"国际经济新秩序"已引起发展团体的注意，但它在美国政府内部即使并非说是遭到蔑视，也可说是饱受质疑。特别是时任美国驻印度大使的丹尼尔·帕特里克·莫伊尼汉直接将其描述为明显具有"威胁性的"再分配议程，会威胁到美国本国利益。正如迈耶罗维茨所指出的，莫伊尼汉否定此类计划，并坚称"市场经济、自由贸易政策和跨国公司的优势"的呼吁并非前所未有。20世纪五六十年代"以国家为中心"的政策的局限性，很快便会如同美国的"反贫困战争"一样，激发对"市场友好型"直接扶贫战略的需求。正如发展学者安德鲁·马丁·菲舍尔（Andrew Martin Fischer）所指出的，这标志着减贫方式的转变，它远非阐明普雷维什和他那一代人所提出的问题，而是旨在取代"关于社会内部和社会之间财富创造和分配的经典辩论"。正如迈耶罗维茨所指出的，到20世纪70年代中期，所谓"穷人的工会"无法"通过国际经济或国际形势重组确立新平衡"。与此相反，它提倡对扶贫和"基本需求"的狭隘理解，而对"全球不平等"和"劳动分工"问题置之不理。世界银行和国际机构提出的新议程意味着对"发展"本身含义全面进行重新界定。

从工业化到扶贫

1976 年 1 月上旬，美国激进分子迈克尔·哈灵顿在途经法兰克福、伊斯坦布尔和卡拉奇的 25 小时飞行后抵达印度。此次旅行是他从 1972—1977 年进行的众多旅行之一，他到访过墨西哥、危地马拉、肯尼亚和坦桑尼亚。受到《另一个美国》所取得巨大成功的鼓舞，哈灵顿决定前往"第三世界"，去了解并记录富裕美国以外地区的贫困。他想"向美国人讲述多数人"的生活方式。当他到达新德里时，他对自身拟定的这一计划的夸张范围产生了怀疑。毕竟记述自己几乎不了解国家的状况是一项危险的工作，他此时冒着需要成为一名"苦难游客"的风险。他写道，"认为我每天与庞大复杂的现实所产生的微不足道的交集可能有其意义，这似乎颇为荒谬"。一种解决方案来自一个意想不到的来源。哈林顿随身携带一本黑格尔的《精神现象学》（*Phenomenology of Spirit*）。由于难以入睡，他开始重读这部巨著。这是一个启示。哈灵顿意识到，现象学并非意图说明"现实的本质"，"而是要说明现实如何呈现给我们"。这成为他写作该书的契机，仅通过简单描述旅行及其间遭遇，通过记录他所看到的现实生成一份关于全球贫困的"现象学报告"。换句话说，通过"最简单的感知层次"，来描述他作为"西方中产阶级中平凡一员"的贫困经历。《多数人：世界穷人之旅》最终于 1977 年出版，当时吉米·卡特在一场将人权作为美国外交政策核心组成部分的运动后就任美国第 39 任总统。此时"贫困"已逐渐成为有

关道德和同情心的一个显著问题，可预见到 20 世纪 80 年代中期
摇滚明星和慈善音乐会的人道主义转向。

这部著作本身反映了这十年的人道主义氛围，呼吁"在全球
范围内消除'绝对贫困'"。在哈灵顿眼中，"绝对贫困"将印度
孟买贫民窟的麻风病儿童、肯尼亚内罗毕街头的非正规工人，以
及在墨西哥城寻找工作的贫困农民联系在一起。他写道，除明显
差异之外，这是一种"明显、持续、压倒性的"贫困，与美国的
贫困相反。在美国，"我们往往需要想象力和意愿才能发现贫困
的存在"。但此种以剥夺为主要特征的全球愿景，不仅是哈林顿
通过黑格尔的见解所体验到的。他将 54% 的人类定义为贫困人
口，更具体的定义为"人均年度 GDP（国内生产总值）低于 200
美元"。这种允许"全球比较"的抽象定义在战后时期越发流行。
基于美国西蒙·库兹涅茨的开创性研究，对"收入"进行计算和
比较的新方法使建立"全局抽象"［该词由历史学家丹尼尔·斯
佩奇（Daniel Speich）发明］成为可能，使研究人员能够比较先
前被视为完全不同的东西。"人均 GDP"或后来世界银行于 20 世
纪 70 年代初随意制定的各种贫困线概念，使专家和政策制定者
能够根据收入规模构建全球体系，这样便可在富人和穷人之间划
清界限，从而更易于制定抽象的发展战略。此类指标的迅速传播
使"'世界成为极度贫困之地'的耸人听闻的新观点"成为可能。
但正如斯佩奇所指出的，若要普遍运用此种抽象迅速来降低"人
类世界的复杂性"，并以简单二分法取代"其中蕴含的多种经济
关系"，终会付出"高昂代价"。在哈灵顿的著作中，他仍在激

进地呼吁"国际经济新秩序""世界政府"等乌托邦式思想和一种更务实的新方式之间摇摆不定，新方式侧重于保障基本需求，而较少关注现代化或工业化。

然而在世界银行进入罗伯特·麦克纳马拉时代后，哈林顿更加关注"绝对贫困"问题。事实上，如果贫困线不是新的，那"全球绝对阈值"的概念就是。这一概念主要由麦克纳马拉推动，它提供了一种衡量全球贫困（而非相对衡量）并监测进展的有效工具。此外"全球底线"的想法并不意味着"减轻相对不平等"，或制定强有力的再分配计划来应对不平等；它只解决最基本的需求。正如罗伯·康科尔所指出的，"'绝对贫困'可被衡量、量化并有可能被消除，而'相对贫困'的概念带有收入分配和不平等的政治内涵"。哈林顿在他位于华盛顿特区 12 层的办公室里会见了麦克纳马拉，办公桌边摆有一个巨大的地球仪。哈林顿发现麦克纳马拉被他认为的"道德紧迫感"和"真正被儿童的痛苦所感动"所激励。这位前国防部长"十分热情地"解释了"贫困"对于儿童的影响，"缺乏食物很可能会阻碍胎儿或婴儿的大脑发育"。自 20 世纪 40 年代后期以来，世界银行本身便使用此类指标对发展阶段进行分类。但最重要的是麦克纳马拉于 1968 年 4 月成为世界银行行长后，将重心从战后早期"以增长为中心"的现代化项目转移至扶贫问题上。

越南战争失败后，麦克纳马拉竭尽全力促成世界银行转型，使其定位不仅局限为一家银行，并扩展其服务宗旨。在他担任世行行长前的数十年里，世界银行确实是一个行事保守的机构，主要向安全国家提供贷款，用于银行可融资的基础设施投资，如交通、电信和电力。由于担心可能招致的风险，世界银行拒绝向非洲大多数国家提供贷款，这让他感到特别不安。当时在他看来，世界银行相较于其他银行的独特意义并未得到明确确立。此外，世界银行的目标通常被狭隘地界定为"经济和生产率增长"，其中不包括教育或医疗保健项目以及处于边缘地位的扶贫项目。麦克纳马拉从国防部离任（可能是因为他怀疑美国能否打赢越南战争）之后，被任命为世界银行行长，这将从根本上改变世界银行的议程，使其更加关注发展领域内的扶贫工作。数年之后，他获得"反贫困斗士"的美誉，而世界银行也被视为"促进全球发展最重要的一股力量"。在这一转变中，特别重要的是麦克纳马拉在哈灵顿到访肯尼亚内罗毕前数年在当地发表的演讲。麦克纳马拉在演讲中强调解决"全球绝对贫困"及其破坏性影响的重要性。他认为这意味着"一种生活条件如此有限，以至于无法实现个人与生俱来的基因的潜力；一种侮辱人民尊严的生活条件"。他以独特的道德口吻将穷人描述为受害者，降低此类企业的政治性质，使世界银行能够将贫困描述为"一种自然主义的事态，仅是碰巧对一些国家和人口产生较多影响"。

该逻辑框架成为对"以现代化和工业化为中心"的发展理论的更全面否定和摒弃的一部分。正如玛莎·芬尼莫尔（Martha Finnemore）在麦克纳马拉担任世界银行行长前对世界银行的评论所说，"扶贫本身并非目的，而是扩大生产和高效工业化所带来的令人快乐的副产品"。马赫布卜·乌尔·哈克（Mahbubul Haq）是一位在剑桥大学和耶鲁大学接受学术训练的巴基斯坦经济学家，他对这一愿景提出激烈的批评，对主导战后时期的发展方法提出强烈反驳。正如帕特里克·夏尔马（Patrick Sharma）所指出的，哈克本人担任巴基斯坦计划委员会首席经济学家，"他已发现优先考虑工业化的发展方式并未导致生活水平的普遍改善，尽管这些方式确实带来了经济增长"。他写道，发展规划者的问题在于"对直接经济控制的好奇心，人们很容易想当然地认为发展规划意味着鼓励公共部门，并施加各种官僚主义控制以规范经济活动（尤其是私营部门的经济活动）"。当巴基斯坦决定放弃原有政策并实现"经济自由化"（结束进口和价格控制）时，哈克似乎很清楚"用适当价格信号和激励措施取代直接控制"是以下经济发展的关键因素国家的成功原因所在。尽管他基本同意巴基斯坦所实施的"市场导向"改革，但他表示所产生的增长并未在社会各阶层得以延展。他指出，"市场机制的自由发挥自然对富裕地区，以及这些地区内较富裕的收入群体更为有利。"尽管巴基斯坦经历了令人印象深刻的经济增长，但到 20 世纪 60 年代后期，哈克开始对这些政策有利于"少数工业家庭集团"且几乎未能实现减贫的方式表示怀疑。他很清楚，尽管旧有发展模式已然过时，但更加市场友好的模式无法对"发展收益"进行更公平的分配。规划者必须学会如何利用"市场机制"的"强大力量"，使其为国家目标服务。

当哈克成为世界银行政策规划部主管时，他已确信现代化理念现在"遇到了严重麻烦"。他于 1973 年写道，"经过 20 年的发展，成果微乎其微"。"通过高增长率解决贫困问题，最终惠及大众"的假设显然是错误的，而对于哈克来说"已告失败"。到 20 世纪 60 年代后期，这种失败也成为印度的"专利"，马哈拉诺比斯本人承认，他所提出的"专家驱动的工业化模式"导致了非常不均衡的经济收益。到 20 世纪 70 年代初期，他的愿景"已失去十年前的迷人光彩"。马哈拉诺比斯总结说，规划"带来了增长，但并未带来更大程度的经济公平"。鉴于这些局部失败，哈克并未假设可"通过增长率间接影响大众"来解决贫困问题，而是呼吁制定一项新政策，该政策必须基于"必须直接解决贫困问题的前提"之下，且必须立即确立满足"最低人类需求的物质基础"。他总结道，"必须将发展问题重新定义为有选择地解决最恶劣形式的贫困问题"。在该逻辑框架内，哈克开始制定"以需求为导向的战略"，以"逐步减少并最终消除营养不良、疾病、文盲、肮脏、失业和不平等问题"，以重新界定发展目标。尽管市场是增长的强大引擎，但很明显价格体系本身无法"生产实施这种战略所需的基本消费品"，"如果穷人不具备通过购买力影响市场决策的能力"，作为替代方案，哈克设想出一项战略，该战略依赖于"根据最低人类需求确定国家消费和生产目标"这一方法。对他来说，这当然意味着公共服务（教育、水、医疗保健、电力等）和穷人一般购买力作用的明显加强。尽管哈克反对过于严格的经济控制和"内向型发展战略"，但在基本需求方面，哈克仍强烈依赖国家作用的强化。

然而此种转向需求的方式通常不仅是"以减贫为重点"的发展。事实上，到 20 世纪 70 年代中期，整个发展框架正在崩溃。

塞缪尔·莫恩指出，"这不再是 20 世纪 40 年代为公民建立'福利国家'制度的尝试，现在则作为针对全球贫困人口的一种全新人道主义关注，它们突然被视作一个整体"。这一新课题成为更大转变的跳板，从经济发展和现代化的竞争理论转向更为狭隘的经济关注扶贫，最终在 21 世纪初实现"千年发展目标"。

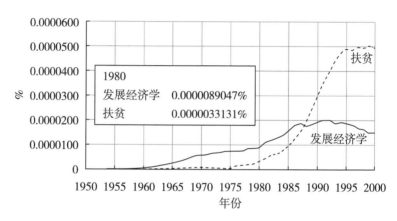

图 5.3 "发展经济学"和"扶贫"的 N-gram 模型，1950—2000 年
来源：谷歌 Ngram 查看器。

反贫困积极分子确实普遍强调各国内部存在的不平等（而非南北国家间的不平等），并悄然忽视了对自由贸易所产生不平等的更全面思考。正如乔安妮·迈耶罗维茨所指出的，在"国际经济新秩序"的支持者中，"基本需求似乎是'国际经济新秩序'的替代品，而非其补充"，这是一种"规避全球经济秩序和通过联邦政府所制定计划和优先事项绕过后殖民主义政府的行为"。阿吉特·辛格（Ajit Singh）是出生于印度的剑桥大学发展经济学家，后成为坦桑尼亚总统尼雷尔的得力经济顾问，他很早便注意

到基本需求方法如何"阻碍工业发展"。如果理论上基本需求方式与"国际经济新秩序"议程之间不存在冲突，辛格仍指出前者涉及国家优先事项以及国内贫困和收入分配问题，后者则涉及对世界经济结构和国家间资源分配的影响。他在1979年补充道，"不可否认，有关基本需求战略的主要文件并未充分强调工业在实现经济长期结构转变方面的积极作用，更遑论其引领作用了"。事实上他认为对于全球南方国家来说，此类议程显然是为"阻碍其工业化发展"而设计的，而并非主要受到"利他主义理论"的推动。他总结道，除非满足"基本需求"的方式是"国家工业化和经济结构变化的整体发展计划的一部分"，否则"即使结合自身经济条件，它也不太可能成功"。

然而此种关联从未实现。如果世界银行和麦克纳马拉未立即拒绝"国际经济新秩序"的理想，关于"贫困"和"需求"的讨论会逐步为促进"以市场为基础"的改革开辟道路。贫困将逐渐不再受到产业政策和国际贸易条件的影响。正如哈克所指出的，世界银行希望使"贫穷"成为银行家们可接受的存在。正如罗伯特·L. 艾尔斯（Robert L. Ayres）所说，"麦克纳马拉任内的重点是提高贫困群体的绝对收入，而非减轻相对不平等"。他补充道，在该政策框架内，"市场优先于政府机制"。正如罗伯·康科尔所指出的，世界银行总是"依赖于援助国精英阶层对穷人做出一些自愿的自我牺牲让步，而非依赖于干预主义的再分配计划"。

更重要的是，随着1979年"结构调整贷款"框架的创立，此后十年中，除国际贸易结构之外，对国内因素的重视程度大

大增强。世界银行在发展中国家实施特定规定的改革的背景下
发放贷款。随着全球南方国家债务危机在发展中国家越演越烈，
"结构调整贷款"成为西方发展社区在全球范围内转向"新自由
主义"过程的核心组成部分。这些政策处方的整体框架含蓄地将
国际贸易失衡问题搁置一旁，而将重点置于国内因素之上。《伯
格报告》(*Berg Report*)由埃利奥特·伯格(Elliot Berg)所领导
的"非洲战略审查小组"(the African Strategy Review Group)编
写，并在麦克纳马拉卸任行长当年由世界银行出版，最终使世界
银行远离任何一种全球性和"以国家为中心"的解决方案。《伯
格报告》着眼于非洲各国面临的经济困境，重点关注"国内政策
的不足"，并主张对先前实行的经济发展战略进行重大转变。《伯
格报告》称，"为加快发展，新政府扩大公共部门"。但"现在很
明显，公共部门的过度扩张已超出目前金融资源、熟练人力和组
织能力的负荷水平"。为营造合适的增长环境，现在有必要"扩
大""私营部门活动的范围"，暂停价格管制并削减公共支出，建
立"更为开放、更具竞争力的市场体系"，并将重点置于"农业
和出口"而非工业发展上。正如帕特里克·夏尔马所说，这一战
略标志着与过去经济辩论结果的彻底决裂，并被世行内部部分人
士视为对"国家主导发展战略"的最终否定。到1981年，随着
自由贸易倡导者安妮·克鲁格(Anne Krueger)被任命为世界银
行首席经济学家，这些机构更明确地转向宏观经济纪律和基于市
场的解决方案。正如阿多姆·格塔丘(Adom Getachew)所指出
的，变化很快仅限于"改革和约束负债国家"，而非"发达经济

体全球北方国家开放市场向发展中国家开放市场的转变"。

　　然而扶贫政策框架几乎并未消失。事实上麦克纳马拉开启了一场有关"贫困"定义的全球化转变，此种转变在1990年以"每日一美元"的标准达到顶峰。此种对"贫困"的抽象理解或多或少会将"造成贫困的因果过程"搁置一旁，而只关注提供最低限度生活水平。罗伯·康科尔所说的"贫困货币化"（monetization of poverty）很快会将其定义缩小为"个人进行消费并参与市场经济活动的能力"。它接受"对'何为贫困'或'贫困如何产生'的非常有限的看法"，并以某种方式将其"从决定贫困的基本经济过程和制度特征中抽象出来"。随着20世纪80年代市场自由化的兴起，"现金转移支付"逐渐出现，成为国家所主导的工业化和满足"基本需求"的公共服务扩张的一项颇具吸引力的替代方案。正是在20世纪80年代后期"结构调整政策"的灾难性影响下（尤其是在拉美地区），"现金转移支付改革"才逐步得以生根发芽。正如埃里克·S. 赖纳特（Erik S. Reinert）、贾亚蒂·戈什（Jayati Ghosh）和雷纳·卡特尔（Rainer Kattel）所指出的，随着国家主导战略和正统"结构调整政策"的消亡，减贫终将取得胜利，以改善"那些被定义为穷人群体的生活条件，而非改变他们赖以生存下去的经济结构"。

不具"发展性"的发展

　　墨西哥是20世纪九十年代后期最早采用现金转移支付策略

的国家之一。作为曾在实施"进口替代工业化"模式方面取得相当成功的国家，此时墨西哥却不得不进行激烈的经济改革以迎合市场发展信号。1982 年 8 月，在坚持遵循"进口替代工业化"政策数十年后，墨西哥濒临国家破产边缘。8 月 20 日，财政部长赫苏斯·席尔瓦·赫尔佐格·弗洛雷斯（Jesús Silva-Herzog Flores）在纽约联邦储备银行（Federal Reserve Bank）会见债权人。那是一个周五，墨西哥银行仅保有 1.58 亿美元的准备金，而在下个周一，会有超 4 亿美元的贷款到期。面对迫在眉睫的违约，这位财政部长对债权人说了一句古老的墨西哥谚语："我不否认我没有钱"（"Debo no niego; pago no tengo"）。这一消息震惊了国际社会，巴西和阿根廷等其他拉美国家也迅速面临类似问题。这句话标志着自"大萧条"以来，美洲大陆最严重和持续时间最长经济衰退之一的开始。数十年来墨西哥一直能够保持年均 6% 以上的经济增长率，并在 20 世纪 70 年代后期发现新油田后保持近 10% 的增长率，增加本国石油产量，并使新贷款成为可能。然而到 1979 年，随着油价下跌和保罗·沃尔克（Paul Volcker）决定美国利率上升，墨西哥政府债务迅速变得不可持续。加之美国银行的高风险敞口，危机立即转向国际金融市场。当时，仅对墨西哥的贷款便占到美国九大银行总资本的 44% 和年度净利润的三分之一。为制止危机并避免其蔓延，"国际货币基金组织"和美国财政部同意向墨西哥政府提供货币贷款，并接受其债务重组，条件是墨西哥实施激进的结构调整措施以改革其经济。从这一角度来看，这不仅是一场经济危机；它还标志着战后时期指引众多拉美国家经济政策的"进口替代模式"的崩溃。

在墨西哥，米格尔·德拉·马德里任总统期间（1982—1988），我们见证了"国际货币基金组织"、世界银行和美国政府提出的"结构调整计划"的施行，以及该国经济向经济正统观念的戏剧性转变。尽管德拉·马德里是自1929年以来一直统治墨西哥的"制度革命党"（PRI）成员，但他更像是一名受过哈佛学术训练的技术官僚，愿意将令国际投资者满意的事情置于国内问题之上。这是一剂猛药，它从根本上对国家经济框架进行调整，更多依赖于市场机制和价格信号。这同时意味着公共支出的大幅削减、工资节制、公共资产私有化、信贷紧缩、取消价格控制，以及到20世纪年代初期，贸易自由化的结果被证明是灾难性的。尽管国际投资者在危机期间取得了可观收益，但人均收入下降，实际工资暴跌超40%，劳动收入份额急剧下降，1994年贫困率从23.5%飙升至38.9%。至20世纪90年代初期，墨西哥国内生产总值基本未能恢复至1982年前的水平，并且在1995年"龙舌兰酒危机"期间再次急剧收缩，这是1989年整个银行系统疯狂私有化和自由化的直接结果。它导致另一波剧烈的营养不良浪潮，并导致入学率急剧下降，且永远无法恢复。

发展界很快将这一时期称为"失去的十年"，迫使许多国家开始部分重新考虑新自由主义共识。在墨西哥，到20世纪90年代中期，新当选的埃内斯托·塞迪略（Ernesto Zedillo）政府选择通过直接向穷人提供现金转移支付来扩展"安全网"措施。这一想法在当时非同寻常，因为在21世纪初，正如马丁·拉瓦雷

（Martin Ravallion）所指出的，主流发展机构和政策制定者的故智是"向穷人转移收入及更普遍的'安全网'政策，这些充其量只是权宜之计，最坏的情况下还会造成资金浪费"。在"失去的十年"中，"再分配"和经济增长之间的有力平衡成为默认选项。墨西哥的"教卫粮方案"（Progresa）于 1997 年启动，向超过三十万户家庭发放款项，逐渐改变了这一观点。这项改革主要由墨西哥经济学家圣地亚哥·利维（Santiago Levy）设计，旨在以直接现金转移支付取代价格控制、实物转移支付和食品补贴等原有政策，正如利维所说，"受益家庭在支出决策上享有完全的自由"。该计划实行十年后已覆盖墨西哥三分之一的家庭，成为迄今为止该国规模最大的扶贫计划。然而此种转移支付与西方的"家庭补助"略有不同，因为其以受救济者特定的行为模式为条件，如子女上学、就诊或参与劳动力市场。该倡议很快成为许多国家的榜样，这些国家在此期间也经历了类似转变。事实上到 20 世纪 90 年代初期，几乎所有拉丁美洲国家和三十多个撒哈拉以南国家，均经历过严厉的市场导向改革。当然在这些项目中，有巴西"家庭补助金"项目（Bolsa Família），该项目自 1995 年在当地便已存在，但在 2003 年成为路易斯·伊纳西奥·卢拉·达·席尔瓦（Luiz Inácio Lula da Silva）政府领导下的全国性项目，可以说是发展中国家规模最大的现金转移支付项目。

印度是另一个在 20 世纪 50 年代中期选择强大"进口替代模式"的主要国家，到 20 世纪 80 年代后期也遵循类似曲线。制造业增速放缓、投资萧条，国有制造厂商无法适当进行现代化改造，这很快加速了纺织等行业的破产。在国外购买技术的困难加剧了生产力差距的扩大，也使印度经济在全球范围内缺乏足够竞争力。到 20 世纪八九十年代初，不断增长的财政和贸易赤字已成为沉重负担。到 1992 年，当曼莫汉·辛格（Manmohan Singh）（后任印度总理）担任财政部长时，印度正朝着"结构调整计划"迈进。在"国际货币基金组织"的密切监测下，印度逐步降低关税，放开汇率和行业监管，并缩减国家投资。降低补贴，解除劳动力市场和银行系统管制，同时在国有企业开展私有化改制。仅在一两年后，尼赫鲁时期的发展模式便被彻底推翻。尽管正如阿马蒂亚·森（Amartya Sen）所指出的，20 世纪 90 年代的市场改革确实提高了生产领域的效率，并实现创纪录的经济高增长，但完全未能使多数印度人的基本需求得到满足。无论是在教育、食品安全还是医疗保健方面，20 世纪 90 年代实施的"结构调整"计划均未达到"通过增长实现再分配"的预期目标。这场改革也提振了印度"基本收入"倡导者的信心。2009 年，在"联合国开发计划署"（United Nations Development Program）的支持下，斯坦丁与位于中央邦的"自我就业妇女协会"（SEWA）一同启动一个重要试点项目，并再次在其中发挥关键作用。该实验在印度一个最落后地区开展，作为一项随机对照试验（Randomized Controlled Trial，RCT），实验为期两年，参与者多达 6000 人，他们每月领取 150—300 卢比。然而"现金转移支付"在印度日益流行的部分原因必须在激烈政治辩论的特定背景下加以理解，这些辩论涉及"公共分配系统"（PDS）等完善的食品补贴计划，

或《全国农村就业保障法》（NREGA）等公共工程的效率。"公
共分配系统"可能是印度规模最大的经济支持计划，使家庭可根
据"配给卡"获得补贴商品。《全国农村就业保障法》是一项旨
在有效确立"工作权"的法案，保证自愿参加公共工程的家庭获
得一百天的就业机会。自 21 世纪以来，每年约有 5000 万印度人
参与到这一公共工程的大规模普及过程中。

作为这些计划的替代方案，越来越多的学者和政治领导人开
始提倡直接转移支付的可靠性和市场效率，而非严厉的官僚主义
国家计划。到 2013 年，莫迪政府开始通过直接现金转移支付有
效取代价格补贴政策（尤其是在化肥和汽油方面），作为减少国
家官僚主义作风的更广泛尝试。随后数年间，印度全国多地开始
全面试点替代本国流行的食品补贴，但尚未全部完成过渡。2019
年全国大选期间，印度"国大党"候选人拉·甘地在其竞选纲领
中加入每月 6000 卢比的"保证收入"以发起"对贫困的最后一
战"，此种转变从中显而易见。

然而阿曼多·巴里恩托斯（Armando Barrientos）和大卫·休
姆（David Hulme）所提出的"寂静革命"正是在南部非洲全面展
开的，且比其他地区均要猛烈。南非和纳米比亚当然通过略有不
同的政策路径，在 21 世纪初大大加快转移支付机制建设。"保证
收入"具备吸引力的原因部分由于 21 世纪初期，由发展机构领
导的微型实验未能实现"千年发展目标"。基于人类发展框架，
联合国对穷人生计的实际改善变得更为敏感，但既未改变市场模
式，也对自由化和全球贸易造成挑战。"发展"提供一种提高个

人生产能力的模式，而非重新构建他们赖以生存的经济结构，这是一种将发展理论从战后时代高度形式化的理论模型中摆脱出来的方式。在经济发展领域"随机对照试验"兴起的推动下，这些通常由非政府组织或慈善基金会（小额信贷、对妇女的小额投资、教育实验、培训等）进行的新式微观解决方案的激增，被认为是国家主导的宏观干预的替代方案。战后宏观经济观点的消亡为小规模去中心化和针对性投资开辟了空间，这些投资本用于提高穷人的生产能力。

在肯尼亚、坦桑尼亚、乌干达和埃塞俄比亚等国家，由杰弗里·萨克斯（Jeffrey Sachs）通过哥伦比亚大学地球研究所（Columbia Earth Institute）指导的联合国"千年村"项目（Millennium Villages Project），也将对贫困的分析从世界经济结构特征转向个体进化的经济环境。作为 20 世纪 90 年代初引领"休克疗法"的前沿理论家，萨克斯经历过一次转变。他开始与世界银行和联合国等机构一起倡导国际扶贫工作。不过他的这一转变并非对"结构调整"政策框架的否认，而是对其的一种轻微补充。事实上萨克斯否认了国家主导工业化的"破坏性"尝试和后殖民时代领导人的社会主义基调。对他来说，问题并非在于自由市场或国际贸易，而是正如贾菲·威尔逊（Japhy Wilson）所指出的一体化程度不足。非洲尤其会被认为是一个"例外"，成为一个"发展失败并非因为从属地融入全球资本主义，而是因为被排除于全球化之外"的区域。从这一角度来看，萨克斯能够维护"结构调整"政策框架的大部分原则（贸易开放、劳动力市场自由化、上市公司私有化、对私营部门低征税等），同时促进针对"穷人中的穷人"的措施。萨克斯写道，"整个非洲大陆都饥肠辘辘，有数以亿计的穷人，他们过于贫穷，无法成为市场活动的组成部分"。为落实自身观点，萨克斯于 2005 年在西非开展一系列试点项目，旨在提高农民生产力、儿童入学率和医疗保健水平。该项目侧重于在撒哈拉以南十个国家的十四个地区进行当地基础设施和社区投资，力求在国家能力下降的时代重塑发展。通过对人力资本、基本需求和小农的正确投资，我们的想法是可以将全体村民转变为能够帮助其所属社区摆脱贫困的高效创业者，其目的是将"勉强维持生计的农民转变为小规模创业者"。正如张夏准所说，发展在这里是"与原有内涵完全不同的概念"。他补充道，从某种意义上说，"扶贫"和"基本需求"会造成"不具'发展性'的发展"，这是一种个人条件改善与"现有生产结构"转型相脱节的发展愿景。

然而萨克斯"千年村"项目的显著失败为"基本收入"倡导者和各类社会计划者［国家社会主义者（state socialist）或华盛顿技术官僚］的反对者提供了自身议程急需的动力。事实上萨克斯本人也承认，他耗时 10 年、耗资 1.2 亿美元开展的这项实验最终收效甚微。由于采用不可靠的数据和计划不周，这对挽救实验结果并无多大帮助。发展经济学家威廉·伊斯特利写道，萨克斯在"失败之海中造出一座成功之岛"。尽管实验似乎对孕产妇保健和农业产出产生积极影响，但其对营养和教育的影响尚无定论，也许更重要的是，它对基于消费的贫困问题改善"并无明显影响"。这一结果尤为值得怀疑，因为萨克斯曾毫不犹豫地多次宣布，到 2025 年，贫困问题可得到"轻松"解决。他在名为"安吉丽娜·朱莉和杰弗里·萨克斯博士的非洲日记"（*The Diary of Angelina Jolie and Dr. Jeffrey Sachs in Africa*）的音乐电视节目中自信地表示，"这个村子必将走出极端贫困"。萨克斯与波诺（Bono）等摇滚明星一起合影，一再承诺要"让贫困成为历史"，但最终却以一场公共灾难收场。

萨克斯计划的失败加深了公众对这些"自上而下"救济方式的不信任（即使是最坚定的"结构调整计划"倡导者也不例外）。纽约大学教授威廉·伊斯特利（前世界银行官员、贫困问题专家）开始提倡采用"自下而上"方式来开展减贫工作。伊斯特利曾在麻省理工学院接受学术训练，同时也是哈耶克忠实信徒，他到 21 世纪初期已开始摆脱人道主义理论范式，还为曾于 20 世纪 90 年代过分强调"结构调整"政策而后悔。在世界银行工作期间，伊斯特利已开始就俄罗斯在"休克疗法"方面所做的尝试撰写研究报告并调查拉美地区国家的有关尝试。他承认，对于"我这样的经济学家来说"，"用……十年的失败教训方才使我们相信'自上而下'的市场强制措施是行不通的"。伊斯特利表示，即使"对俄罗斯机构和历史只具备最肤浅的了解"，他也相信"休克疗法"的作用，然而"自上而下的市场化"在不具备适当文化硬件条件（如产权和合同法）的国家注定失败。世界银行官员在非洲便犯了同样的错误，在非洲，渺无希望的发展援助尝试在当地的媒介和权力网络中重获生机。"白人的负担"仍对西方解决全球贫困问题的方式造成困扰。随后此种负担与对计划的"乌托邦式"强调混合交织在一起，这是早期各国坚持现代化理论的后遗症。伊斯特利在 2006 年声称，"社会的相互作用机制是如此复杂，以至于试图同时改变所有规则的'自上而下式'改革可能会适得其反。"他声称哈耶克和埃德蒙·伯克（Edmund Burke）等思想家很早便发现傲慢的社会工程学理论的危险。经历市场革命的国家需要空间和时间来进行试验——现金转移支付便可绕过当地政治掮客，将购买力留在居民手中，从而巧妙地实现此一目标。导致拉美和非洲在 20 世纪八九十年代"失去的数十年"中出现的"专家暴政"的行将终结。

在自上而下的大力推动和结构调整之后，现金转移支付提供了最后的选择——一种"市场民粹主义"，将从下层（而非上层）开始商品化。在 21 世纪 10 年代，伊斯特利政策的命运只会一帆风顺。正如《用现金救济穷人就好》（*Just Give Money to the Poor*）的作者在这部开创性著作中所论证的，如果"柏林墙的倒塌标志着国家主导经济发展时代的结束"，那"由国际合作和银行引导的全球发展的后继愿景仅经过 15 年便被证明是失败的"。相比之下，"保证收入"最终会摆脱所有计划和有意识的发展方向的观念。巴里·恩托斯补充道，在过往政策框架的废墟的基础之上，"现金转移支付承认所有人均有权享受适当的生活水平"，同时"为个人和集体提供参与经济的资源"。因此其优势在于将金钱"直接给到那些最穷困的人"，而且从更为哈耶克主义的角度来看，也是面向那些"知道如何加以充分利用的人"。因此现金转移支付并非慈善性质；相反是一种"去中心化"的"投资，使穷人能够控制自身发展并摆脱贫困"。从旨在实现工业化和使人们进入正规工作岗位的发展愿景出发，全球南方国家向依赖非正规工作岗位和分散投资的模式转变。

尽管在 21 世纪之前，主流发展政策基本并未提倡直接向穷人提供现金，但这场"现金转移支付革命"的积极影响为新的实验和辩论开辟了道路。面对 20 世纪 80 年代推行政策的失败，国际机构对此类政策变得更加开放，并建议将"传统的亲市场调整政策与社会计划结合起来"。从这一角度来看，正如理查德·巴拉德（Richard Ballard）所指出的，现金转移支付的兴起"并非意味着主流发展放弃新自由主义而转向福利主义"。现金并非旨在"使人去商品化"，而是让"支持成为需求驱动而非供应驱动"。正如罗伯·康科尔（Rob Konkel）所指出的，到 21 世纪初，世界银行本身会通过"战略性推动自由化改革，同时支持增加社会资金来直接解决贫困问题"，以弥合"20 世纪 80 年代对市场自由化的重视和 20 世纪 70 年代的反贫困斗争"。因此尽管多数国际机构会修改关于贫困的叙述，但他们从未公开挑战市场框架。正如弗朗西斯·斯图尔特（Frances Stewart）所指出的，"这些议程通过'以增长为导向'的市场发展，但更多关注收入分配和贫困"以实现人类的发展目标。

据估计，到 2009 年，世界银行在非洲大陆实施了 120 多个项目。2011 年，在智利原总统米歇尔·巴切莱特①（Michelle

①　米歇尔·巴切莱特（Michelle Bachelet）分别在 2006—2011、2014—2018 年两度出任智利总统。——编者注

Bachelet）的指导下，"国际劳工组织""世界卫生组织"和联合国，联合发起"社会保护底线倡议"（Social Protection Floor Initiative），强调"基本收入保障"，并通过促进世界各地社会保障体系和转移支付发展来实现。到 2016 年，已有六十多个发展中国家实施由国家主导的"现金转移支付"计划。正如塞缪尔·莫恩所说，"社会正义被全球化和最小化"，支持建立一个"不许任何人沦陷"的基线，但强烈反对后殖民时期领导人提出的最初发展梦想。

此种前所未有的转变也引发了发展界对基于现金的解决方案的兴趣，2017 年 6 月，联合国"赤困和人权问题"特别报告员菲利普·奥尔斯顿（Philip Alston）在日内瓦提交一份关于"基本收入"的报告，作为消除全球贫困的解决方案。他说，"在经济领域，甚至发展政策领域，最活跃的辩论之一围绕以'全民基本收入'取代或补充现有社会保障体系的提案展开"。"与笼统的实物救济支持相对"，奥尔斯顿指出这一想法承诺"最少的官僚主义和低行政成本"。此外该报告还指出，鉴于劳动分工的全球化，传统上对"尊重劳工权益"和"尽可能减少正规经济之外工人数量"的关注似乎越发遥不可及。在一个"就业形式越发不固定；全球供应链和外包正使传统形式的劳动力市场监管重要性日益降低"；且"随着自动化和机器人化程度的提高，大量现有劳动力将变得多余"，因此必须探索解决经济不安全问题的新解决方案。尽管这并不意味着"劳工权益应……被遗弃"，它仍假设在当代的全球南方国家中，"面对劳动力市场制度的系统性弱化，传统方法可能并无太大吸引力"。在 2020 年 7 月纳尔逊·曼德拉所作的年度演讲中，联合国秘书长安东尼奥·古特雷斯（António Guterres）提倡"新时代的新社会契约"，包括"'全民基本收入'的可能性"。

＊＊＊

美国人类学家詹姆斯·弗格森（James Ferguson）在他 2017 年的专著《授人以鱼》（*Give a man a fish*）序言中回忆说，在批评发展战略时，他经常被问到，"我们应做些什么？"答案来自他的一位同事，这位同事不无戏谑地提议，干脆将通常用于开发的钱"用直升机直接空投下去"，这样"当地人便可拿到"。弗格森的"弗里德曼式"比喻正是对过去五十年彻底改变的发展理念的理解，正是通过宏观经济政策或通过小规模"实验"引导投资的想法逐渐被抛弃，转而支持目标人群的分散和自主决策。

随着谷歌、脸书①等科技巨头越发寻找在以应用程序为媒介的世界中思考福利的方法，一种新的"反国家主义"发展形式也将回到北方国家大都市，这一点不足为奇。当"脸书"联合创始人克里斯·休斯和谷歌（GiveDirectly）基金联合创始人迈克尔·法耶（Michael Faye）作为代表团一员，前往肯尼亚参观萨克斯最近建立的"千年村"时，休斯基本未被说服。他的访问清楚表明，依赖于人类繁荣这种具有高度规范性理念的反贫困运动

---

① 现改名为"元宇宙"。——编者注

效率低下且不可取。当他看着一所没有铅笔、肥皂、纸、"总体来说没有任何生命迹象"［的学校，"与其说是孩子们的宿舍，不如说是一处电影布景""一个和'波将金村'（Potemkin Village）同样的村子"］，"有些东西使他觉得不舒服"。萨克斯对资源驱动型发展的承诺给休斯留下的"问题多于答案"。正如休斯在回忆录中所述，两人显然属于不同世代：

> 我喜欢索马里沙漠游牧民通过谷歌搜索探索世界的想法，但如果一个为西方建立的互联网能够为这里的人们提供大量的日常使用，这几乎令人难以置信，如果它真的有效的话……当尼娜·蒙克（我的一位朋友）后来到村里走访时，她发现那些电脑从未连接到互联网，最终全部被盗。

尽管受到私人捐助者的推动，萨克斯的方法仍是寻求由当地参与者折中的实物和资金转移支付方案的结合。在仔细研究该问题后，休斯开始将萨克斯的策略视为一种"家长式"福利方案的无用残留。独裁对世界贫困群体的需求和愿望永远不会使他们获得解放。与此相对，村庄模式代表"一种打击经济不公正和贫困的方法，此种方式有关自上而下的工程进步，而非尊重打算赋予权力之人的代理权及自主权"。然而"多元主义"和"民主赋权"逐渐不再符合此种需求决定。与此相对，"各种文化和地方均有独特（往往是隐含）的挑战，很快便会耗费大量的金钱和精力"。"基本收入"是"自信的自由，并以市场为导向"，但它仍需"强大的中央政府来保障公民权利和自由"。正如休斯在日记中所写：

为何我会默认信任受过教育的局外人，或非营利组织管理人员而非穷人？穷人可能知道解决自身问题的最佳方法，这种对穷人不敬的激进性质触动了人们的神经。这与我对当权者与生俱来的怀疑有关，我的父母从小便向我灌输此种思想，这种怀疑随着我接触专业的非营利基础设施而增长……如果帮助某人的最有效方法是否定各专家对于发展进行"过度设计"的意图呢？

当地社区现在可直接通过手机接收现金，而非接受美国政府专家的命令，进行自下而上的市场化。到 2012 年 8 月，休斯加入 GiveDirectly 董事会，当时他们正在肯尼亚、乌干达和卢旺达开展大面积试点项目。这家小型开发初创公司由四名毕业于哈佛大学和麻省理工学院经济学专业的学生于 2008 年创立，很快便从"脸书"、谷歌等大企业得到投资。当萨克斯构建的理论大厦摇摇欲坠时，GiveDirectly 于 2009 年开始进行实验，计划到 21 世纪 20 年代末向肯尼亚 197 个村庄中随机选择的两万多名受救济人每人发放 1000 美元，此笔款项直接通过手机汇出，无任何附加条件。无须家长为孩子接种疫苗或送他们上学，也不附加分发蚊帐或关于如何管理牲畜的指令。与此相反，该计划将"使贫困家庭能够根据个人需求偏好自行做出消费和投资决定"。该计划由诺贝尔奖得主阿比吉特·班纳吉（Abhijit Banerjee）到艾伦·克鲁格（Alan Krueger）等顶级经济学家仔细监测和评估，作为奥巴马"经济顾问委员会"前主席，GiveDirectly 热情洋溢的声明广受赞誉。超过九成资金实际交与参与者手中，实现了

图 5.4　GiveDirectly 肯尼亚试点项目的接受救济者

20 世纪 80 年代人道主义转向所预测的"乌托邦"，其中电视广告和摇滚音乐会劝告人们将资金汇给贫困儿童［"我们正在成为让生活变得更加美好的人，"迈克尔·杰克逊在歌曲《天下一家》（*We Are the World*）中唱道，"所以让我们开始给予吧。"］

　　对于批评者来说，全球南方国家的反贫困转向（或张夏准所说的"反发展"转向）似乎也以逃避"关于社会内部和社会间财富创造和分配的经典辩论为前提，并不涉及其与现代资本主义发展相关的社会经济结构转型之间的关系"。"基本收入"蓬勃发展的世界将贫困本身"从更令人不安的问题中分离出来，即发展中国家的现代贫困是否从根本上归因于穷人缺乏融入地方、国家和全球社会经济体系，或他们融入的方式"。国有企业发展很快便淹没于消费者选择的"非个人"汪洋大海之中。

受到这些成功案例的启发，休斯创立自己的经济安全项目，致力于研究美国的"保证收入"和反垄断议程。从一开始，他便将组织定位为服务于一项超越前发展中国家的活动。尽管他首先从国际视角看待这一问题，但他立即想知道，"嗯，这在肯尼亚行得通；为何不能在这里奏效？"到20世纪末，他的组织已为美国城市的试点、智库、会议、研究和直接救济提供超过千万美元的资金。休斯的减贫实验被热情地介绍为"使'收入所得税抵免'政策现代化并加以延展"的一种方式，将20世纪60年代的早期尝试与21世纪00年代的小规模随机对照实验重新联系起来。此种方法并非仅适用于发展后的南方地区。与此相反，弗里德曼"负所得税"的当代版本（为占比达到40%的底层的美国人每月征收500美元）可使所有美国收税人"掌握自身命运"。正如休斯在高盛公司的演讲中所说的，转移关系的扩大是"我们应努力的政府发展方向"。他补充道，"我们可以成为一劳永逸消除美国贫困的一代人"。尽管GiveDirectly在肯尼亚推出试点项目仍属个例，但随着斯坦丁在纳米比亚和印度的实验，在随后十年里，转移支付实验在全球范围内激增。在新的"民粹主义爆发"推动下，全球南方国家的现金转移支付革命正寻求重新进入北方国家的途径。

结语

技术民粹主义时代的"基本收入"

"我们应探索'全民基本收入'这样的想法……来自'小政府'的保守原则,而非更广泛'安全网'的进步原则。"

——马克·扎克伯格,2017 年世界经济论坛

"它一直在'外围'地区,而非大都市实现,未来将在这里展现自己的作用"。

——伊恩·汤普森(Ian Thompson),《独立报》,2003 年

2020 年 12 月 10 日,推特(现改名为 X)首席执行官杰克·多尔西(Jack Dorsey)宣布捐赠 1500 万美元用于美国多个城市的政策试点。在此约七个月前,全球经济在新冠疫情冲击下崩溃,留下大量急需资金维持生计的劳动力。公众对这场危机的反应充其量是随意的(如陷入国会议程僵局,一项微不足道的 1200 美元救助计划最近才进入美国人的银行账户)。作为回应,曾向肯尼亚穷人捐赠数百万美元的慈善创业公司 GiveDirectly 开始扩大其在美活动。该组织宣称"人们现在比以往任何时候都更需要现金"。作为美国历史上最大规模的私人现金转移支付计划之一,该组织迅速开始向超过二十万户家庭每户发放 1000 美元救济支票。多尔西决心与"脸书"创始人克里斯·休斯一道致力于"缩小财富和收入差距,拉平系统性种族和性别不平等,并为家庭提供经济保障",从而实现"全民基本收入"这一"马

丁·路德·金和民权运动时代的旧梦"。在走了长达二十年的弯路之后，"现金转移支付"在美国卷土重来。

21世纪10年代全球各国对该项提案的采纳令人印象深刻。甚至以保守著称的"世界经济论坛"在新冠疫情之后也接受这一想法。正如盖伊·斯坦丁在2020年对"世界经济论坛"的反思中所指出的那样，"唯利是图的资本主义、技术革命和猖獗的全球化的结合创造了当代的'八座大山'——不平等、不安全、债务、压力、不稳定、自动化、灭绝和新法西斯民粹主义"。新冠疫情加入其中，成为可怕的"第九座大山"和"引爆脆弱全球体系的导火索"。从巴西里约热内卢的贫民窟到加州帕洛阿尔托（Palo Alto）的智库，"基本收入"再次乘虚而入。

加州福利意识形态

在美国科技行业中，对"基于现金的"解决方案充满热情的远不止多尔西和休斯二人。在过去十年中，全行业的投资人和企业家纷纷站出来支持"全民基本收入"。该提案现在已联合特斯拉首席执行官埃隆·马斯克（Elson Mask）、维珍集团创始人理查德·布兰森（Richard Branson）、亚马逊创始人杰夫·贝索斯（Jeff Bezos）和"脸书"首席执行官马克·扎克伯格（Mark Zuckerberg）等人物，以及菲利普·范·帕里斯、查尔斯·默里、大卫·格雷伯（David Graeber）、格雷高利·曼昆、克里斯·休斯等老一辈支持者，约翰·麦克唐奈（John McDonnell）、扬尼斯·瓦鲁法基斯（Yannis Varoufakis）、卡蒂·威克斯（Kathi Weeks）、吉姆·奥尼尔（Jim O'Neill）、尼克·斯尔尼塞克（Nick Srnicek）、安妮·劳莱（Anne Lowrey）和杨安泽。

我们很难将这些不同的数字联系起来。然而在更全面的历史背景下，"左派"和"右派"的"现金转移支付"提案建立于 21世纪 10 年代繁荣之前的长期发展（需求的日益抽象化和私有化，劳动力作为社会身份来源的"去中心化"，以及将公民社会瓦解成由社交媒体构建的更为原子化的实体的观点）之上。加利福尼亚一直是此种趋势的天然乐园。凭借本地的"边境助推主义"和"定居者殖民主义"政治遗产，加州以十九世纪末民粹主义活动和早期通过反垄断法案而闻名，其中还包括有关"直接民主"的一些最初实验，进步改革者在 20 世纪初期引入公民投票的规定。二十世纪六七十年代，此种"全民投票主义"（plebiscitarianism）的一种更不可测的变体应运而生。如"第 13 号提案运动"（The Proposition 13 movement）（郊区业主推动全州公投以对公共支出实行宪法限制）也借鉴了一项早期政治遗产，即"直接民主"。房屋业主和反主流文化活动家在这里找到达成谨慎一致的空间。控制论激进分子很早便认识到"冷战"军备竞赛所为技术发展带来的可能，并试图将这些政治遗产重新组合以达到解放的目的——这与范·杜因、范·奥吉克和瓦内格姆等左派人士试图在各自领域与控制论者斗争的方式很相似。此类"嬉皮现代主义"也开始将"保证收入"计划视为新兴控制论"福利国家"制度的固定政策。

　　20 世纪 90 年代从湾区^①（the Bay Area）流出的科技文献，对这些现代主义主题进行了重新加工，从《连线》（*Wired*）和《福布斯》（*Forbes*）等杂志到提倡"有效利他主义"（effective altruism）的早期博客文化。管理大师彼得·德鲁克和"自由意志主义"社会科学家查尔斯·默里也启发了加州的非正式"基本收入"运动。穆雷借鉴了莫伊尼汉于 20 世纪 60 年代后期首次设计的反贫困战略，当时对黑人家庭的担忧推动了美国的现金津贴试验。对默里来说，尼克松在二十世纪七八十年代延长"收入所得税抵免"为美国"福利国家"的全面转型提供一个充满希望的先例。其方式是通过将收益与股票期权挂钩，并以货币形式发放所有收益而非通过提供公共服务加以简化。默里声称，"由于美国政府（将）继续在收入转移上花费大量资金，将所有资金以现金救济的形式还于美国人民"是更好的选择。默里的著作确实对他所提出的救济方案附加严格条件，希望能使干涸的城市景观重现生机：施舍将以自愿团体成员的身份为条件，该团体将支付救济，并对受救济者强加行为标准。结合更广泛的减税计划，默里版本的"转移国家"方案既可解决劳动力市场的僵化问题，也可解决美国养家糊口者（黑人和白人）的危机。在 21 世纪 10 年代，从卡托研究所到斯坦福大学新成立的"基本收入"实验室，他的提议在美国科技界取得进展。

到 21 世纪 10 年代初，事实证明，默里对家庭稳定性的担忧对于美国新的"基本收入"场景来说已不那么重要。2001 年"互联网泡沫"破灭后，谷歌、"脸书"和推特等公司开始崛起，成为新"社交"互联网的先锋。这些公司专注于兜售方案可能性，还拥有一种特定专业文化，在租金成本不断上涨的城市开展短期和临时工作。此种平台经济不再以男性养家糊口模式的稳定单位为前提。"自动化灾难"也并未成为现实：美国服务经济的劳动力并未被机器人取代，而是更多受到数字平台的监督和调节，生产率基本并未提高。休斯认为"完全自动化"似乎主要是因为中层管理人员的减少，新的"按需专制"接管了这一非正规部门。

然而此种新经济不一定是毫无意义的苦差事。如同劳动一样，社交互动在后工业时代变得更为非正式，也更为短暂。与传统报纸、民间组织和政党相比，社交媒体允许公民之间进行更为开放和非等级的接触。现金福利是这种新开放的自然补充。正如金钱只规定一组简单的参数，受救济者可在这些参数内操作，"脸书"的算法并未设置关于个人规范的内置假设。在此协议中，算法允许用户自发聚集，退出成本低于现有团体和协会。世界银行转向"'自下而上'的市场化"已提供一个有用的案例。特别是对于"脸书"的克里斯·休斯而言，美国历史为"过度设计"的福利方法提供了充足的替代方案。"美国已实施全球规模最大的现金转移支付计划"，休斯在其著作中指出，"无附加条件提供数百亿美元，以帮助陷入困境的贫困家庭增加收入，并保持他们的财务状况稳定"。休斯以莫伊尼汉和尼克松为先例，画出从 20 世纪 60 年代到 21 世纪 10 年代的直线：如同"脸书"、推特和红迪网（Reddit）等平台一样，尼克松的"收入所得税抵免"计划依赖于"由国家驱动的公共服务不如向工薪阶层直接投入现金"的想法。个人现可通过线上和线下方式确定自身需求和偏好。

休斯提出的"惠民量化宽松政策"（quantitative easing for the people）也有一个共同的谱系，可追溯至 20 世纪 30 年代弗里德曼的相关研究。正如弗里德曼所明确指出的，"新政"时代使人们正确意识到"自由放任"时代已然结束。国家对稳定市场经济应负明确责任。然而弗里德曼也具体说明了如何实现此种稳定：通过直接价格控制、公共事业或国家管理主义的形式仍是禁区。与此相对，经济行动可主要委托给央行，央行的技术专长可通过"直升机空投现金"来增强大众购买力。"现金转移支付"的早期"技术民粹主义"案例在此得以具体化，央行在经济周期性低迷时期直接向消费者发放现金，人们可用这笔资金启动经济增长引擎。

对休斯和其他民粹主义者来说，这一愿景在国内外均适用。在 2012 年遇到 GiveDirectly 之后，这位"脸书"股东越发相信这种政策框架也是一种未来。为实现现代化的美国"福利国家"制度。正如休斯于 2019 年探究的，并非是说我们不需要医院和学校……然而总体来说，我认为需要明确是否要在医院投资一美元，为人们提供现金是否更好，以便人们能够去寻找他们需要的卫生资源？GiveDirectly 也并未专门针对非洲问题。一位记者当时曾指出"Givedirect 模式值得仔细考虑","个人捐赠者的关注点是使穷人的生活更轻松、更充实",对于日益热衷于慈善事业的科技行业来说,休斯的倡议也驳斥了"他们可用这些钱做更多的善事,比个人为自己能做的更多"的观点。

马克·扎克伯格耗资 1 亿美元在新泽西州进行的教育改革实验以彻底失败而告终,这进一步加深了科技巨头对"自上而下式"解决方案的质疑。2010 年,由包括科里·布克(Cory Booker)和克里斯·克里斯蒂(Chris Christie)在内的大批政策顾问发起,似乎与改革的家长式倾向脱节,这是对私人解决方案和特许学校(charter schools)的意识形态偏见导致的。一项本应成为整个教育系统蓝图的倡议的公共关系灾难与萨克斯在非洲的失败相呼应,并使科技慈善家们秉持更加谨慎的态度。到 2016 年,创业孵化器"创业投资加速器"决定在奥克兰自行推出"基本收入"试点。尽管首个试点规模不大,但在新冠疫情使技术中心被迫投入大量资金后,该实验在 2018 年和 2020 年再次扩大。

实验室很快更名为"开放研究实验室",并在多尔西和休斯所创立基金的额外资金推动下,该试点项目包括一项随机对照试验,随机选择 1000 名受救济者,在三年内每月接受 1000 美元。实验框架明确受到 GiveDirectly 领导的撒哈拉以南国家试点项目的启发,将随机对照试验的宣传从全球南方国家输出到北方国家。通过休斯自行创立的组织"经济安全计划"(Economic Security Project),他于 2018 年继续资助"斯托克顿市经济赋权示范"(SEED)项目,这是一项在加利福尼亚州斯托克顿市进行

的为期 24 个月的实验。试点内容包括每月向 125 名随机选择的
城市居民寄出金额为 500 美元的支票。该项目所蕴含的政治哲
学也与 20 世纪 90 年代的人道主义情绪截然不同。项目领导人声
称"贫困的根本原因"正在于"缺乏现金"。"这是一家提供'体
面生活的全民机构'，一张支票便可彻底改变美国的福利现状"。
正如休斯的网站上所论证的，"现金救助并非一种规定个人如何、
在何处及以何种条件实现个人生活的'家长式'手段，而是提供
尊严和自主决定权，承认'一刀切'的福利救济方式已然过时，
并且其根植于互相间的不信任"。网站补充道，通过"不受限制的
救济"，"受救济者能够摆脱贫困，为自己和家人实现经济稳定"。

　　政党政治开始稳步跟进。到 2020 年，该试点项目成为杨安
泽在总统竞选中呼吁"自由红利"的核心内容。斯托克顿市长
迈克尔·托布斯甚至自行成立了"市长保证收入"（Mayors for
Guaranteed Income）组织，以在全国推广这项政策。在五十多位
市长的支持下，托布斯的联盟将在从新泽西州扩展至印第安纳
州，再到纽约的广大地区启动并协助开展试点项目。新冠疫情暴
发后，杰克·多尔西为该提案提供前所未有的资金来资助实验和
研究。2020 年 4 月，他宣布创建一项新的慈善倡议，捐出个人
财富的三分之一（10 亿美元），这可能使其成为"基本收入"倡
议的最大资助者。该基金旨在通过"全民基本收入"促进未成年
女性健康和教育。为加快向"现金转移支付"的转变，多尔西特
别向托布斯的"市长联盟"捐赠 1800 万美元，向奥克兰的创业
投资加速器实验捐赠 1500 万美元，向杨安泽的基金会捐赠 1000

万美元，向费城的"一家人基金"（One Family Foundation）捐赠
500 万美元，并向纽约大学现金转移支付实验室捐赠 350 万美元，
多尔西曾在那里攻读研究生。

　　尽管这些举措源于 21 世纪 10 年代的数字时代浪潮，但它
们也有着更悠久的历史。他们依靠的是两代"基本收入"活动家
积累起来的大量论据，以及针对市场依赖的旧有补救措施已然失
效。这里的"基本收入"既是改变的指针（"旧社会国家主义"
的消亡），也是其地位得以巩固的促进剂。该提案在"双重解体"
之后蓬勃发展：密集的工会运动抵消了力量削弱以及与民间社会
组织核心相关的大众政党减少，取而代之的是一种新型"技术官
僚"政治，侧重于公共关系和媒体宣传，其中社区活动家代表沉
默的选民作为"没有成员的倡导者"。与早期利益集团不同，这
些利益集团主要是通过抽象方式表达其福利需求，增加现金（而
非特定资源）的分配。该运动的成功是时代的标志："现金转移
支付"成为全新的"非固定"民主的社会政策。正如马克·扎克
伯格于 2017 年所宣布的那样，西方人"需要为我们这一代人定
义一种新的社会契约"，并"探索'全民基本收入'等想法"。这
意味着根据"受限政府的保守原则，而非扩大社会'安全网'政
策的进步思想"重新制定社会契约。对于左翼民粹主义者来说，
"基本收入"为不断增长的"不稳定阶层"提供了救济，这些"不
稳定阶层"超出传统保险模式的控制范围，他们在家中使用全新
数字媒体，而并不太受到工业职业道德的影响。在 21 世纪 00 年
代，该提案确定为南北国家新福利世界的外部界限：不仅是菲利

普·范·帕里斯于 20 世纪 80 年代或 21 世纪 00 年代的"新发展经济学"所预言的道路，而是"现实主义者的乌托邦"，他们完全放弃了对变革性政治的信仰。

"技术民粹主义"时代的需求

在"基本收入"重新取得成功背后，是曾支撑旧式"计划国家"制度的发展联盟的缓慢分裂和瓦解。"发展主义"民主在全球南方国家和北方国家的缓慢消亡被证明是 20 世纪 90 年代和 21 世纪 00 年代福利政策兑现的最强大驱动力之一。随着公民脱离公民社会组织，国家逐渐摆脱"干预者"角色，政客们向公共关系专家求助以获得公职。贫困被明确简化为"缺钱花"，而非"获得服务机会的缺乏"。2008 年之后"民粹主义的爆发"巩固并加速了这一抽象化过程。技术官僚和民粹主义者之间出于对"现金转移支付"的共同偏好形成一种奇怪的联盟（他们均是旧式"政党民主"的反对者）而在传统上两者被认为是对立的。民粹主义颂扬"人民的智慧"，而技术官僚则追求专业知识，并力求使政策制定免受党派政治干预的影响。民粹主义者坚持人民主权不可分割，而技术官僚则试图将专业知识与大众权力隔离开来。然而技术官僚主义和民粹主义有着意想不到的共性之处，两种政治类型均源于过去三十年政党民主的瓦解，党员率下降、波动性增加和选民参与度下降是最严重的症状。随着此种日益增长的意识形态，"民粹主义"和"技术官僚主义"开始稳步呈现出

"无组织的民主"。"技术官僚主义"和"民粹主义"并非截然对立，在拒绝政治调解方面似乎具有重要的互补性。两者均表示拒绝通过中介机构过滤集体意志；"'民粹主义'和技术官僚两派的话语形式"在这里甚至可"被视为'一枚硬币的两面'"。

此种转变的经济驱动力显而易见。在一个长期工业工作较少、不稳定工作较多、个体就业率较高的社会中，确立于工会和保险基金基础上的社团主义"福利国家"制度似乎越发过时。与此相对，直接现金支付可为这一新平台上的"不稳定阶层"提供安全保障，使他们不再依附于政党、发展联盟或旧福利主义传统预设的家庭单位。这些转变正是争取"基本收入"的独特"技术民粹主义"阵线的缩影。希拉里（Hillary）在有关她参加2016年总统竞选期间的回忆录《发生了什么》（*What Happened*）中，回顾"全民基本收入"提案如何使她"着迷"，因为她期待着"美国的阿拉斯加"计划（Alaska for America Plan）。受自称为"企业家"的彼得·巴恩斯（Peter Barnes）的启发，他的畅销书《全民自由与红利》（*With Liberty and Dividends for All*）主张"人人共享资本主义"，希拉里几乎将这一提案引入她的总统竞选。在她之前，皮姆·富图恩（Pim Fortuyn）等右翼人物开始将弗里德曼的"负所得税"视为"工人的反抗"，放弃"对成就精神的批评"和他"对'基本收入'的谨慎同情"。在同一时期，反对党"五星运动党""海盗运动"或西班牙的"我们能"党（Podemos）率先发起"民粹主义"对该提案的重新支持。"技术官僚主义"和"民粹主义"在这里巧妙地结合在一起："减贫"

并非意味着需要采取"自上而下"的方法，或将市场排除于社会生活之外。

然而在 21 世纪 10 年代，此种"技术民粹主义"不仅是一种有代表性的愿景，也开始围绕一种独特的社会政策愿景凝聚起来。正如克里斯·别克登（Chris Bickerton）和卡洛·因弗尼齐（Carlo Invernizzi）所指出的，技术官僚和民粹主义者在反对战后时期的"交易政治"方面存在重叠，将中间机构排除于政府之外。这场危机开始以滞后的方式贯穿一场新的"基本收入运动"之中，它们出现在总统候选人的纲领中，在英国"影子首相"的政策简报中，在"加速主义"哲学家的小册子中，以及新人道主义者和福利改革者的宣言之中。

20 世纪 90 年代和 21 世纪头十年的"福利国家"制度也建立在一种全新的"公民社会"之上。这种社会模式似乎越发无法阐明具体需求，而不得不抽象考虑其福利需求。政治家与公众间的联系也发生变化：他们不再关注有组织的"公民社会"，而是开始将"意见"投射于分裂后的公众个体之上。这场革命还暗示对"人类需求"的截然不同的看法："需求"并非被视作通过民主过程和"交易政治"构成，而是可简单显示为"消费者选择"或置于新的虚拟生态系统之中。在扎克伯格版本的"福利国家制度"中，公民能够通过 Apple Pay、推特、脸书或微博，直接在手机上获得货币"红利"，公共领域的数字化将告完成。平台正成为技术民粹主义"福利国家 2.0"的理想工具，超越 20 世纪传统媒体与机构（包括政党）之间厚厚的中介关系，并允许与消费者开展更为直接的互动。

"阿拉斯加红利模式"的日益流行，仍然是此种福利概念转变的最佳例证之一——从贫困的具体概念到无法满足社会构成的需求（住房、就业、教育、医疗保健），到抽象定义贫穷是因为"没钱"。"阿拉斯加永久基金"（APF）本身是于 1976 年州宪法修订后创立的。最初动机是政府在阿拉斯加油田枯竭时，将部分收入投资于另一种收入来源。在此初始政策框架内，很明显州政府必须将资金投资于战略部门，为积极转型做准备，尽管这一战略从未真正实现，但到 1982 年，"永久基金股息"（PFD）创建，州基金成为个人红利的来源。该基金并非作为州和政府计划的收入来源，而是一项直接为居民谋福利的"现金转移支付"计划。此种转变使阿拉斯加州预算状况日益困难，因为该州不征收所得税或销售税。1999 年 9 月，该州甚至向投票箱提交一个咨询问题，以决定是否可使用"阿拉斯加永久基金"一部分来资助政府项目。在一次重要投票中，该提案被果断否决，83.25% 的人投了反对票。在随后数十年里，这种明显否决公共物品救济而支持直接转移支付的做法将更为突出。2019 年 7 月，阿拉斯加州长宣布大幅精减该州公立大学系统，他含蓄地在两种社会政策愿景之间作出选择。作为全面紧缩计划的一部分，政府将削减一半的开支，出售建筑物并解雇员工。削减的理由很明确：阿拉斯加希望维持其公民红利，但在石油市场下跌的情况下无法继续这样做。阿拉斯加的保守派采用休斯论点的变体为他们的救济方案辩护：如果所有书均可在亚马逊上买到，谁还需要通过上公立大学获得知识呢？

在阿拉斯加发生的辩论还暗示了"基本收入"辩论自 20 世纪 30 年代开始以来一个最古老的问题："个人消费"和"集体消费"之间如何正确加以平衡？国家应从何处划定二者的边界？如何划定这条边界？在 20 世纪 30 年代之前，补助思想家坚定承诺"集体的自由"观念是其补助方案的先决条件。在同一段时间，经济学家约翰·肯尼斯·加尔布雷思发明"社会平衡"的概念来明确"公共品"和"私人物品"之间界限的问题。加尔布雷思受过农业经济学方面的学术训练，习惯于用具体单位（如"马匹""成捆干草""拖拉机"）来思考问题。这些模型本身在抽象的"货币总量"概念方面压制了经济推理有关流派的主张。正如加尔布雷思对庇古"外部性"理论所持的观点，"'生产性社会'的最终问题是它生产出了什么"，这表现出"一种非自愿的倾向：大量提供某类物品，而另一些类别物品则减少产出"。此种"私人和公共商品和服务流动之间的差异"，也可能"与主观判断无关"。相反，是否提供"私人汽车或公共巴士服务"是民主审议的问题，与消费者的需求并无关系。

两次世界大战期间有关福利经济学的讨论反复将"个人主义"和"集体主义"的观点对立起来。正如莫里斯·多布（Maurice Dobb）于 1940 年所评论的那样，社会主义政策允许"很大一部分……'公共消费'，即由国家免费（或以名义价格）提供商品"。在 20 世纪 20 年代的首次"社会主义计算论战"中，奥图·纽拉特（Otto Neurath）、弗里德里希·哈耶克、戈特弗里德·哈伯勒（Gottfried Haberle）和路德维希冯·米塞斯等奥地利思想家已在协调和实物投资问题上展开对峙。在此种情况下，纽拉特等社会主义者确信所有商品最终均可归入公共品类别。纽拉特的观点从来并非纯粹出于学术层面。在一个反对"福利国家"制度的世界中，"群众政党""价格控制"和"公共控制"是全社会的迫切需要。美国一直是这些"反补贴国家"中反对力度最弱的一个：到20世纪40年代后期，美国企业组织起来反对"塔夫脱—哈特莱法案"（Taft-Hartley），并取消价格管制，推出在英国和瑞典可行的"社会凯恩斯主义"选项。到20世纪60年代中期，这些潮流为欧美"现金转移支付运动"的强力发展提供了充足动力。在北方国家，它催生出"没有'福利国家'制度的福利"，并促进其发展；而在南方国家，它则帮助确立起"不具'发展性'的发展"模式。

"劳动者的世纪"之后

转移范式中隐含的"需求的抽象化"也转化为"劳动本身的抽象化"。作为人类生活的一个领域，逐渐脱离繁荣或公共服务的人文主义愿景。在"劳动者的世纪结束"之后，"基本收入"为左右派市场参与者在市场中找到一个受欢迎的支点。受到控制论反威权主义潜质的启发，"新左派"不仅开始将"基本收入"视为社会政策的解构工具，且开始超越工人和社会本身来重新思考社会主义。1997年，安东尼奥·内格里（Antonio Negri）在度过"红色岁月"后被关进监狱，他宣称"劳动力的灵活性和流动性……是不可逆转

的"。此种发展并非极左派所独有：俄罗斯总统弗拉基米尔·普京
（Vladimir Putin）于 2005 年开展的"实物福利货币化改革"同样撕
毁了以苏联"劳动者"为蓝本的实物形式福利宣言，并进一步促进
俄罗斯向自由市场经济过渡。

在这些案例中，与 20 世纪早期福利制度革命的裂痕也成为
常态。正如马克·马佐尔（Mark Mazower）所指出的，在 20 世纪
70 年代通货膨胀和资本主义危机期间，工作本身"在人们生活
中具有不同意义"。尽管设立核心工作场所作为"摆脱不作为和
进入社区的救赎"，但 20 世纪 70 年代，出现了"工作"与"收
入"二者间持续性的剧烈脱节。大规模失业重新出现，尽管往往
以就业不足为幌子，且仍作为"经济复苏和服务业创造就业机
会的主要社会问题"。"二十年前多数人无法想象"，此种上升现
在"伴随着非常小的严重动荡。"公民已"开始接受严重的贫困
和不平等"，即使他们订立的"社会契约正处于危机之中"。正
如英国评论家 N. P. 巴里（N. P. Barry）于 1992 年所指出的，新
自由主义对"自由与强制"的二分法是正确的，并且正确认识到
"'福利国家'制度的内在强制性特征"及其"社会控制形式"。
80 年代初，后工人主义者仍可组织"反五一"活动，期望工人
运动能摆脱"劳动崇拜"，重拾革命活力。正如社会学家乌尔
里希·贝克（Ulrich Beck）1999 年在伦敦政治经济学院（London
School of Economics）的一次演讲中所指出的，过时的"'充分就
业'理念已然结束，这不一定是一场灾难"，而是通过"使收入
权利同有偿工作和劳动力市场脱节"，从而将"所有人纳入全球

公民社会"。

　　贝克和高兹等学者很难预想这样一个世界：资产增值、金融化和数十年的工资停滞，会使劳动力作为身份来源的地位彻底边缘化。在英国机构"舆观调查网"（YouGov）于 2015 年开展的一项民意调查中，有多达 37% 的受访者表示他们的工作"未对世界做出有意义的贡献"，因此毫无意义，而令人惊讶的是，有 87% 的人表示存在"工作疲劳"。当然在结构上，"就业"理念仍是资本主义经济的核心。根据"国际劳工组织"的数据，2000—2019 年，全球劳动力增长 25%，其中 53% 是工资收入者，34% 是"自营"工人。然而在资本主义消除工作外所有其他社会标志的时代，工作机会本身越发稀缺，增长停滞，过去十年中大部分劳动力增长均出现于低薪服务部门，出现一个"劳动力遍地却无活可干的悖论"。"去工业化"刺激了形成需求并将其政治化的组织的衰落。许多"左派"人士转而支持"基本收入"，以代替凄凉的乌托邦式计划。尽管埃里克·奥林·赖特（Erik Olin Wright）于 1986 年仍可批评范·帕里斯和范德温，但到 21 世纪 00 年代，他已将之视为部分非商品化劳动力市场的"真正乌托邦"。正如安德烈·高兹于 1994 年所总结的，"如果（社会主义）意味着为工人解放而斗争，社会主义者只不过是那些仍主要以工作来定义自己的 15% 的人的精英意识形态代言人"——这些人被认为是日益减少的少数群体，"他们认为自己首先是一名工人"。

＊＊＊

　　德国文化评论家齐格弗里德·克拉考尔（Siegfried Kracauer）

在他有关 19 世纪巴黎的心理史学著作中，将作曲家雅克·奥芬巴赫（Jacques Offenbach）的全部作品描述为"一个时代最具代表性的表达"和"施加一种变革性的能量"。在克拉考尔看来，想法既可"反映他们的时代，也可使其凸显"。"基本收入"的情况也是如此。通过"基本收入"的发展史，历史学家观察到有关经济正义、社会权利、国家、市场和政治组织的不断演变的理念，以及变革性的愿景。然而最重要的是"基本收入"对我们看待 20 世纪末"新自由主义"兴起的看法具有重要影响。尽管"基本收入"理念的核心由具有"新古典主义"倾向的思想家确立，但它的吸引力绝非"新古典主义"所独有，这促使人们重新考虑现在非常流行的以学校为基础的"新自由主义"转向方法，该方法试图将 20 世纪末的市场革命追溯至一系列思想集体，并未单纯归结为"新自由主义"因素，而是将"现金转移支付"在全球范围内的兴起视为一种更混乱的深层次市场转向，此种转向通过 20 世纪后期的众多思潮逐步体现。20 世纪末的"市场转向"将"左派"和"右派"联合起来，不可避免地接受价格机制的分散运作。在这一"技术民粹主义"复合体中，"传统形式的国家控制为更复杂的监管框架所取代"，"专业知识（而非政治判断）可能被证明是有效的"。

在这些背景下，"基本收入"似乎并非"新自由主义"将"福利国家"商业化的阴谋，也并非"自由意志主义"废除"社团主义"劳工标准的策略，也并非作为使"左派"超越过时职业道德的渐进式"无政府主义"工具。更关键之处在于，丹尼尔·罗杰斯（Daniel Rodgers）、鲁埃尔·席勒（Reuel Schiller）和加里·格斯尔（Gary Gerstle）等学者将"全民基本收入"中可见的"市场友好"左派视为"特别左派"。正如范·帕里斯和斯坦丁于 20 世纪 80 年代所证明的，这不仅是"新自由主义"阵营的进展（尽管混杂的互动往往是可能的）。"左派"对"市场政治"的拥护可追溯至 20 世纪三四十年代的"市场社会主义"，当时阿巴·勒纳、奥斯卡·兰格和詹姆斯·米德等学者已构建起恢复（而非抛弃）"价格体系"的愿景。然而此种转向市场的左派也有超越这一古老传统的原因：当"控制论"和"自组织理论"帮助"新左派"摆脱某些国家主义正统观念时，"六八运动"的重要性甚至更为重要，为"全民基本收入"浪潮提供动力。在过去十年中，关于阿尔伯特·赫希曼（Albert Hirschman）的"退出政治幻想"的丰富文献已被撰写出来（主要观点倾向"右派"），而"基本收入"的演变历程则向我们展示了左派"退出政治"或"出走幻想"的兴起。

因此"基本收入"的发展历程为当前关于社会政策的文献增添了重要内容，首先可追溯至保罗·皮尔森（Paul Pierson）的研究。自 1994 年以来，学界一直关注皮尔森对"'福利国家'制度在'新自由主义'时代衰落"相关观点的批评，很明显这段时期公共支出甚至许多福利项目的参与度仍在上升。在皮尔森看来，"'福利国家'的政治地位似乎并未因其主要传统支持者（工会劳工）的衰落而受到严重影响"。与此相对，"成熟的社会计划衍生出全新的利益网络"，从非政府组织到福利权利官僚机构，在通

货紧缩的 20 世纪 90 年代和 21 世纪 00 年代推动了精简社会服务
的进程。"基本收入"的发展历程部分支持这一假设。"福利国
家"形式仍然存在，但其经典形式在后工业时代已彻底改变，对
商业和市场更为友好，但强烈否定"去商品化"。"基本收入"的
演变历程所讲述的并非"福利主义""量变"的历史，而是"质
变"的历史：从"实物再分配"到"货币转移支付"。然而这一
过程也偏离了"新自由主义"启发式理论，转而支持更普遍的市
场转向，指出影响福利制度全新转变的"资本主义的更持久特
征"。这本身也体现出"左派"和"中间派"的转变，并不仅是
"新自由主义"右派的产物。其次，"全民基本收入"的发展进程
还扩展了现有的"退出政治"观点，"大众政治"解体进入政策
领域——这在一种新形式的技术民粹主义福利的兴起，及其所依
赖的"需求抽象化"中可见一斑。这里出现一种新的国家形式，
"不存在命令……谈判、说服和建议"。这也是一个"对市场机制
相对信任"的国家，"鼓励（有时会要求）个体进入市场"，促成
"对个体自主权影响最小的监管目标"。

　　因此在"基本收入"发展历程的背后其实是现代政治文化的
更深层次转变。市场不再仅仅作为经济组织体系，现在似已成为
"左派"和"右派"思想家不可或缺的人类学工具。正如法国哲
学家马塞尔·高歇（Marcel Gauchet）于 1998 年所指出的，19 世
纪末"市场"理念的复兴"与有关经济效率的思考几无关联"。
与此相对，这一复兴历程遵循了"对参与者政治地位的重新思
考"本身。高歇就此思考："我们如何能够想象在彼此独立的参

与者之间建立关系的形式，由于并未以全体市场参与者利益的名义强制推行系列政策的情况下，所有人均有权追求所认为合适的利益最大化？""一旦机构被剥夺合法性，并因无视个体而被绕过"，"人类只能走向私人个体的共存状态，由同样的中立规则仲裁……同时存在可自我调节的个体供应和需求"。因此"基本收入"作为一项政策，预设一种全新的人类学：人们不再是社区中的"劳动动物"，而是扎根于用户网络中的"主权消费者"。正如埃里克·霍布斯鲍姆于 2001 年所发现的，此种新型"市场主权"模式现在似乎为"所有现有政策提供了替代方案"。

与对参与者的"重组"一道，"现金转移支付"举措也意味着国家的彻底重组。国家不再是参与和指挥经济运作的公共权力，现在作为不干涉经济和市场运作的裁判，在个体之间进行监督或仲裁。马塞尔·高歇的"市场模式"体现出一种全新的"国家权威"，现在仅是"处于完全自给自足状态下的公民社会的工具"。对于这位法国哲学家来说，此种自给自足的概念"与市场本身一样古老"。它于 18 世纪推动了对"商业社会"的第一次呼吁，而且影响了后来有关"发展"的辩论。然而在 20 世纪后期，市场"发挥出先前所不具备的功能"——"旧想法正展现其真正样貌［它可能是（也许一直）如此］，但从未付诸实践：一个远远超出经济范畴的模型，适用于社会生活各领域的所有活动"。在高歇看来：

> 一旦"个人行为者的绝对独立性"被神圣化，整体的协

调便必然采取市场的形式……在参与各方的倡议、提议和要求之间，或多或少地进行自动仲裁。这些想法本身并不新鲜。新鲜之处在于其应用范围：它们开始从上到下重塑社会生活。

正如高歇所主张的，"基本收入"的发展史永远不会是政策制定者、经济学家、政治家、社会科学家或活动家的专属领域；它只是部分被"新自由主义"、"新古典主义"、自动化或"去工业化"等术语所涵盖。与此相对，它暗示现代政治文化的核心已发生更深刻的断裂：在 20 世纪下半叶于某地发生"第二次资本主义革命"，人类进行了从市场到市场社会（market society）的第二次转变。在"劳动、生产和政治经济学的终结"之后，现金"找到了属于自己的位置……如同一轮人造太阳，沿着轨道东升西落"。透过"基本收入"的滤镜，我们方能一窥此种轨道运动的奥妙。

致谢

　　本书始于一段友谊，两位比利时移民于 2017 年 1 月在剑桥大学里相遇。与任何形式的作品一样，本书的完成被证明是一项社会过程：如果没有密切的对话者，本书永远不会面世。首先，彼得·拉莫斯·平托和彼得·斯洛曼从开始便支持我们的项目。他们的建议，具体说是他们于 2019 年 1 月在剑桥共同组织的关于"基本收入"发展历史的会议，对于鼓励我们写就本书不可或缺。我们还要感谢塞缪尔·莫恩、科里·罗宾（Corey Robin）、尼克拉斯·奥尔森、亚历克斯·古勒维奇（Alex Gourevitch）和丹尼尔·斯坦梅茨·詹金斯（Daniel Steinmetz-Jenkins）在项目初始阶段提供的热情帮助，还要感谢"基本收入运动"前辈专家学者，如菲利普·范·帕里斯、沃尔特·范·特里尔（Walter Van Trier）和盖伊·斯坦丁，他们慷慨分享自身早年的具体经历。感谢我们的编辑达林·麦克马洪（Darrin McMahon）和查德·齐默尔曼（Chad Zimmerman），他们在整个写作过程中始终给予协助，我们还要感谢爱丽丝·班尼特（Alice Bennett）在手稿方面所做的出色工作。感谢威纳·安斯波帕克基金会（Wiener-Anspach Foundation），为我们完成本书提供物质支持。最后，我们感谢那些花时间阅读、评论和讨论我们书稿的人。他们组织的会议、研讨会和阅读小组构成了我们写作思考过程的重要组成部分。特别感谢珍·卢克·穆勒米斯特（Jean-Luc De Meulemeester）、珍妮弗·伯恩斯（Jennifer Burns）、珍·巴普蒂斯特·弗勒里（Jean-Baptiste Fleury）、克莱奥·查森纳里·柴古切（Cléo Chassonnery-Zaïgouche）、马克西姆·代马雷·特伦布莱（Maxime Desmarais-Tremblay）、大卫·格雷瓦尔（David Grewal）、贾科莫·加布蒂（Giacomo Gabbuti）、卡罗琳娜·阿尔维斯（Carolina Alves）、马特奥·阿拉卢夫（Mateo Alaluf）、弗雷德里克·帕尼耶（Frédéric Panier）、瓦内萨·德·格里夫（Vanessa De Greef）、丹尼尔·杜蒙特（Daniel Dumont）、卡米尔·科莱塔（Camille Coletta）、皮埃尔·艾蒂安·范达默（Pierre-Étienne Vandamme）、马克·安东尼·萨贝蒂（Marc-Antoine Sabaté）、安格斯·伯金（Angus Burgin）、贾亚蒂·戈什（Jayati Ghosh）、大卫·普里斯特兰（David Priestland）、西蒙·斯雷特（Simon Szreter）、阿丽莎·巴蒂斯托尼（Alyssa Battistoni）、戈塔姆·施拉拉吉（Gautham Shiralagi）、鲁迪·拉尔曼斯（Rudi Laermans）、亚瑟·博列洛（Arthur Borriello）、忒勒马克斯·梅森·莱斯庞（Télémaque Masson-Récipon）、诺姆·马戈（Noam Maggor）、埃雷兹·马戈（Erez Maggor）、罗尼·赫希（Roni Hirsch）、爱丽丝·奥康纳、扬·欧弗维克（Jan Overwijk）、威廉·肖基（William Shoki）、埃斯特班·范·沃尔森（Esteban Van Volcem）、亚历克斯·伍德（Alex Wood）、丹妮拉·伽柏（Daniela Gabor）、梅林·欧德纳普森（Merijn Oudenampsen）、阿克塞尔·詹森（Axel

Jansen)、埃德·奎克(Ed Quish)、亚当·莱博维茨(Adam Lebovitz)、多米尼克·莱斯特(Dominik Leusder)、赛思·阿克曼(Seth Ackerman)、延斯·范特·克鲁斯特(Jens van't Klooster)、本杰明·布劳恩(Benjamin Braun)、马克思·克拉赫(Max Krahé)、亚伦·贝纳纳夫(Aaron Benanav)、伊莎贝拉·韦伯(Isabella Weber)(以及整个布鲁塞尔阅读小组)、阿道夫·里德(Adolph Reed)、塞德里克·约翰逊(Cedric Johnson)、托德·克罗南(Todd Cronan)、约翰·巴普蒂斯特·奥多尔(John-Baptist Oduor)、凯特琳·多尔蒂(Caitlin Doherty)、格雷·安德森(Gray Anderson)、和达斯汀·瓜斯特拉(Dustin Guastella)。没有他们,便不会有您面前的这本书。

注释

［1］艾琳·沙利文（Eileen Sullivan），《新冠疫情经济救助计划的5个要点》，纽约时报，2020年3月25日；苏珊·沃特金斯（Susan Watkins），《范式转变》，新左派评论128（2021年3—4月）：5-22；罗伯特·布伦纳（Robert Brenner），《掠夺升级》，新左派评论123（2020年5—6月）：5-22。尽管由财政部登记，但这笔金额本身由国税局支付，国税局使用美国现有的税单来存入资金。这为没有直接纳税申报表的美国公民带来风险，美国国税局无法获得他们的直接存款信息——席德亚·巴拉克里什南（Sidhya Balakrishnan）、萨拉·康斯坦丁诺（Sara Constantino）和斯蒂芬·努涅斯（Stephen Nuñez）在《建造一架直升机：瞄准并分发美国"保证收入"的途径》中研究了这一问题，简氏研究院，2020年7月，1-18。

［2］菲利普·范·帕里斯《向哲学家菲利普·范·帕里斯提出关于"基本收入"和新冠疫情的五个问题》，布鲁塞尔时报，2020年4月2日；菲利普·范·帕里斯《为何冲浪者应得到食物："无条件基本收入"的自由主义根源》，哲学与公共事务20，第2期（1991年春）：101-131。

［3］弗雷德里克·詹姆士（Fredric Jameson），《政治无意识：叙事作为一种社会象征行为》（纽约州伊萨卡：康奈尔大学出版社，2015年）；彼得·伯杰，《神圣的天篷：宗教的社会现实》（伦敦：费伯与费伯出版社，1969），45。正如迪伦·莱利（Dylan Riley）所指出的，这样的批判理论史主要关注的是对某种事物存在的可能性条件的阐明，更具体地说，是对某些主张甚至整个推理风格的条件下的有效解释。请参阅迪伦·莱利（Dylan

Riley)《微观宇宙：破碎当下的观察》（伦敦、纽约：沃索出版公司，2022年），xiii。

［4］肯普，《没有"福利国家"制度的福利》，716，719，721，722，726，727f。关于哈耶克的引述，请参见哈耶克《通往奴役之路》，44。

［5］纳尔逊·利希滕斯坦（Nelson Lichtenstein），《从法团主义到集体谈判：工会劳工和战后时代社会民主主义的衰落》，载于利希滕斯坦《思想竞赛：资本、政治和劳工》（厄巴纳：伊利诺伊大学出版社，2013年），79-99。

［6］有关概述，请参阅约翰·克里斯滕森（Johan Christensen），《国内经济学家的力量》（加利福尼亚州斯坦福：斯坦福大学出版社，2017年）；林恩·特金（Lynn Turgeon），《混蛋凯恩斯主义：二战以来经济思维和政策制定的演变》（纽约：格林伍德，1999年）；史蒂夫·弗雷泽（Steve Fraser）和加里·格斯尔主编，《"新政"秩序的兴衰：1930—1980》（新泽西州普林斯顿：普林斯顿大学出版社，2020年）；亚伦·梅杰，《经济紧缩的建筑师：国际金融与增长政治》（加利福尼亚州斯坦福：斯坦福大学出版社，2014年）；约翰娜·博克曼（Johanna Bockman），《以社会主义之名的市场：新自由主义的"左翼"起源》（加利福尼亚州斯坦福：斯坦福大学出版社，2011年）；斯蒂芬尼·L·马奇（Stephanie L. Mudge），《左派主义重塑：西方政党从社会主义到"新自由主义"》（马萨诸塞州剑桥：哈佛大学出版社，2018年）；蒂莫西·申克（Timothy Shenk），《发明美国经济》（博士论文，哥伦比亚大学，2016年）。

［7］参见理查德·巴布鲁克（Richard Barbrook）和安迪·卡梅伦（Andy Cameron）《加州意识形态》，《文化科学》第6期，1。（1996年）：44-72；叶夫根尼·莫罗佐夫（Evgeny Morozov），《拯救一切：点击这里》（伦敦：企鹅出版社，2013年）；阿什·阿明《后福特主义》（伦敦：约翰·威利出版公司，2011年）；加文·米勒（Gavin Mueller）《数字蒲鲁东主义》，《边界》

2（2018 年 7 月）：1-22。

　　［8］埃伦·梅克辛斯·伍德（Ellen Meiksins Wood）《政治思想社会史》，载于伍德《自由与财产：从文艺复兴到启蒙运动的西方政治思想的社会史》（伦敦：沃索出版公司，2012 年），27；《为何它十分重要》，《伦敦书评》30，第 18 期（2008 年 9 月 25 日）；尼尔·伍德，《政治理论反思：过去理性的声音》（纽约：施普林格出版公司，2001 年），103-105。正如尼尔·伍德所指出的，"尽管剑桥学派在方法论的复杂性和历史的严谨性方面取得了无可置疑的进步"，但它的重点"几乎完全集中于语言表述之间的关系上"，有时忽视了"语言中的社会、政治和经济指称"。《人类存在的世界》（103）。另见安德鲁·萨托里（Andrew Sartori）《孟加拉"文化"作为一个历史问题》，载于萨托里《孟加拉的全球概念史：资本时代的文化主义》（芝加哥：芝加哥大学出版社，2008 年），1-24。

　　［9］这是我们的重点。参见安格斯·伯金《创业精神的重塑》，《美国迷宫：复杂时代的思想史》，编辑：小雷蒙德·哈博斯基（Raymond Haberski Jr.）和安德鲁·哈特曼（Andrew Hartman）（纽约州伊萨卡：康奈尔大学出版社，2018 年），165。

　　［10］尤尔根·德·威斯皮莱尔（Jurgen De Wispelaere）和林德赛·詹姆斯·斯特顿（Lindsay James Stirton）《"全民基本收入"的多面性》，《政治季刊》75，第 3 期（2004 年 7 月）：266-274；詹姆斯·弗格森（James Ferguson），《授人以鱼：对新分配政治的反思》（北卡罗来纳州达勒姆：杜克大学出版社，2015 年），52-57。请参阅盖伊·斯坦丁《"基本收入"：以及我们如何实现这一目标》（伦敦：鹈鹕图书，2017 年），第 1 章；盖伊·斯坦丁《搬走八座大山：现在的"基本收入"》（伦敦：布伦姆斯伯里出版公司，2020 年）；盖伊·斯坦丁，《资本主义的腐败：为何不劳而获者富有，而工作却得不到报酬》（伦敦：百特拜克出版公司，2016 年）；盖伊·斯坦丁《超越新"家长主义"：作为平等的基本安全》（伦敦：沃索出版公司，

2002 年），203-204；马尔科姆·托里（Malcolm Torry）主编，《帕尔格雷夫国际基本收入手册》（纽约：施普林格出版公司，2019 年）。

［11］有关更多通俗示例，请参阅道格拉斯·卡斯威尔（Douglas Carswell）《进步与寄生虫：塑造世界的冲突简史》（伦敦：宙斯之首出版社，2013 年），12-13；鲁特格尔·布雷格曼《现实主义者的乌托邦：以及我们如何到达那里》（伦敦：布卢姆斯伯里，2017 年），133；史蒂文·平克（Steven Pinker），《当下的启蒙：理性、科学、人文主义和进步的案例》（伦敦：企鹅出版社，2018 年），119；卡尔·维德奎斯特（Karl Widerquist）主编，《探索"基本收入"保障》（伦敦：帕尔格雷夫·麦克米兰出版公司，2021 年）。

［12］沃尔特·范·特里尔，《人人为王：对"基本收入"辩论的意义和重要性的调查，特别参考英国两次世界大战期间的经历》（鲁汶：社会学系，1995 年）。另请参阅沃尔特·范·特里尔《詹姆斯·米德的"社会红利"到"国家奖金"：理论史上有趣的一章》，联合《经济学刊》8，第 4 期（2018）：439-474；沃尔特·范·特里尔《基本收入：谱系和问题》，载于《真正的"自由主义"评估：范·帕里斯之后的政治理论》，编辑：约翰·坎利夫、奎多·埃里杰斯和沃尔特·范·特里尔（伦敦：施普林格出版公司，2003 年），15-28；沃尔特·范·特里尔，《A·R·奥兰格和道格拉斯社会信用理论的接受》，载于《语言、传播和经济》，编辑：奎多·埃里杰斯和吉尔特·雅各布斯（Geert Jacobs）（阿姆斯特丹：约翰·本杰明出版公司，2005 年），199-229。

［13］彼得·斯洛曼，《"转移国家"：英国的"保证收入"理念和"基本收入"政治》（伦敦：牛津大学出版社，2019 年）；安东·耶格尔和丹尼尔·扎莫拉，《冲浪者的免费资金："全民基本收入"理念的谱系》，《洛杉矶书评》（2020 年 4 月 17 日）；彼得·斯洛曼《1918—2018 年英国政治中的"全民基本收入"：从"流浪者工资"到全球辩论》，《社会政策杂志》第 47

期，第 3 期（2018 年 7 月）：625-642；《"社会政策的耶和华见证人"？"基本收入"研究小组和八十年代的政治》，在剑桥大学现代英国历史研究研讨会上展示的论文（并未发表）（2018 年 5 月），1-28。

［14］引用马尔奇·肖尔（Marci Shore）《我们能看到思想吗？》，《重新思考现代欧洲思想史》，编辑：达林·M·麦克马洪（Darrin M. McMahon）和塞缪尔·莫恩（伦敦：牛津大学出版社，2011 年），207。

［15］从政治上讲，从激进分子的角度来看，此种主张可以理解，如同普兰塔德需要拼凑一份连贯的家谱一样。然而从科学角度来看，它们非常接近卡尔·波普尔将柏拉图称为"极权主义者"，或翁贝托·艾柯（Umberto Eco）将伯里克利描述为"第一个民粹主义者"的情况。参见卡尔·波普尔《开放社会及其敌人》（新泽西州普林斯顿：普林斯顿大学出版社，2013 年），1-112；翁贝托·艾柯（Umberto Eco）《民粹主义者伯里克利》，《共和报》（2012 年 1 月 14 日）。此种怀疑并不意味着我们目前的"基本收入"没有历史先例。历史上的思想家一直关注分配和最低限度供给的问题。总而言之，我们的"全民基本收入"似乎就是我们的。

参见约翰·坎利夫和奎多·埃里杰斯的序言，《全民救助的起源：基本资本和"基本收入"历史著作选集》，编辑：J·坎利夫和G·埃里杰斯（纽约：施普林格出版公司，2004 年），x-1；斯坦丁《基本收入》第一章，2；英格丽德·罗宾斯（Ingrid Robeyns）《关怀、性别和拥有财产的民主》，载于《财产拥有的民主：罗尔斯与超越》，编辑：马丁·奥尼尔和萨德·威廉姆森（伦敦：约翰·威利出版公司，2012 年）；卡罗尔·佩特曼（Carole Pateman）《自由与民主化：为何"基本收入"优先于基本资本》，载于《利益相关伦理》，编辑：K·道丁（伦敦：帕尔格雷夫出版公司，2002 年），130-148，参阅此部分可了解此种差异。

［16］对于经典陈述，请参阅昆汀·斯金纳《政治愿景》，卷 1，《论方法》（剑桥：剑桥大学出版社，2002 年）；莱因哈特·克斯莱克（Reinhart

Koselleck)《过去的未来：论历史时间的语义》（纽约：哥伦比亚大学出版社，2004 年）；特伦斯·鲍尔（Terrence Ball）和詹姆斯·法尔（James Farr），编辑：《政治创新与概念变革》（剑桥：剑桥大学出版社，1989 年）；昆汀·斯金纳《托马斯·霍布斯哲学中的理性与修辞》（剑桥：剑桥大学出版社，1996 年）；昆汀·斯金纳《民主的经验理论家及其批评者：两院的瘟疫》，《政治理论》3（1973）：287-306。

　　［17］伯特拉德·茹弗内尔首次将这一思想分为"土地主义"和"再分配主义"。参见伯特拉德·茹弗内尔《再分配的伦理》（剑桥：剑桥大学出版社，2010 年），8-9。基于现金和基于资产的分配之间的区别，在后来的福利讨论中也发挥至关重要的作用。参见威尔·帕克斯顿（Will Paxton）等《公民的利益：探索通用资产政策的未来》（伦敦：政治出版社，2006 年）。

　　［18］托马斯·潘恩《土地正义》，载于托马斯·潘恩《读者》，编辑：迈克尔·福特和艾萨克·克拉姆尼克（英国哈蒙兹沃思：企鹅出版社，1987 年），475；C·J·梅里安姆（C. J. Merriam），《托马斯·潘恩的政治理论》，《政治科学季刊》14，第 3 期（1899）：389-403。金钱救济通常仅限于向养老金领取者、贫困人口或残疾人发放。

　　［19］潘恩，《土地正义论》，26。

　　［20］有关讨论请参阅迈克尔·肯尼迪《法国大革命中的雅各宾俱乐部：1793—1795》（纽约：伯格翰出版公司，2000 年），139。

　　托马斯·潘恩，《克莱斯》，121。

　　［21］罗纳德·T·里德利（Ronald T. Ridley），《土地法：古代与现代的神话》，《古典语言学》95（2000）：459-467。

　　［22］参见埃里克·尼尔森《希伯来共和国：犹太渊源和欧洲政治思想的转变》（马萨诸塞州剑桥：哈佛大学出版社，2010 年），60-65；《"土地是我的"：希伯来联邦和再分配的兴起》，未发表论文。从李维、弗洛鲁斯再到

卢坎的历史学家同样谴责这些法律是有害的——正如纳尔逊所指出的，它是"对现存拉丁语资料的基本信仰……这些土地法构成对私有财产的不公正征用，围绕其提案和通过的争议，最终导致了共和国的垮台"（60–61）。

［23］罗伯特·C·帕尔默（Robert C. Palmer），《1348–1381 黑死病时代的英国法律：治理和法律转型》（教堂山：北卡罗来纳大学出版社，2002年）；劳伦斯·王尔德，《托马斯·莫尔的 < 乌托邦 >：争取社会正义》（伦敦：劳特利奇出版公司，2016年）。

［24］参见范·帕里斯和范德波特，《基本收入》，264。"尽管如此，我们还是尽最大努力来保护自己的生命，但这并非是说我们首先要保护自己，而是说我们需要保护自己。"，载于托马斯·莫尔《乌托邦》（剑桥：剑桥大学出版社，1995年），56。译自纳尔逊《希腊传统》，39。

［25］有关普罗图斯在文艺复兴时期指代玉米产量的语言学解释，请参阅威廉姆·史密斯（William Smith）《一本丰富并具批判性的英文 – 拉丁文词典及专有名词典》（纽约：美国图书公司，1871年），172。

［26］引自约翰·坎利夫和奎多·埃里杰斯《奥瑞斯特斯·布朗森：传承财富、正义和平等》（伦敦：劳特利奇出版公司，2013），60。

［27］坎利夫和埃雷格斯，《奥瑞斯特斯·布朗森》，81，84。

［28］亨利·乔治，《进步与贫困：对工业萧条和财富增加导致贫困加剧原因的探究及补救措施》（纽约：全国单一税联盟出版社，1879年）。有关背景信息请参阅爱德华·奥唐奈（Edward O'Donnell）《亨利·乔治和不平等危机："镀金时代"的进步与贫困》（纽约：哥伦比亚大学出版社，2017年），130–135；路易斯·F·波斯特《旧金山的先知：亨利·乔治的个人记忆和诠释》（纽约：密涅瓦集团，2002年），226。

［29］纳尔逊，《希伯来共和国》，187。

［30］尼克拉斯·V·诺夫斯基（Nicholas V. Riasanovsky），《夏尔·傅立叶的教学》（伯克利：加州大学出版社，2020年），8–9。

〔31〕贝尔特朗·德·茹弗内尔（Bertrand de Jouvenel），《再分配的伦理》（印第安纳州印第安纳波利斯：自由基金，1972 年），9。加斯帕·米克洛斯·塔马斯（Gáspár Miklós Tamás）同样指出，这一传统"并非为了消灭财产，仅旨在恢复老年公共利益，向穷人发放救济金，并维护独立的反权力"。

〔32〕茹弗内尔，《再分配的伦理》，7。

〔33〕弗里德曼夫妇，《两个幸运的人》，64。

〔34〕对于收入逐年上升和下降的公民来说，税收制度让他们比那些收入相同但收入稳定的公民支付更多的税。这一问题对于低收入工人来说尤其严重。为弥补这种不平等待遇，弗里德曼首先设想出一种限制性的"负所得税"，这样在经济不好的年份，纳税人便可从财政部收到救济，而非缴纳税款。参见《致梅尔文·罗森的信，1969 年 3 月 4 日》，《负所得税》，1965—1992 年，《米尔顿·弗里德曼论文》，胡佛研究所，框 201，文件 201.9。弗里德曼后来解释说，他在 1996 年致丹尼斯·J·文特里的一封信中确认"可能于 1941—1943 年期间在财政部首次产生'负所得税'这一想法，并进行讨论，当时我还是财政部的税务研究人员"。米尔顿·弗里德曼，《致小丹尼斯·文特里的信》，1996 年 12 月 3 日，《米尔顿·弗里德曼论文》，《胡佛研究所》，《负所得税》，1966—2004 年，框 201，文件 201.7。此外，克里斯托弗·格林（Christopher Green）的《负税与贫困问题》（华盛顿：布鲁金斯学会，1967 年）也记录了这一事件，第 57 页；罗伯特·J·兰普曼《进行新泽西实验的决定》，载于新泽西州收入水平实验，编辑：大卫·克肖（David Kershaw）和杰里琳·费尔（Jerilyn Fair），卷 1（纽约：学术出版社，1977 年），xiii；丹尼尔·莫伊尼汉《"保证收入"的政治》（纽约：学术出版社，1973 年），50；丹尼斯·文特里《致米尔顿·弗里德曼的信》，1996 年 11 月 22 日，《米尔顿·弗里德曼论文》，胡佛研究所，《负所得税：1966—2004 年》，框 201，文件 201.7。

［35］弗里德曼在致克里斯托弗·格林的信中提到与维克里讨论该提案："我怀疑我们当时一定已经讨论过了，但当我仔细回忆时，发现并未提及它"。米尔顿·弗里德曼《致克里斯托弗·格林的信，1966年1月20日》，《米尔顿·弗里德曼论文》，胡佛研究所，《负所得税，1966—1980年》，框201，文件201.6-7。

［36］有关两次世界大战期间有关福利的辩论的详细说明，请参阅彼得·斯洛曼《转移国家：现代英国的"保证收入"理念和再分配政治》（牛津：牛津大学出版社，2019年），63-94。

［37］特别参见阿尔弗雷德·马歇尔《经济学原理》（伦敦，1890）和A·C·庇古《福利经济学》（伦敦：麦克米兰，1920年）。这两位学者及他们于20世纪30年代引发的争论对弗里德曼来说至关重要。他的第一篇论文不仅是对庇古学说的批评，而且他于20世纪40年代所完成的大部分课程论文均充满对"旧"福利经济学的讨论。如他于1940—1941年在威斯康星大学、1945—1946年在明尼苏达大学，1937—1940年在哥伦比亚大学学习的课程特别参见《弗里德曼演讲笔记，1939年》，2，《米尔顿·弗里德曼论文》，胡佛研究所，框75，文件75.1；米尔顿·弗里德曼在哥伦比亚大学布置的课程作业，题为《新古典经济学的结构：1939—1940》，《米尔顿·弗里德曼论文》，胡佛研究所，框75，文件75.12。

［38］参见庇古"一些规定的住房住宿、医疗保健、教育、食物、休闲、工作场所的卫生便利和安全设备等的数量和质量"载于庇古《福利经济学》，759。

［39］有关当时福利经济学争辩的详细说明，请参阅安托瓦内特·博雅尔（Antoinette Baujard）《福利经济学》（研究论文，盖特，1333，2013）；SSRN: https://ssrn.com/abstract=2357412。

［40］特别参见马克西姆·代马雷·特朗西莱（Maxime Desmarais-Tremblay），《从角度来看优点商品的规范问题》，《社会经济学论坛》，48，第

3 期（2019）：219-247。

［41］勒纳，《控制经济学》，28，29。

［42］弗里德曼，《确定"最低生活标准"的客观方法》，另见詹妮弗·伯恩斯《斯坦福学者探讨"基本生活标准收入"的利弊》，《斯坦福新闻》，2018 年 8 月 8 日。特别感谢詹妮弗·伯恩斯（Jennifer Burns）指出这份文件的存在，并启发我探索收藏于胡佛研究所的相关档案。

［43］弗里德曼，《客观方法》。

［44］米尔顿·弗里德曼和乔治·J·斯蒂格勒《屋顶还是天花板？当前的住房问题》（哈德逊河畔欧文顿，英国：经济教育基金会，1946 年），10。

［45］弗里德曼，《收入分配和政府的福利活动》。

［46］因此，乔治·斯蒂格勒是第一位在已发表文章中提及"负所得税"提案的学者。他主张对最低收入阶层进行"负税率"征税，以便在不对劳动力市场施加最低工资的情况下与贫困做斗争。参见乔治·J·斯蒂格勒《最低工资立法的经济学》，《美国经济评论》36，第 3 期（1946）：358-365。

［47］罗伯特·鲁道夫·舒茨（Robert Rudolph Schutz），《转移支付和收入不平等》（博士论文，加州大学伯克利分校，1952 年）。

［48］勒纳依据美国经济学家弗雷德·M·泰勒于 1929 年用整整一本书篇幅提出的这一论证。泰勒于《美国经济评论》发表的文章中提出公共控制投资以及向消费者提供收入补助的建议。然而泰勒坚持严格的工作要求，他声称"接受收入应附加某种条件，这一点不容置疑"。阿巴·勒纳《控制经济学：福利经济学原理》（伦敦：麦克米伦，1944 年），95。另见勒纳《社会主义经济学中的静态和动态》，《经济杂志》47（1937）：253-270；奥斯卡·兰格和弗雷德·M·泰勒《论社会主义经济理论》（明尼阿波利斯：明尼苏达大学出版社，1938 年）。

［49］《三重革命》（加利福尼亚州圣巴巴拉："三重革命特设委员会"，1964 年）。

［50］奥斯卡·刘易斯，《五个家庭：墨西哥"贫困文化"案例研究》（纽约：基本图书，1959 年）。

［51］海勒，《经济问题简书》。

［52］米尔顿·弗里德曼，《通信：弗里德曼与凯恩斯》，《时代》杂志，1966 年 2 月 4 日，13。

［53］约翰·肯尼思·加尔布雷思，《富裕社会（第二版）》。（伦敦：哈米什·汉密尔顿，1969 年），264。有关加尔布雷思对"基本收入"观点转变的详细说明，请参阅菲利普·范·帕里斯和杨尼克·范德波特《基本收入：自由社会的明智建议》（马萨诸塞州剑桥：哈佛大学出版社，2017 年），87–89。

［54］维纳，《人类对人类的利用》。

［55］A·菲利普·伦道夫（A. Philip Randolph），《"华盛顿游行"运动提出黑人计划》，载于《黑人想要什么》，编辑：雷福德·洛根（Rayford Logan）（圣母院，印第安纳州：圣母大学出版社，2001 年），141。

［56］拉斯丁，《从抗议到政治》，1965 年。

［57］《为全体美国人制定的"自由预算"：对我们的资源进行预算，1966—1975 年，以实现免于匮乏的自由》（纽约：A·菲利普·伦道夫协会，1966 年）。

［58］罗伯特·西奥博尔德，《迈向全面失业》，《增进对公共问题和政策的理解》（芝加哥：农场基金会，1967 年），110。

［59］有关这些计划的更详细说明，请参阅迈克尔·L·吉列《发起对贫困的战争：口述历史》（牛津：牛津大学出版社，2010 年）。

［60］莫伊尼汉，《黑人家庭》。

［61］自 1965 年以来，这一想法在经济机会局内部得到大力提倡，但遭到时任总统约翰逊的强烈反对，或许更主要的是受到社会政策关键人物威尔伯·科恩和威尔伯·米尔斯的强烈反对。参见沃尔特·威廉姆斯（Walter

Williams），《争取"负所得税"的斗争：评论文章》，《人力资源杂志》10，第4期（1975）：427-444；罗伯特·兰普曼，《"负所得税"实验》，摘自档案口述历史项目，焦点（威斯康星大学麦迪逊分校）23，第1期。2(2004)：4-7。

［62］该提案基本由詹姆斯·托宾提出，此时他已出任麦戈文的经济顾问。参见罗伯特·W·迪曼德（Robert W. Dimand）《论限制不平等的范围：詹姆斯·托宾的遗产》，《东方经济杂志》29，第4期（2003年秋）：559-564。

［63］参见沃尔特·范·特里尔《谁构建了社会红利？》，美国"基本收入保障网络"讨论文件，2002年3月26日；苏珊娜·雷拜因（Susanne Rehbein），《基本收入》（慕尼黑：格林出版社，2009年），7；简·丁伯根，《致库斯·沃林克的信》，丁伯根档案馆，奈梅亨大学，1934年10月22日（可在线获取）。丁伯根提到了E·勒维·范·米德尔斯特姆（E. Lewe van Middelstum）提出的一项提案，他是一位不知名的学者，据说是他将建立基础委员会的想法转达给社会民主党领导人库斯·沃林克（Koos Vorrink）。丁伯根于20世纪30年代与兰格和勒纳有过交流，但关于他们的股息问题没有留下任何证据。请参阅欧文·德克（Erwin Dekker）、简·丁伯根（1903—1994）和《经济专业知识的兴起》（Rise of Economic Expertise）（剑桥：剑桥大学出版社，2021年），以更全面了解丁伯根的生涯。

［64］克里斯蒂安·罗伊（Christian Roy），《革命、工作、抵抗：法国个人主义与尤金·罗森斯托克—休西（Eugen Rosenstock-Huessy）的联系》，《文化、理论和批评》56（2015）；珍·路易·卢贝·德·贝耳（Jean-Louis Loubet del Bayle），《不墨守成规的人》30（2001）：415-433；约翰·赫尔曼《社群主义的第三条道路：亚历山大·马克和新秩序：1930—2000》（蒙特利尔：麦吉尔女王大学出版社，2002年）。